화장실 옆 마음 인문학

정신과 의사가 들려주는
화장실 옆 마음 인문학

초판 1쇄 인쇄 2025년 7월 02일
초판 1쇄 발행 2025년 7월 11일

지은이 | 이안백
펴낸이 | 임종관
펴낸곳 | 미래북
편   집 | 정윤아
본문 디자인 | 디자인 [연:우]
등록 | 제 302-2003-000026호
주소 | 경기도 고양시 덕양구 삼원로73 고양원흥 한일 윈스타 1405호
전화 031)964-1227(대) | 팩스 031)964-1228
이메일 miraebook@hotmail.com

ISBN 979-11-92073-76-7 (03800)

값은 표지 뒷면에 표기되어 있습니다.
잘못된 책은 구입하신 서점에서 바꾸어 드립니다.

정신과 의사가 들려주는

화장실 옆
마음 인문학

이안백 지음

MIRAE
BOOK

프롤로그

정신과 의사로 살며 가장 자주 들은 말 중 하나는 "선생님은 다른 정신과 의사들하고는 좀 다른 것 같아요"라는 말이었다. 어쩌면 나는 세상을 늘 '곧이곧대로' 보지 못하는 사람인지도 모르겠다. 눈앞의 장면보다 그 이면의 이유에, 표정 너머의 감정에, 흔히 지나쳐 버리는 풍경 속에 숨어 있는 의미에 더 마음이 갔다.

그런 시선은 의사로서의 내 삶에 큰 도움이 되었다. 진료실에 들어서는 사람을 '치유의 대상'이 아니라, '내 삶에 의미를 더해주는 존재'로 바라보기 시작했을 때, 일은 의무가 아닌 감사가 되었고, 관계는 소명이 되었다. 환자가 나를 찾아주고 내 병원을 이용해 주는 덕분에 나는 살아갈 수 있고, 존재의 의미를 확인할 수 있다는 생각이었다. 조금 이상하게 들릴지 모르지만, 나는 정말 그런 마음으로 진료를 해왔다.

이 책은 그런 마음의 연장선에 서 있다. 신문에 기고했던 짧은 글들을 모으며, 내가 세상을 바라보는 방식을 나누고 싶었다. 무겁지도, 가볍지도 않게. 거창한 위로보다는 "이런 시선도 있구나" 싶은 작은 숨 돌림이 되길 바란다.

요즘 우리는 유일하게 나 혼자만의 시간을 가질 수 있는 공간, 화장실에서조차도 스마트폰을 손에서 놓지 못한다. 그 몇 분마저도 화면에 빼

앗긴다는 것이 안타깝다. 그래서 생각했다. 이 책이 그 자투리 시간에 놓였으면 좋겠다고. 하루 한 꼭지씩, 아주 잠깐이라도 활자를 들여다보며 세상을 조금은 다르게 느껴보는 시간을 가졌으면 좋겠다고 말이다.

『화장실 옆 마음 인문학』은 작고 사소한 이야기들의 모음이다. 하지만 그 이야기들이 당신을 잠깐 멈춰 세우고 스스로 돌아보는 작은 거울이 되기를 바란다. 이 책을 집어 든 당신이 누군가에게는 위로가 되고, 스스로에게는 자기 이해가 되는 그런 마음을 얻게 되길 간절히 바라며 이 책의 시작을 연다.

차례

❖ 프롤로그 ··· 004

PART 01　돈의 심리학

❖ 돈의 역설 ··· 016
　: 사람들이 적은 돈을 쓸 때 더 고민하는 이유

❖ 밥값에 대한 단상 ··· 019
　: 돈을 잘 쓰는 법과 관련하여

❖ 돈의 역사 ··· 021
　: 상평통보(常平通寶) 네 글자에 담긴 의미

❖ '돈을 잘 쓴다는 것'에 대한 단상 ··· 024
　: 당신은 지금 돈을 가치 있게 쓰고 있는가

❖ '돈으로 살 수 있는 것'과 '살 수 없는 것'에 대하여 ··· 027
　: 세상에는 생각보다 돈으로 살 수 없는 것들이 많다

❖ 소비의 심리학 ··· 030
　: 개념적 소비&윤리적 소비, 멋지게 돈을 쓰는 방법

❖ 쇼핑의 심리학 ··· 034
　: 왜 우리는 '쇼핑중독'에 빠질까?

PART 02　마음의 심리학

❖ 완벽을 추구하는 당신에게 ··· 040
　: 완벽을 추구하는 사람들은 어떤 마음일까?

❖ 독립을 두려워하는 당신에게 ··· 043
　: 당신은 왜 독립을 두려워하는가?

❖ '오지랖'에 대하여 ··· 046
  : '오지랖이 넓다'라는 것은 좋은 것일까? 나쁜 것일까?

❖ 사랑의 반대말은 미움이 아니라 무관심인 이유 ··· 049
  : '무플'보다는 '악플'이 더 낫다고 하던데 …

❖ '마음'에 대하여 ··· 052
  : 사람의 마음은 어디에 있는가?

❖ 다른 사람의 마음을 잘 읽는 방법 ··· 056
  : 영화 《왓 위민 원트(What Women Want)》

❖ 원하는 것과 좋아하는 것 사이에서 일어나는 착각 ··· 060
  : 사람들은 자신이 진정 무엇을 원하는지 잘 모른다

❖ 도대체 첫인상이 뭐기에? ··· 063
  : '금사빠'는 뭐가 다를까?

❖ 초심을 잃은 그대에게 ··· 066
  : 사람들은 왜 화장실 들어갈 때와 나올 때 마음이 다를까?

❖ 사랑의 변신 ··· 070
  : 정말로 사랑에 유효기간이 있을까?

PART 03 비교의 심리학

❖ 잔소리와 충고 ··· 076
  : 충고가 잔소리가 되지 않기 위해 필요한 것은?

❖ 다름과 틀림 ··· 080
  : 우리는 왜 다름을 틀림이라고 주장하는가?

❖ 어른스럽다 VS 어른답다 ··· 083
  : 왜 우리는 항상 어른스러워야만 하는가?

❖ 최선과 차선 사이에서 고민하는 당신에게 ··· 086
  : 우리는 언제나 최선일 순 없다

❖ 짜증과 분노 ··· 089
  : 본질과 그 차이에 따른 해법

- 자존감과 자존심 ··· 092
  : 출발점이 전혀 다른, 작아 보이지만 큰 차이

- 후회 없는 삶 VS 만족스러운 삶 ··· 095
  : 비슷해 보이지만, 다른 삶

- 외로움과 괴로움 ··· 098
  : 인간은 왜 외로움을 느끼며, 언제부터 외로워했나?

- 부러움과 질투의 그 미묘한 차이 ··· 101
  : 정말로 부러우면 지는 걸까?

- 우월감과 열등감 ··· 104
  : 과시는 결핍의 또 다른 모습이다

- 이기주의와 자기중심주의 ··· 107
  : 비슷한 것처럼 보이지만 다르다

- 시간과 시계 ··· 110
  : 시간이 당신을 지배하는가, 당신이 시간을 지배하는가?

- 채식주의 ··· 114
  : 비건주의와는 무엇이 다른가?

- 이기주의에 대하여 ··· 117
  : 개인주의와는 무엇이 다른가?

- 개와 고양이에 대한 새로운 접근 ··· 120
  : 개를 좋아하는 사람 VS 고양이를 좋아하는 사람

- 'Pride'의 두 얼굴(이중성) ··· 124
  : '자부심'과 '오만'의 경계에서…

PART 04 인간에 대한 이해

- ❖ 합리화에 대하여 ··· 130
  : 우리는 늘 (나도 모르게) 합리화하며 살고 있다

- ❖ 인간이 장난을 치는 이유 I ··· 133
  : 인간만 장난을 치는 걸까?

- ❖ 인간이 장난을 치는 이유 II ··· 136
  : 장난이 갖는 다양한 의미

- ❖ '거짓말'의 심리학 ··· 139
  : 왜 우리의 뇌는 거짓말을 하는가?

- ❖ 'MBTI'에 대하여 ··· 142
  : 왜 사람들은 MBTI에 집착하는가?

- ❖ '정의'란 무엇인가? ··· 145
  : '정의'의 시작-부끄러움으로부터

- ❖ '감정'의 심리학 ··· 148
  : 감정은 어떻게 우리를 조정하는가?

- ❖ '나'는 누구인가? ··· 151
  : '나'를 이해하는 첫걸음이란?

- ❖ 자기애와 나르시시스트 ··· 154
  : 생각보다 훨씬 큰 차이?

- ❖ '꼰대'에 대한 다양한 해석 ··· 158
  : '꼰대'란 결국 역할 갈등이 아닐까?

- ❖ 착각 I ··· 162
  : 주관과 객관&당신의 착각

- ❖ 착각 II ··· 165
  : 착각의 첫 번째 조건은 '자기중심성'이다

- ❖ 뭘 해도 불만인 사람들의 특징 ··· 168
  : 불만이 많은 사람과 적은 사람은 어떤 차이가 있을까?

- ❖ 사기를 잘 당하는 사람의 특징 ··· 172
  : 왜 우리는 그렇게 매번 사기를 당할까?

❖ '쪽팔리다'에 대한 다양한 해석 ⋯ 175
　: 우리네 인생이 쪽팔리지 않아야 할 텐데⋯

❖ 세상에서 '변해야 할 것'과 '변하지 말아야 할 것'에 대하여 ⋯ 178
　: 세상에 변하지 않는 것은 아무것도 없다

❖ 항상 걱정이 많은 사람들의 특징 ⋯ 181
　: 왜 그들은 끊임없이 걱정하면서 살까?

❖ 수집하는 사람들의 심리 ⋯ 185
　: 수집, 그 속에 숨겨진 의미와 희열

PART 05 　우리를 괴롭히는 감정

❖ 학습된 무력감 ⋯ 192
　: 무력감(무기력)은 진짜로 학습되는가?

❖ 번아웃(소진)&번아웃 증후군 ⋯ 196
　: '번아웃'에 빠지지 않으려면 어떻게 해야 할까?

❖ 결정장애 ⋯ 199
　: 결정장애는 꼭 나쁜 것인가?

❖ 버림받음에 대한 불안 ⋯ 202
　: 인간의 가장 원초적인 불안이 아닐까?

❖ 불안이란? Ⅰ ⋯ 206
　: 왜 인간은 불안할까?

❖ 불안이란? Ⅱ ⋯ 209
　: 불안의 양면성, 불안은 정말 안 좋은 건가?

❖ '우울'에 잘 대처하는 방법 ⋯ 212
　: 우울증은 우울, 우울감과는 무엇이 다른가?

❖ 가면성 우울증 ⋯ 216
　: 엄마 마음을 아프게 할 수 있는 방법이 뭘까?

❖ 자살의 심리학 ⋯ 219
　: 절망보다 무서운 무망에서 벗어나려면⋯

PART 06 역설의 심리학

- ❖ 깻잎 논쟁 ··· 224
  : 오묘한 인간의 마음
- ❖ 참과 거짓 ··· 227
  : 거짓이 거짓이라는 것을 증명하기는 생각보다 어렵다
- ❖ 선택의 역설 ··· 230
  : 선택은 권리일까, 의무일까?
- ❖ 기억의 오류 ··· 233
  : 당신의 기억이 사실(진실)이 아닐 수도 있다
- ❖ 장자의 무용지용(無用之用) ··· 236
  : 우리는 꼭 쓸모 있는 사람이 되어야만 하는가?
- ❖ "오른쪽 뺨을 치거든, 왼쪽 뺨마저 …"에 대한 다양한 해석 ··· 239
  : 왜 예수는 우리에게 이렇게 말했을까?
- ❖ 사람들은 사실 다른 사람 인생에 별로 관심이 없다 ··· 243
  : 이런 '모순'에 대한 다양한 고찰
- ❖ 우리는 왜 망각을 두려워하는가? ··· 246
  : 그러나 망각을 꼭 두려워할 필요는 없다!
- ❖ 인간의 이중성(딜레마) ··· 250
  : '정치적 '평등'이라는 가치와 '소유와 과시'라는 욕망 사이에서

PART 07 행복의 심리학

- ❖ 행복의 역설 ··· 256
  : 행복을 추구하면 더 행복해지는가?
- ❖ 어떤 사람이 행복할까? ··· 259
  : 뭘 해도 행복한 사람의 특징(습관)
- ❖ 가지면 행복해질 거라는 환상 ··· 262
  : 왜 우리는 이런 환상에서 벗어나지 못하는가?

❖ 재미와 의미 사이에서 ··· 265
　: '재미'와 '의미'는 공존할 수 있을까?

❖ 욕구와 욕망 사이에서 ··· 268
　: 우리는 왜 욕구와 욕망을 구별해야 하는가

❖ 행복을 위한 불행 ··· 271
　: 인생에서 행복과 불행의 합은 0에 수렴한다고 하던데…

❖ 행복한 노동이 가능할까? ··· 275
　: 좋아하는 일, 잘하는 일, 돈을 많이 버는 일 그리고 행복

PART 08　관계의 심리학

❖ 무례한 사람(상사)에게 '스마트'하게 대처하는 법 ··· 280
　: 참는 것만이 '능사'가 아니다

❖ 편애의 심리학 ··· 283
　: 기억하고 싶지 않은 편애에 대한 쪽팔린(?) 추억

❖ 세상에서 제일 어려운 일, 거절하기 ··· 286
　: 왜 우리는 이토록 거절을 힘들어하는가?

❖ 우리가 인생에서 차라리 몰랐으면 더 좋았을 것들 ··· 288
　: 진실(현실)이 우리를 꼭 행복하게 만들지는 않는다

❖ 잘난 체와 험담 ··· 291
　: 험담과 뒷담화 사이에서

❖ 우리에게 진정한 위로란? ··· 294
　: "힘내"라고 말하는 것이 아니라 "힘들지?"라고 물어보는 것이다

❖ 절대 드러내면 안 되는 것들 ··· 297
　: 당신이 대화, 마음, 표현 중에 조심해야 하는 것들

❖ 인정 욕구 ··· 301
　: 당신은 미움받을 준비가 되어 있는가?

❖ '관종'의 심리학 ··· 304
　: 어쩌다 나는 '관종'이 되었을까?

- ❖ 일 잘하는 사람이 말하는 방법 ··· 307
  : 일 잘하는 사람의 언어 습관은 뭐가 다른가?

- ❖ 당신 인생의 '페이스 메이커'는 누구인가? ··· 310
  : 페이스 메이커와 롤모델

- ❖ 사람 사이의 거리 ··· 314
  : 인간 갈등의 또 다른 씨앗(?)이 아닐까?

- ❖ 이해와 오해 ··· 317
  : 듣는 사람이 말하는 사람의 의도와 다르게 해석하는 이유

PART 09 화장실 옆 인문학

- ❖ 상식과 심리학 ··· 322
  : 알프레드 아들러가 말하는 상식이란?

- ❖ 또 다른 반전 ··· 325
  : 3번의 로또(lotto) 1등 이야기

- ❖ 소인배와 대인배 ··· 328
  : 진상과 퇴짜의 기원에 대하여

- ❖ 피서와 방한 ··· 331
  : 더욱 커져만 가는 빈부 격차(양극화)

- ❖ 알아야 '면장'을 한다 ··· 334
  : 면장(面牆/面長/免葬)의 기원에 대한 다양한 해석

- ❖ 상상력에 대한 다양한 해석 ··· 337
  : 우리에게 상상력이 없었다면…

- ❖ 여권의 역사 ··· 343
  : 여권, 국력의 또 다른 척도

PART 01

돈의 심리학

돈의 역설

> 🔍 사람들이 적은 돈을 쓸 때 더 고민하는 이유

내가 가진 독특한 취미 중 하나가 일주일에 한 번 이상 대형 마트에 가는 거다. 무엇보다도 마트에 가면 마음이 편해지는 데, 이유는 단순하다. 이리저리 가격을 비교하며 쇼핑하는 재미가 있기 때문이다. 단순히 세일 제품을 비교하는 것뿐만 아니라, 특정 제품이 할인 행사를 자주 하는지, 아니면 1년에 한두 번만 하는지 등을 따져보면서 구매 여부를 결정한다. 좌우지간 일단 한 번 갔다 하면 1시간 남짓한 시간을 보내고 오는데, 그냥 그 자체로 즐겁다.

대형 마트에 가는 것을 즐거워하는 내가 조금 독특하기는 하지만 나뿐만 아니라 많은 사람이 적은 돈을 쓸 때 더 신중하게 고민하는 경향이 있다. 이는 상대적으로 적은 금액이기 때문에 잘못된 선택이 큰 영향을 미치지 않을 것처럼 보이지만, 오히려 소소한 소비일수록 더 고민하게 된다. 반면, 많은(큰) 돈을 쓸 때는 그만큼의 중요성이나 책임감을 느끼고, 이미 어느 정도 결정이 내려진 상태이므로 고민을 덜 하는 경우가 많다. 또한, 많은 돈을 쓸 때는 대체로 큰 구매나 투자와 관련되므로 판단 과정이 더 체계적일 수밖에 없다.

그렇다면 사람들은 왜 적은 돈을 쓸 때 더 고민할까? 몇 가지 이유를 살펴보자. 첫째, 인지적 편향(Cognitive Bias) 때문이다. 인간의 사고는 항상 합리적이거나 논리적이지 않다. 중요한 것에 집중하기보다는 눈에 띄거나 감정을 자극하는 문제에 더 신경을 쓴다. 기억 속에서 쉽게 떠오르는 정보에 의존해 판단하는 경향을 말하는 '가용성 편향(Availability Heuristic)', 기존에 가진 생각을 강화하는 쪽으로 집중하는 '확증 편향(Confirmation Bias)'이 여기에 해당한다. 둘째, 뇌의 생존 본능 때문이다. 인간의 뇌는 에너지를 절약하고 생존에 유리하도록 작동한다. 고민은 스트레스를 유발하는데, 우리의 뇌는 즉각적으로 해결할 수 있는 문제를 먼저 처리하도록 설계되어 있다. 예를 들어, '미래의 직업' 같은 장기적인 문제보다 '오늘 팀장님에게 혼난 이유' 같은 단기적이고 감정적으로 더 강한 문제를 먼저 고민하는 것이다. 셋째, 감정적으로 연결된 문제에 집중하는 경향이 있다. 인간은 긍정적인 것보다 부정적인 경험이나 감정에 더 민감하다. 논리적으로는 미래의 재정 관리가 더 중요한 고민이지만, 감정적으로는 친구와의 다툼이 더 큰 영향을 미칠 수 있다. 넷째, 결정 회피 경향 때문이다. 중요한 문제는 해결하기 어렵고, 많은 에너지와 시간이 필요하다. 반면, 상대적으로 사소한 문제는 해결이 더 간단하고 즉각적인 보상을 제공하므로, 중요한 직업 선택보다 '내일 입을 옷' 같은 덜 중요한 문제에 계속 고민을 집중하게 된다. 이는 큰 결정을 내리는 데는 더 많은 정신적 자원을 소모하기 때문에 상대적으로 작고 쉬운 문제를 고민하며 에너지를 절약하려는 '결정 피로(Decision Fatigue)'와도 관련이 있다. 다섯째, 습관적으로 고민하는 패턴(패턴화된 사고) 때문이다. 고민은 습관처럼 반복될 수 있다. 자주 떠올리는 문제를 더 많이 고민하는 악순환이 발생하는 것이다.

그렇다면 우리는 어떻게 이런 경향을 극복할 수 있을까? 첫째, 우선순위를 설정하자. 고민이 떠오를 때 '이 고민이 정말 중요한가?'를 먼저 점검해야 한다. 둘째, 감정과 논리를 분리하자. 감정적으로 불편하다고 해서 꼭 중요한 고민은 아니다. 감정적 반응과 실제 중요성을 구분하려는 노력이 필요하다. 셋째, 마음 챙김(Mindfulness)과 명상을 실천하자. 현재 순간에 집중하며, 불필요한 고민을 통제하는 연습을 해야 한다. 넷째, 결정 피로를 줄이자. 식사 시간이나 옷 스타일 같은 사소한 문제를 미리 정해두거나 자동화하면 에너지를 더 중요한 고민에 쏠 수 있다.

인간은 본능적으로 중요한 것보다는 고민하기 쉬운 문제에 집중하도록 진화했다. 하지만 이런 경향을 인지하고 보다 중요한 문제에 집중하려는 노력을 기울인다면, 삶의 질과 효율성을 높일 수 있다. 결국, "단순히 떠오르는 것으로부터 더욱 중요한 것을 구분해내는 능력"이 성숙하고 의미 있는 삶을 사는 데 핵심이다. 물론 말처럼 쉽지는 않지만.

밥값에 대한 단상

> 🔍 돈을 잘 쓰는 법과 관련하여

단상 1

20년도 더 지난 옛날, 그러니까 2001년 가을, 처음 개원할 때 도움을 준 그분에게서 나는 인생에 도움이 되는 확실한 지혜 2가지를 배웠다. 어떤 상황에서도 부정적인 생각을 잘 하지 않는 것, 그리고 다른 하나는 밥값을 잘 내는 것. 여기서 밥값을 잘 낸다는 것은 2가지 의미로 해석할 수 있다. 하나는 글자 그대로 밥값을 자주 낸다는 의미의 표현이고 다른 하나는 밥값을 효과적으로 낸다는 뜻이다.

나는 두 번째 이야기, 밥값을 효과적으로 낸다는 것에 대해 말해보려 한다. 개원 준비 과정에서 단둘이 식사할 일이 많았다. 돌이켜보면 특별히 한쪽이 더 많이 낸 것도 아닌데 이상하게 내가 더 얻어먹은 듯한 느낌이 들었다. 왜 그럴까? 이유는 간단하다. 그분이 주로 먼저 밥값을 냈기 때문이다. 생각해보라. 둘이 돌아가면서 밥값을 낸다고 해도 먼저 낸 사람은 '밥을 산 것'이 되고, 나중에 내는 사람은 '갚는 것'이 된다. 커피도 마찬가지다. 커피값을 돌아가면서 낼 때도 무조건 먼저 내보도록 하자. 이 작은 차이가 생각보다 큰 차이라는 것을 알게 될 거다.

단상 2

어느 날, 한 환자가 내원해서 이런 이야기를 했다. 지인을 통해 알게 된 동생이 두어 달에 한 번씩 전화를 걸어서 "언니 식사 한번 해요"라고 한단다. 그리고 주로 지인을 포함해 셋이 만나면 그 동생은 해외여행 다녀온 이야기, 입고 온 옷과 남편 자랑을 늘어놓으면서도 결국 밥값은 환자가 낸다고 했다. 무엇보다 문제는, 그런 만남 뒤에는 늘 기분이 개운치 않았다는 점이었다.

그동안 왜 계속 밥값을 냈냐고 물어보니 본인이 나이도 많고, 상대적으로 형편도 나아서 그랬다고 했다. 그 이야기를 듣고 나는 단호하게 말했다. 다음부터는 절대 밥값을 내지 말라고. 세상에는 묵시적인 원칙이 있다. 그것은 잘난 체한 사람이 밥값을 내는 것이다. 이건 피타고라스 정리보다도 더 확실한 법칙이다. 그리고 그 동생에게도 그 법칙을 알려줄 필요가 있다고 했다. 갑자기 상대방이 밥값을 내게 하기가 부담스럽다면, 최소한 더치페이부터라도 시작하라고 조언했다. 마지막으로 한 가지 더 물었다. "그 동생이 꼭 만날 필요가 있는 사람인가요?"라고. 만약 아니라면 잘난 체 비용까지 부담하면서 굳이 만날 이유는 없으니까 말이다.

돈의 역사

> 🔍 상평통보(常平通寶) 네 글자에 담긴 의미

원래 "돈"은 귀금속이나 한약재 따위의 무게를 잴 때 쓰는 단위였다. 지금도 우리는 금(金)의 경우 국제 표준인 그램(g) 대신 3.75g을 한 돈으로 하는 전통적인 단위를 여전히 사용하고 있다.

그렇다면 왜 '한 돈'이 '3.75g'일까? 우리나라 전통 도량형 체계에서 한 근(1근)은 약 600g이고, 16냥이 한 근이다. 즉, 600÷16=37.5(g)로 한 냥(1냥)이 37.5g이고, 한 돈(1돈)은 한 냥의 10분의 1이므로 3.75g이 된다. 이렇게 금속의 무게를 재어서 한 돈, 두 돈 하던 말이 정착하여 화폐를 대표하는 우리말이 되었다.

금속을 화폐로 사용한 역사는 오래되었다. 고조선에 관한 기록이 실려있는 〈삼국지위서동이전〉[1]에 등장하는 '팔조금법(八條禁法)[2]'에서 보면, '남의 물건을 훔친 자는 데려다 노비로 삼으며, 속죄하려면 50만 전(錢)을 내야 한다'라는 구절이 나온다. 물론, 사료의 신빙성에 대한 논란은

---
[1] 중국의 정사인 24사 중 하나로 남북조시대의 국가 중 하나인 북위의 역사가 기록된 역사서

있지만, 이는 고대부터 화폐 개념이 존재했음을 보여준다.

우리나라에서 국가가 처음으로 화폐를 제조하여 보급한 시기는 고려 시대다. 고려 성종 15년(996년)에 발행한 건원중보(乾元重寶)가 우리나라 최초의 화폐로 당나라의 화폐 형식을 본떠서 만든 청동 화폐다. 이후 고려 숙종(1097~1105년) 때, 송나라 화폐를 본떠 만들어진 해동통보(海東通寶)가 있고, 이를 개선한 동국중보(東國重寶) 등이 발행되었고, 조선 초기 세종 5년(1423년)에 조선통보(朝鮮通寶)가 만들어졌다. 하지만 이들 화폐는 널리 유통되지 못했다. 그러다가 인조 11년(1633년)에 등장한 상평통보(常平通寶)가 본격적으로 보급되면서 비로소 화폐가 일반화되었다.

엽전(돈)의 모양이 동그란 가운데 네모난 구멍이 있는 이유는 당시 사람들의 세계관으로 "천원지방설(天圓地方說)", 즉 하늘은 둥글고 땅은 네모났다는 사상에서 유래했다. 그렇게 네모난 구멍 사이로 노끈을 꿴 돈을 꿰미[3]라고 부르기도 한다. 돈이 많아지면 자연스럽게 노끈의 길이가 늘어나거나 사이사이를 벌려서 끼워 넣기도 했다. 여기서 '돈을 벌다'라는 말이 나왔다. 즉, 돈을 '벌리다'에서 유래한 것이다.

17세기 중후반부터 금속 화폐가 널리 유통되기 시작했음에도 불구하고, 사대부들은 화폐 사용을 꺼렸다. 그 이유는 첫째, '별 쓸모없는 쇳조각과 귀한 물건을 맞바꾸는 것은 도리에 어긋난다'라는 유교적 가치관 때문이다. 둘째, 돈 전(錢)자는 천할 천(賤)자와 사실상 같은 글자로 사대부는 돈을 직접 만지는 것을 천한 일, 수치로 여겼다. 그래서 돈을 가지고 나갈 때는 남자 노비(奴婢)에게 들게 했다. 가진 돈은 많으나 쓰지 않

---

[2] 고조선의 8개 조항으로 된 법률. 8조 중 3조의 내용만이 〈지리지(地理志)〉에 전하며, 그 내용은 '살인자는 즉시 사형에 처한다', '남의 신체를 상해한 자는 곡물로써 보상한다', '남의 물건을 도둑질한 자는 데려다 노비로 삼으며, 속죄하려면 50만 전을 내야 한다'로 되어 있다.
[3] 물건을 꿰는 데 쓰는 끈이나 꼬챙이 따위. 또는 거기에 무엇을 꿴 것.

는 사람을 낮잡아 이르는 말로 '수전노(守錢奴)'가 있는데, 이는 '돈을 지키는 노비'라는 뜻이다. 그리고 '기방'에서 사대부가 기생에게 주는 돈을 '행하(行下)'라고 불렀는데, 아랫사람이 할 일을 대신한다는 뜻이다. 이는 원래 돈을 주는 일은 아랫사람이 해야 하는데, 부득이하게 사대부가 대신했기에 붙여진 말이다. 그마저도 직접 만지는 것이 부끄러워 돈을 젓가락으로 집어 주기까지 했단다.

이렇듯 과거 우리 조상들에게 돈은 숭배의 대상이 아니었다. 가난한 양반들은 노비가 없으면 오른손이 아니라 왼손으로 돈꿰미를 만졌다. 오른손은 '바른손, 올바른 일을 하는 손'이라 생각했고, 왼손은 '온갖 잡일을 하는 손'이라 여겼기 때문이다. 어쩔 수 없이 돈을 직접 가지고 다녀야만 했을 때, 왼손으로 꺼내서 내기 위해 돈을 오른쪽 도포 소맷자락에 넣고 다녔다. 그래서 오른쪽 소맷자락이 처져있는 양반이 범죄의 대상이 되었다. 뒤에서 접근해 오른쪽 소매를 툭 치면 그 양반의 오른팔이 들리면서 소매 속 돈이 후드득 땅에 떨어지는 일이 발생하고, 그 옆에 미리 대기하고 있던 한 패가 돈을 집어 들고 도망치는 범죄가 생겼다. 이런 범죄를 '소매치기'라고 불렀다. 오늘날은 돈을 지갑이나 가방에 넣고 다니기 때문에 소매를 쳐서 돈을 훔쳐 가지 않음에도 그때 사용하던 말이 지금까지 사용되고 있다.

상평통보(常平通寶)는 글자 그대로 '항상 공평하게 유통되는 보물'이라는 뜻이다. 하지만 우리는 언제부턴가 공평하게 나누는 일을 멀리하고, 돈을 혼자서만 독차지하려고 하지 않았는가? 돈은 사회가 원활하게 돌아가도록 하는 수단이지, 그 자체가 목적이 되어서는 안 된다. 지금부터라도 공평한 유통을 위해 노력해야 하지 않을까? 나만 그렇게 생각하지 않기를 바란다.

'돈을 잘 쓴다는 것'에 대한 단상

🔍 | 당신은 지금 돈을 가치 있게 쓰고 있는가

첫째가 이 주제로 글을 한번 써보라고 했을 때, 처음에는 막연하기도 하고, 내가 다루기에는 쉽지 않은 거대 담론이라는 생각이 들어 엄두가 나지 않았다. 그래서 요즘 사람들이 열광하는 'ChatGPT'에게 '돈의 의미'와 '돈을 가치 있게 쓰는 법'에 관해 물어봤다.

ChatGPT의 답변은 예상대로였다. 돈의 의미에 대해선 교환의 매개체, 가치 저장 수단, 측정 단위, 사회적 지위의 상징, 심리적 의미(안정감, 자유 혹은 반대로 스트레스와 불안의 원인), 사회적 관계(대출, 선물, 기부 등)로 나누어 설명했다. 돈을 가치 있게 쓰는 법으로는 예산 세우기, 필요와 욕구 구분하기, 투자하기, 소비의 가치를 평가하기, 비교 쇼핑(세일, 할인 이벤트 활용), 장기 목표 설정(여행, 주택 구매 등), 재정 교육, 가치 있는 경험에 투자하기 등을 제시했다. 다 맞는 말이지만, 너무 당연하고 재미가 없다고 느껴졌다. 그러다 돈과 관련된 몇 가지 에피소드가 떠올랐다. 그래서 '돈의 의미와 가치 있게 쓰는 법'에 대해 직접 겪은 이야기들을 엮어 한번 풀어보려 한다.

현재 고3인 막내가 중학교 2~3학년이었을 때 있었던 일이다. 어느 날 이런저런 이야기를 하다가—정확히 어떤 맥락에서 나왔는지는 기억이 안 나지만—"아빠가 재산이 많지는 않지만, 나중에 죽을 때 절반은 사회에 기부하고, 나머지 절반은 너희 셋에게 나누어 줄게"라고 했더니 막내가 대뜸 "아빠! 아빠가 재벌이라도 되는 줄 아세요?"라고 핀잔을 줬다. '그래, 중학생도 벌써 아빠 돈을 자기 거로 생각하는구나'라는 씁쓸한 생각이 들었다. 그런데 이 이야기가 재미있을 것 같아 여러 모임에서 했더니, 다들 배꼽 잡고 웃더라.

나는 푼돈에는 예민한 '좀생원'이지만, 의미 있다고 생각하는 일에는 큰돈이라도 고민 없이 잘 쓰는 편이다(사람들이 적은 돈보다는 오히려 많은[4] 돈을 더 쉽게 쓰는 심리적 이유는 나중에 따로 다뤄볼 생각이다). 예를 들면, 둘째가 다이어트를 하면서 PT(퍼스널 트레이닝) 비용으로 130만 원씩 네 번을 결제했는데, 한 번도 아깝다고 생각한 적이 없다. 114kg에서 78kg으로 30kg 넘게 감량했고, 무엇보다 건강을 얻었으니 생각보다 싼값이 아닌가 싶다. 반면에 지난겨울 내 겨울 코트가 많이 낡아 집사람과 함께 백화점에 갔다. 여러 매장을 돌다 닥스(DAKS) 매장에서 조금 마음에 드는 코트를 발견했다. 가격표를 보니 300만 원이 조금 넘었는데 세일(sale)을 해서 170만 원 정도라고 했다. 집사람이 "해외 명품도 아니고 당신보다 못한 사람들도 다 입고 다닌다. 내가 생일 선물로 미리 사줄 테니 제발 입어라도 봐라"라고 했지만, 내 기준에 겨울 코트에 170만 원은 아니라는 생각이 들어 결국 그냥 나왔다.

이제는 내가 아는 다른 사람의 이야기다. 80대 후반의 어르신으로, 수

---
[4] 돈은 셀 수 있으니까 '큰돈'이 아니라 '많은 돈'이라는 표현이 맞다.

백억대 재산가다. 하지만 자식들이 미덥지 못하다는 이유로 환갑이 넘은 자식들에게도 재산을 물려줄 생각이 없다. 그렇다고 사회에 기부할 것 같지도 않다. '천년만년 살 거로 생각하는 건가?' 싶다가도, 내 돈도 아닌데 괜한 걱정하는 것 같아 그만두었다.

솔직히 "당신은 지금 돈을 가치 있게 쓰고 있는가?"라는 질문에 자신 있게 "그렇다"라고 대답할 자신은 없다. 하지만 "가치 있게 쓰려고 노력은 하고 있다"라는 말은 할 수 있을 것 같다. 어쨌든 돈을 잘(가치 있게) 쓴다는 건 생각보다 어렵다.

'돈으로 살 수 있는 것'과 '살 수 없는 것'에 대하여

🔍 | **세상에는 생각보다 돈으로 살 수 없는 것들이 많다**

돈이 있으면 많은 것을 해결할 수 있다. 좋은 집, 고급 자동차, 명품 옷, 건강한 식사, 고급 의료 서비스, 명문대 교육, 심지어 영향력과 권력까지도 돈으로 얻을 수 있다. 현대 사회에서 돈은 많은 문제를 해결하는 가장 강력한 수단이다. 사회적으로도 돈이 있으면 편리한 삶을 누릴 수 있다. 더 안전한 동네에서 살고, 더 좋은 의료 서비스를 받고, 더 많은 기회를 가질 가능성이 크다. 또한, 정치적, 경제적 영향력을 행사할 수도 있다. 이처럼 돈은 인간의 삶을 풍요롭게 만드는 강력한 도구다. 그러나 돈이 모든 것을 지배하고 있는 것처럼 보이지만, 실상은 그렇지 않다. 돈으로 해결할 수 없는 중요한 것들도 분명히 존재한다.

돈이 강력한 도구이지만, 절대로 살 수 없는 것들도 존재한다. 이를 철학적, 진화론적, 심리적, 사회적 관점에서 살펴보자. 먼저 철학적 관점으로, '진정한 행복과 삶의 의미'는 돈으로 살 수 없다. 아리스토텔레스

(Aristoteles)는 『니코마코스 윤리학』[5]에서 인간의 궁극적인 목표는 행복(eudaimonia)이라고 했다. 그러나 그는 이 행복이 단순한 쾌락이나 물질적 풍요에서 오는 것이 아니라, '덕을 실천하는 삶'에서 비롯된다고 보았다. 즉, 돈은 행복을 돕는 수단일 수는 있어도, 행복 자체를 살 수는 없다. 또한, 장자(莊子)는 "참된 자유는 외부의 조건이 아니라 내면의 깨달음에서 온다"고 했다. 돈이 많아도 삶의 의미를 찾지 못하는 사람들이 많고, 반대로 가난해도 행복한 사람들도 있다. 이는 돈이 인간의 궁극적인 목적을 충족시키는 데 한계가 있음을 보여준다.

다음은 진화론적 관점으로, '사랑과 유대감'은 돈으로 살 수 없다. 인간은 사회적 동물이며, 생존과 번식을 위해 협력과 신뢰를 기반으로 진화해왔다. 원시 시대부터 인간은 공동체를 이루며 살아왔고, 이는 사랑과 유대감을 형성하는 본능으로 이어졌다. 돈으로 연애 상대를 만들거나 결혼할 수는 있어도, 진정한 사랑은 돈으로 살 수 없다. 사랑은 신뢰, 공감, 희생, 감정적 교류 속에서 형성되며, 이는 돈으로 만들 수 없다. 부모와 자식 간의 사랑, 우정 역시 마찬가지다.

심리적 관점에서 보더라도 돈으로 살 수 없는 것이 있다. 그것은 '내면의 평온과 만족'이다. '적응 수준 이론(Adaptation-Level Theory)'에 따르면, 사람은 환경에 적응하기 때문에 돈이 많아도 결국 행복감이 일정 수준으로 돌아온다고 한다. 즉, 복권에 당첨된 사람들도 시간이 지나면 다시 원래의 행복 수준으로 돌아간다. 또한, '자기결정 이론(Self-Determination Theory)'에 따르면 인간의 심리적 행복은 '자율성(Autonomy)', '유능감(Competence)', '관계성(Relatedness)'에서 나온다. 돈이 많아도 삶에 자율성이 없고, 의미 있는 인간관계를 맺지 못하면 불행할 수 있다.

---

[5] 아리스토텔레스가 아테네에 세운 학당 리케이온(Lykeion)에서 강의한 행복에 관한 논설이다.

사회적 관점에서 보았을 때, 돈으로 살 수 없는 것은 '신뢰와 존경'이다. 돈으로 권력을 가질 수는 있지만, 진정한 신뢰와 존경은 돈으로 살 수 없다. 존경은 개인의 성품, 도덕성, 행동에서 나오지, 재산의 크기에서 나오지 않는다. 역사적으로도 보면, 재산을 이용해 권력을 얻은 사람들은 많았지만, 존경받는 인물이 되지는 못했다. 반면, 마더 테레사 같은 인물은 돈이 아닌 도덕성과 헌신으로 존경받았다.

돈은 분명히 현대 사회에서 중요한 역할을 하지만, 삶의 본질적인 가치까지 좌우하지는 않는다. 돈은 편안한 삶은 제공해도 행복 자체를 보장하지 않는다. 돈은 강력한 도구지만, 진정한 사랑, 우정, 존경, 삶의 의미는 스스로 만들어야 한다. 돈이 많다고 해서 반드시 만족하는 삶을 사는 것은 아니며, 내면의 성장과 가치가 중요하다. 돈은 우리의 삶을 윤택하게 할 수 있지만, 삶의 목적 자체가 되어서는 안 된다.

너무나 뻔한 말이지만, 결국 우리는 돈을 도구로 삼되, 삶의 핵심 가치들을 잊지 않는 것이 중요하다. 돈으로 살 수 없는 것들의 가치를 이해하고, 그것을 지켜나가는 것이야말로 진정 '부유한 삶'이 아닐까?

소비의 심리학

🔍 개념적 소비&윤리적 소비, 멋지게 돈을 쓰는 방법

돈을 잘 버는 것만큼이나 돈을 잘 쓰는 것도 중요하다. 하지만 우리는 돈을 잘 버는 법에 대해서는 귀가 닳도록 이야기하면서도, 정작 돈을 잘 쓰는 법에 대해서는 별로 말하지 않는다. 그렇다면 돈을 제대로 잘 쓰는 방법은 무엇일까? 그런 의미에서 '개념적 소비'와 '윤리적 소비'는 단순히 물건을 구매하는 행위를 넘어, 소비를 통해 개인의 가치와 신념을 표현하고, 더 나은 사회를 만드는 데 이바지하는 방식으로 돈을 잘 쓰는 방법의 하나로 볼 수 있다.

우선 개념적 소비와 윤리적 소비의 정의부터 알아보자. 개념적 소비(Conceptual Consumption)는 말 그대로 과거보다 똑똑해진 소비자가 단순히 제품의 기능적 가치만 보는 것이 아니라, 그 제품이 가지는 의미나 상징성을 중요하게 여기는 소비 형태다. 즉, 제품 자체보다 브랜드 평판, 정체성, 생활양식(라이프 스타일) 등을 고려하는 소비 방식이다. 예를 들어, '명품'을 구매하여 자신의 사회적 위치를 표현하거나 특정 브랜드의

'한정판' 제품을 선호하는 행위가 이에 해당한다.

반면, 윤리적 소비(Ethical Consumption)는 소비자가 제품이나 서비스를 선택할 때, 단순히 가격이나 품질만 고려하는 것이 아니라, 환경적, 사회적, 도덕적 책임을 고려하는 소비 방식이다. 공정 무역 커피를 구매하거나 플라스틱 사용을 줄이는 친환경 제품을 선택하는 것이 대표적인 예다. 소비자는 자신이 쓰는 돈이 사회와 환경에 미치는 영향을 고민하며, 더 나은 세상을 만들기 위한 소비를 실천하는 것이다.

이 2가지 소비 방식에는 몇 가지 공통점이 있다. 첫째, 두 방식 모두 소비자가 자신의 가치관, 신념 또는 철학을 소비 행위에 반영하여 구매 결정을 내린다. 둘째, 단순히 제품의 가격이나 품질만이 아니라, 소비의 의미와 그로 인한 결과를 중요시한다. 셋째, 소비자들은 제품이나 브랜드가 전하는 메시지, 스토리, 사회적 역할 등에 영향을 받는다. 넷째, 정보 기술과 글로벌화(Globalization) 덕분에 소비자는 자신의 소비가 미치는 영향을 더 정확히 이해하고, 그에 따라 더 신중하게 결정한다.

하지만 차이점도 명확하다. 첫째, 개념적 소비는 심리적 만족, 상징적 가치, 정체성 표현에 초점을 맞추지만, 윤리적 소비는 도덕적 책임, 환경 보호, 사회적 공정성에 초점을 둔다. 둘째, 개념적 소비의 동기는 자기표현과 소속감, 심리적 보상인 데, 윤리적 소비의 동기는 지구와 사회에 대한 책임, 그리고 정의 실현이다. 셋째, 개념적 소비는 개인의 라이프 스타일과 정체성을 강화하는 결과를 낳고, 윤리적 소비는 사회적, 환경적 변화를 끌어낸다. 넷째, 개념적 소비는 브랜드 이미지, 스토리텔링, 상징적 의미 등을 중요하게 여기지만, 윤리적 소비는 공정 무역, 친환경 제품, 윤리적 생산 과정 등을 중시한다. 한마디로 개념적 소비는 개인적 만족과 심리적 욕구를 충족시키는 데 초점을 맞춘, 자기 정체성과 관련되어 있다면, 윤리적 소비는 큰 사회적 영향과 관계가 있으며, 공동체와 미래 세대를 위한 소비로 발전한다는 점이다.

정리하자면, 개념적 소비의 핵심 특징은 소비자는 제품이나 서비스의 기능보다 브랜드 이미지, 사회적 지위, 정체성 등과 같은 그것이 상징하는 의미를 더 중요하게 여긴다는 것이다. 더불어 소비 행위를 통해 자존감, 소속감, 정체성 등을 강화하며, 이를 통해 심리적 만족감을 얻는다. 반면, 윤리적 소비는 환경친화적인 제품을 선택하거나 플라스틱 사용을 줄이고, 재활용이 가능한 제품을 구매하는 행위를 통한 환경 보호. 그리고 생산자, 특히 개발도상국의 농부나 노동자가 적정한 대가를 받을 수 있도록 돕는 제품을 구매하는 공정 무역. 노동 착취, 아동 노동, 성차별 등 비윤리적 관행으로 하지 않는 기업의 제품을 선호하는 사회적 책임. 그리고 동물 학대가 없는 제품, 비건 식품 또는 동물 실험을 하지 않는 제품을 구매하는 동물 복지가 핵심이다.

예를 들어, 애플(Apple) 제품을 구매하는 행위는 단순한 기술적 편리함을 넘어 혁신적이고 창의적인 정체성을 소비하는 개념적 소비로 볼 수 있다. 반면, 지속 가능성을 강조하는 브랜드인 파타고니아(Patagonia)는 환경 보호와 사회적 공헌을 중심으로 한 윤리적 소비의 대표적인 사례다. 파타고니아는 매출의 1%를 환경 보호 단체에 기부하고, 소비자들이 제품을 오래 사용할 수 있도록 수선 및 재활용 프로그램을 운영하며, 친환경 소재를 적극적으로 사용한다.

행동주의 경제학자로 유명한 댄 애리얼리(Dan Ariely)는 그의 저서 『상식 밖의 경제학』에서 사람들이 경제적 비합리성을 보여주는 사례를 통해 어떻게 개념적 소비가 인간의 선택에 영향을 미치는지 설명했다.

결국, 개념적 소비와 윤리적 소비는 둘 다 나름대로 의미 있는 소비 방식이다. 중요한 것은 단순히 돈을 쓰는 것이 아니라, 그 소비가 자신과 사회에 어떤 영향을 미치는지 고민하는 태도다. 돈을 멋지게 쓰는 법, 그것은 결국 자신의 가치관과 사회적 책임을 균형 있게 고려하는 소비에서 시작되지 않을까?

쇼핑의 심리학

🔍 | 왜 우리는 '쇼핑중독'에 빠질까?

　대체로 남자들은 부인이나 여자 친구를 따라 백화점에 가서 몇 시간씩 쇼핑하는 걸 힘들어한다. 하지만 나는 그런 부류가 아니다. 다만, 내 경우 백화점이 아니라 대형 마트라는 점이 다르다.
　진화론적 관점에서 인간은 본래 사냥꾼(Hunter)과 채집가(Gatherer)로 진화해왔다. 쇼핑은 현대 사회에서 이런 사냥과 채집의 본능을 대체하는 행동이라고 볼 수 있다. 사냥꾼이 더 크고, 더 좋은 먹잇감을 찾는 데 집중하듯, 현대인은 더 좋은 브랜드, 희귀한 한정판 상품을 찾아다닌다. 반면, 채집가들은 다양한 식량을 모으는 데 집착하는데, 이는 사람들이 여러 가지 물건을 사고 모으려는 경향으로 이어졌다. 그래서 남자는 주로 '필요한 물건을 목표로 정하고, 바로 구매'하는 방식인 '사냥' 스타일로, 여자는 '여러 상품을 비교하고, 다양한 물건을 구매'하는 방식인 '채집' 스타일로 쇼핑하는 경우가 많다. 할인 제품을 찾거나 독특한 물건을 발견하는 과정에서 느껴지는 만족감은 사냥감을 포획하는 본능적 쾌감과 비슷하다. 매장을 돌아다니며 물건을 찾는 과정은 과거의 채집 활동과도 연결되며, 온라인 쇼핑에서 제품을 검색하고 비교하는 과정은 '현대판 사냥'이라고 할 수 있다. 그런 관점에서 '쇼핑'은 결국 우리의 생존 본능과 밀접한 관련이 있다.

그렇다면 왜 사람들은 단순한 쇼핑을 넘어 '쇼핑 중독'에 빠질까? 먼저 심리적 관점에서 보면, 쇼핑할 때 우리 뇌는 도파민이라는 신경전달물질을 분비한다. 도파민은 '기쁨'과 '보상'을 담당하는데, 새로운 물건을 사면 쾌감이 느껴지고, 이 과정이 반복되면서 쇼핑 중독이 생긴다. 또한, 기분이 우울하거나 스트레스를 받을 때 쇼핑을 통해 이를 해소하려는 심리가 작용하는데, 이를 보상 소비(Retail Therapy)라고 한다. 때때로 사람들은 쇼핑을 통해 '자신이 더 나은 사람이 된 것 같은 느낌'을 받기도 한다. 오늘날 어떤 옷을 입고, 어떤 브랜드를 선택하는지가 자신의 정체성을 드러낸다는 인식이 강해지면서 쇼핑이 더 중요하게 여겨지고 있다. 특히 SNS 시대에는 '내가 어떤 소비를 하는가?'가 곧 '내가 누구인가?'와 직접적으로 연결되면서 과소비로 이어질 가능성이 커졌다.

다음은 사회적 관점으로, 현대 사회는 '소비'를 통해 자아를 표현하는 구조로 되어 있다. 광고와 미디어는 끊임없이 '새로운 것이 더 좋다'는 메시지를 주입하며, 개인의 소비 욕구를 자극한다. 또한 '남들보다 더 좋은 것을 가져야 한다'라는 사회적 비교(Social Comparison) 이론에 의해 소비 욕구가 더욱 강해진다. 특히 명품이나 최신 전자기기 같은 물건들은 단순한 도구가 아니라 사회적 지위를 나타내는 수단이 되었다. SNS를 통해 친구나 유명인의 소비 패턴을 보면서 '나도 저런 걸 가져야 한다'라는 압박을 느끼고, 한정판 제품이나 할인 기회를 놓치면 손해를 본다고 생각하는 FOMO(Fear Of Missing Out)의 심리가 소비를 더욱 부추긴다.

철학적 관점에서 독일의 철학자 아르투어 쇼펜하우어(Arthur Schopenhauer)는 '인간은 기본적으로 무언가를 원하고, 그것을 얻으면 다시 다른 것을 원하는 존재'라고 하며, 이를 '욕망의 끝없는 굴레'라고 표현했다. 쇼핑도 마찬가지로 '이걸 사면 행복할 것 같아'라고 생각하지만, 결국 또 다른 것을 사고 싶어지면서 끝없는 소비로 이어진다. 에리히 프롬(Erich Fromm)은 그의 저서 『소유냐 존재냐』에서 "소유 중심의 사회에서는 사람들이 '무엇을 가졌느냐?'에 따라 평가받는다"라고 했다. 즉, 물건을 사는 것은 단순한 필요 때문이 아니라, 소유를 통해 자신을 증명하려는 욕망이 반영된다는 것이다. 마틴 하이데거(Martin Heidegger)는 인간은 본질적으로 '불안한 존재'이며, 이 불안을 해소하기 위해 소비를 통해 자기 존재를 채우려 한다고 했다. 쇼핑을 통해 '나는 이런 사람이다'라는 정체성을 찾으려 하지만, 결국 만족하지 못하고 또 다른 소비로 이어진다고 지적했다.

쇼핑은 겉으로 보이는 것처럼, 단순한 물건 구매가 아니다. 오히려 심리적 보상, 사회적 지위 표현, 진화적 본능의 결과 등 다양한 요소가 얽혀 있는 행위다. 무엇보다도 오늘날 쇼핑은 사람들과 관계를 형성하고 강화하는 촉매 역할을 한다. 특히 가족, 친구와 함께하는 쇼핑은 단순한 소비 이상의 사회적 연결을 의미한다. 더불어 구매 후 SNS를 통해 경험을 공유하고 인정받으려는 심리는 앞으로도 더욱 강화될 것이다.

다만, 쇼핑중독으로부터 벗어나기 위해 몇 가지 방법을 실천해볼 수 있다. ① 구매 전 '이 물건이 정말로 필요한가?'라는 질문을 3번 이상 하기 ② 쇼핑리스트 작성 후 구매하기 ③ 운동이나 취미 활동과 같은 쇼핑을 대체할 수 있는 활동 찾기 ④ 물건 구매보다는 여행이나 자기 계발 같은 경험에 투자하기 ⑤ SNS나 유튜브 등 자극적인 콘텐츠와의 접촉을 줄여보기. 너무나 뻔한 방법들이지만 다시 한번 점검해볼 필요가 있다. 마지막으로, 쇼핑중독은 '가면성 우울증'과 같은 변형된 우울증 이거나 '강박증', '충동조절장애' 같은 질환의 증상 중 하나일 수도 있다. "과한 것은 부족한 것만 못하다." 만약 쇼핑 습관이 일상생활에 지장을 줄 정도라면, 전문가의 도움을 고려해야 한다. 미루지 말라.

PART
02

마음의 심리학

완벽을 추구하는
당신에게

🔍 | 완벽을 추구하는 사람들은 어떤 마음일까?

　완벽주의(perfectionism)는 단순한 성격적 특성이 아니라, 인간의 본능과 사회적 환경이 복합적으로 작용한 결과다. 완벽을 추구하는 사람들은 일반적으로 높은 기준을 세우고, 자신과 타인에게 엄격한 잣대를 적용하며, 실수를 두려워하는 경향이 있다. 하지만 이러한 성향은 단순히 개인적인 기질을 넘어 진화적, 심리학적, 사회적 요인들이 깊은 영향을 미친다.

　먼저 진화론적 관점에서 보자면, 완벽주의는 생존과 번영을 위한 기제였다. 과거 인류는 생존을 위해 정밀한 판단과 신중한 행동이 필수적이었다. 독성이 있는 열매를 잘못 먹거나 사냥에서 실수하면 목숨을 잃을 수 있었다. 따라서 실수를 줄이고 완벽함을 추구하는 경향이 강한 개인이 살아남을 가능성이 높았다. 또한 인간은 사회적 동물로 집단 속에서 인정받고 싶은 욕구가 있다. 완벽주의 성향이 강한 사람들은 실수해서 비판받거나 배척되기를 두려워한다. 그래서 철저한 자기 관리를 통해 집단 내에서 신뢰와 지위를 확보하려 한다. 이렇듯 완벽주의는 생존과 집단 내 성공을 위한 적응 전략이었을 가능성이 크다.

다음은 심리학적 관점에서 바라본 완벽주의로 먼저, 데시(Edward L. Deci)와 라이언(Richard M. Ryan)의 '자기결정이론(Self-Determination Theory, SDT)'[6]에 따르면, 인간은 자율성(Autonomy), 유능함(Competency), 관계성(연결성/Relatedness)이라는 세 가지 기본 심리적 욕구가 있다. 그런데 완벽주의 성향이 강한 사람들은 특히, 유능함에 대한 욕구가 크다. 즉, '나는 완벽해야만 가치 있는 존재'라고 믿으며 끊임없이 노력하지만, 그 욕구가 지나치면 작은 실수도 용납하지 못하고, 자기 비판에 빠진다. 또한 완벽하지 않으면 실패라고 생각하는 이분법적 사고로 인해 결국 불안과 스트레스, 우울감으로 이어진다. 다음은 히긴스(Edward T. Higgins)의 '자기불일치이론(Self-Discrepancy Theory)'에 따르면 사람은 실제 자아(Actual self), 이상적 자아(Ideal self), 당위적 자아(Ought self)라는 3가지의 자아 개념(self concept)을 갖고 있다. 우리는 이상적 자아와 실제 자아를 비교하면서 살아가는데, 완벽주의자는 이상적 자아와 실제 자아의 차이를 크게 느낀다. "나는 내가 원하는 만큼 완벽하지 않아"라는 생각에 강한 열등감과 스트레스가 발생한다.

사회문화적 관점에서 바라봤을 때 현대 사회는 학업, 직장, 외모, 인간관계 등 모든 것이 평가 대상이 되는 경쟁사회다. SNS를 통해 끊임없이 타인과 비교하며 '나는 충분히 잘하고 있을까?'라는 불안을 느낀다. 또한 광고, 영화, SNS 등에서 결점 없는 외모, 완벽한 성취, 이상적인 연애가 강조되면서, 사람들은 이런 기준을 내면화하고 자기 자신을 더 엄격

---

6 자기결정이론은 데시(Edward L. Deci)와 라이언(Richard M. Ryan)이 동기(Motivation)에 관해 연구하여 정립한 이론으로 여기서 동기란 행동을 하기 위한 에너지로 정의한다. (Motivation=Energy for action) 즉, 자기결정이론은 인간이 어떤 행동을 하게 하는 에너지의 종류, 그 에너지에 영향을 주는 요인 그리고 그 아래 깔린 인간의 기본 욕구에 관한 내용이다.

하게 평가한다. 현대 사회 자체가 완벽주의를 조장하는 환경인 셈이다.

그렇다고 완벽주의가 무조건 부정적이지는 않다. 적절한 수준의 완벽주의는 목표 달성을 위한 동기 부여가 되고, 신뢰성과 책임감을 높이는 긍정적 역할을 한다. 하지만 지나친 완벽주의는 작은 실수도 용납하지 못하고, 스트레스를 증가시키며, 실패에 대한 두려움으로 새로운 도전을 꺼리게 만든다. 또한 과도한 자기비판으로 인해 정신적 소모가 심해진다.

그렇다면 이런 완벽주의를 어떻게 다루어야 할까? 먼저 '완벽' 대신 '최선'을 목표로 삼아야 한다. 매사에 100% 완벽을 목표로 하면 실패할 가능성이 높다. 대신 '나는 할 수 있는 최선을 다한다'라는 생각을 갖는 것이 중요하다. 다음은 자기 수용(Self-Acceptance) 연습하기다. 자신을 있는 그대로 인정하는 태도가 필요하다. "나는 부족해도 괜찮다"라는 생각을 키우자. 또한 실패를 성장의 일부로 받아들여야 한다. 실패는 끝이 아니라 성장의 과정 중 하나이며 "실패는 내가 무언가를 시도했다는 증거"라고 생각하자. 이와 함께 매사에 타인과 비교하는 습관을 버려야 한다. 남들의 성공에 휘둘리지 말고, 자신의 속도에 맞춰 나가면 된다. "내 인생의 기준은 내가 정한다"는 마음이 중요하다.

완벽을 추구하는 것은 인간 본능의 일부지만, 그것이 삶을 지나치게 지배하게 되면 오히려 스트레스와 불행을 초래한다. 중요한 것은 완벽을 목표로 하기보다 성장과 배움을 목표로 하는 것이며, 늘 스스로에게 "완벽해질 필요는 없다. 다만, 더 나아지면 된다"라고 말해보자. "실수해도 괜찮다. 중요한 건 다시 일어서는 거다"라는 생각으로 완벽이 아니라 '충분히 좋은 삶'을 추구하는 것이 더 건강한 태도다. 누구도 당신에게 완벽을 강요하지 않는다. 당신 스스로 그러고 있을 뿐.

독립을 두려워하는
당신에게

🔍 | **당신은 왜 독립을 두려워하는가?**

과거에는 성인이 되면 부모에게서 독립이 자연스럽고 당연한 일로 여겨졌지만, 오늘날에는 많은 젊은이가 독립을 미루거나 아예 포기하는 경우가 늘어나고 있다. 성인이 되어서도 부모에게 경제적, 정서적으로 의존하며 독립하지 않는 젊은이들을 가리키는 '캥거루족'이라는 신조어가 이를 대변하고 있다.

그렇다면 왜 현대 사회에서 독립이 이렇게 어려워진 걸까? 첫째, 독립이 어려운 가장 큰 이유는 경제적인 부담 때문이다. 한마디로 '독립이 사치가 되어버린 시대'가 되었다. 구체적으로 우리나라뿐만 아니라 일본을 포함한 아시아 주요 국가, 미국, 유럽 등 여러 나라에서 집값 상승과 이에 따른 주거비(전월세 비용)의 증가가 독립을 가로막는 주요 요인으로 작용하고 있다. 또한 안정적인 직장 구하기가 점점 더 어려워지고 있다. 취업 후에도 상대적으로 낮은 임금과 높은 생활비 때문에 독립이 부담스럽다. 더욱이 과거와 달리 정규직보다 프리랜서, 계약직, 비정규직 같은 불안정한 일자리 비율이 늘어나면서 경제적 불확실성이 커졌다. 이러한 현실에서 부모와 함께 살면 식비, 주거비 등 생활비를 아낄 수 있어 굳이 힘들게 독립할 필요성을 못 느끼는 경우도 많다.

둘째, 독립은 단순히 경제적인 문제뿐만 아니라 심리적인 문제와도 깊이 연결되어 있다. 이들은 '혼자 사는 것이 두려운 세대'로 많은 젊은 이가 혼자 사는 것 자체를 두려워한다. 부모의 과보호 속에서 자란 경우 스스로 전부 책임져야 한다는 부담이 크고, '이제부터 모든 걸 혼자 해야 해'라는 생각이 또 다른 부담이 되어 불안으로 다가온다. 또한 혼자 사는 것은 경제적 문제뿐만 아니라, 정서적 외로움과도 관련이 있다. 가족과 함께 살면서 얻을 수 있는 심리적 안정감은 쉽게 포기하기 어렵다. 게다가 '내가 혼자서 잘 살 수 있을까?'라는 불안감과 작은 실수조차도 큰 부담을 느끼는 실패에 대한 두려움도 독립을 미루는 또 다른 이유가 된다.

셋째, 사회적 요인으로 '독립을 막는 사회 구조'라는 측면이다. 현대 사회는 개인 간의 경쟁이 치열해지면서 사회적 안전망 없이 혼자 살아가기가 더욱 어려운 환경이 되었다. 경쟁에서 뒤처지지 않기 위해 부모의 지원을 받으며 살아야 한다는 현실적인 이유가 크다. 때로는 부모가 자녀의 독립을 원하지 않아 자연스럽게 독립이 늦어지기도 한다. 또한 과거에는 결혼이 독립의 자연스러운 과정이었지만, 결혼 연령이 늦어지거나 비혼이 증가하면서 부모와 함께 사는 기간이 길어지고 있다.

한편, 독립은 단순히 집을 떠나는 것이 아니라 자신의 삶을 스스로 책임지는 과정이다. 인간은 본능적으로 사회적 존재이며, 원시 시대부터 집단생활을 통해 생존해왔다. 따라서 혼자 사는 것에 대한 두려움은 자연스러운 감정이다. '이제 모든 걸 내가 해결해야 한다'라는 책임감과 함께, 실패했을 때 다시 부모에게 의존하기 어렵다는 두려움이 독립을 미루게 만든다. 더불어 익숙한 환경에서 벗어나 새로운 환경에 적응하는 것은 누구에게나 새로운 도전이며, '굳이 힘들게 독립할 필요가 있을까?'라는 생각이 들면서 독립을 미루게 된다.

지금까지 독립이 두렵거나 어려운 이유를 살펴봤다면, 이제부터는 성공적인 독립을 위한 현실적인 방법을 고민해보자. 먼저 독립을 위해 최소 6개월~1년 정도의 생활 계획을 세우고 대비해야 한다. 월세, 공과금, 식비 등을 고려한 현실적인 예산을 짜고, 경제적으로 자립할 수 있는 준비를 해야 한다. 단순히 자유를 얻고자 하는 독립이 아니라, 안정적인 생활을 유지할 수 있도록 기반을 마련하는 것이 중요하다. 그리고 처음부터 완벽한 독립을 목표로 하기보다는 점진적으로 독립하는 방법도 좋은 선택이다. 예를 들어, 먼저 단기 자취를 경험해보거나 여행을 통해 혼자 생활하는 연습을 해보는 방식이다. 또한 집안일을 직접 해보면서 스스로 생활하는 능력도 키워야 한다. 마지막으로 정신적 독립도 중요하다. 거듭 말하지만, 단순히 집을 떠나는 것이 독립이 아니라, 자신의 삶을 스스로 책임지는 것이 진정한 독립이다. 사소한 문제부터 혼자 결정하는 연습을 하고, 실패를 두려워하지 않는 태도를 가져야 한다. 완벽한 독립을 한 번에 이루려 하기보다는 조금씩 스스로 책임지는 경험을 늘려가야 한다.

처음에는 두려울 수 있지만, 사람은 독립을 통해 더 성장하고 자유로운 삶을 누릴 수 있다. 경제적 준비, 심리적 준비, 사회적 준비를 차근차근하면서 자신만의 방식으로 독립을 준비해보자. 작은 변화부터 시작한다면 결코 독립은 두렵지 않다. 원래 인생은 혼자 살아가는 법이니까.

'오지랖'에 대하여

> 🔍 '오지랖이 넓다'라는 것은 좋은 것일까? 나쁜 것일까?

'오지랖'이란 단어는 원래 '웃옷이나 윗도리에 입는 겉옷의 앞자락'을 뜻하는 우리말이다. 그런데 이 단어가 옷자락이 넓어 다른 옷을 덮는 모습과 연결되어, 남의 일에 지나치게 간섭하는 사람을 비유하는 표현으로 사용되기 시작했다. '오지랖이 넓다'라는 관용구는 조선 후기 문헌에서도 등장하지만, 당시에는 단순히 옷의 앞자락을 가리키는 의미였다. 현재와 같은 비유적 의미로 사용된 것은 20세기 중반 이후로 추정된다. 또한 '오지랍'은 '오지랖'의 잘못된 표현으로 〈표준국어대사전〉에도 등재되어 있지 않은 단어이다. '오지랖'이 발음상 '[오지랍]'으로 들리다 보니 '오지랍'이라는 형태가 잘못된 표기로 굳어진 경우다. 요즘에는 '오지랖'이라는 단어 자체가 관용구에서 분리되어 단독으로 '쓸데없이 지나치게 참견하는 행동'을 의미하는 말로도 쓰인다. 예를 들어, "오지랖 좀 그만 부려"나 "오지랖 떨지 마!"와 같은 표현이 흔하게 사용된다. 이는 언어가 변화하는 자연스러운 과정 중 하나로, 향후 국어사전에 새 의미로 등재될 가능성도 있다.

　그렇다면 오지랖이 넓은 사람들은 어떤 특징을 가질까? 이들은 주로 타인의 일에 적극적으로 개입하며, 주변 사람들에게 관심이 많고, 남의 고민이나 문제를 그냥 지나치지 못하는 성향이 있다. 친절하고 인정이 많아 다른 사람 돕기를 좋아하며, 폭넓은 인간관계를 형성하는 경우가 많다. 또한 다양한 정보를 알고 있어 주변 사람들에게 '인간 네트워크' 역할을 하거나 위기 상황에서 문제 해결을 위해 적극적으로 나서는 긍정적인 모습을 보이기도 한다. 하지만 이러한 성향이 지나치면 상대방의 사정을 고려하지 않고 간섭하게 되거나 사적인 경계를 무시하는 부작용이 발생할 수 있다. 본인은 선의로 행동했지만, 상대방이 부담스러워하는 경우도 많고, 여러 일에 관여하다가 정작 자기 일에 소홀해지거나 피로를 느낄 수도 있다.

　오지랖이 넓으면 어떤 긍정적인 효과가 있을까? 먼저, 도움이 필요한 사람에게 힘이 된다. 어려운 상황에 부닥친 사람에게 먼저 다가가 도움을 줄 수 있으며, 위기 상황에서 적극적으로 해결책을 제시하는 능력을 발휘할 수도 있다. 또한, 인간관계가 넓어지고 다양한 정보를 접할 기회가 많아진다. 여러 사람과 교류하며 사회적 적응력이 높아지고, 소통 능력도 향상될 수 있다.

　하지만 부정적인 면도 있다. 현대 사회에서는 프라이버시가 중요한 가치로 여겨지는데, 오지랖이 넓은 행동이 자칫 상대방의 사생활을 침해하는 것으로 비칠 수 있다. 특히 개인주의 문화가 강해지는 현대 사회에서는 적절한 거리 유지가 중요해졌기 때문에, 무리한 개입은 사람들 사이의 거리를 더 멀어지게 할 수도 있다. 또한, 다른 사람의 일에 신경 쓰느라 정작 자기 일에 집중하지 못하거나 불필요한 감정 소모로 인해 스트레스를 받을 위험도 크다.

 그렇다면 이러한 부정적인 영향을 최소화하려면 어떻게 해야 할까? 가장 중요한 것은 '도움'과 '참견'의 차이를 구별하는 것이다. 상대방이 진정으로 도움이 필요한지를 먼저 확인한 후 개입해야 하며, "도와줄까?"라고 한 번 물어보고, 상대가 거절하면 더 이상 강요하지 않는 것이 바람직하다. 그리고 모든 사람을 만족시키려 하지 말라. 모든 일에 신경 쓰다 보면 정작 자신이 감당하기 어려운 상황이 생길 수 있기 때문에 자기 자신도 돌보면서 적절한 거리 두기를 실천해야 한다. 마지막으로 '오지랖'을 긍정적인 방향으로 활용하기다. 관심과 간섭을 '적극적인 배려'로 바꾸는 것이 핵심이다. 예를 들어, 타인의 사생활에 지나치게 개입하는 대신 유용한 정보를 공유하거나 도움을 줄 수 있는 방법을 찾아보는 것이 더 바람직하다.

 결론적으로 '오지랖이 넓다'라는 표현은 처음에는 조금 부정적인 의미로 사용되었지만, 넓은 의미에서 보면 사회적 소통과 연결을 돕는 중요한 역할을 할 수 있다. '오지랖이 넓다'가 긍정적인 의미가 되기 위해서는 다음의 3가지를 기억하라. 첫째, 적절한 관심과 거리 조절이 중요하다! 둘째, 도움을 줄 때는 상대방이 원할 때만! 셋째, 모든 일에 개입하기보다는 선택적으로 관여하자! 이런 부분만 잘 지켜지면 당신은 요즘 말로 멋진 오지라퍼[7]가 될 수 있다.

---

[7] 남의 일에 간섭하는 사람, 염치없이 행동하고 참견하는 사람을 가리켜 요즘 말로 '오지라퍼'라고 한다. '오지라퍼'는 '오지랖'에 사람을 뜻하는 영어 접사 '-er'을 붙여 만든 신조어다.

사랑의 반대말은 미움이 아니라 무관심인 이유

🔍 | '무플'보다는 '악플'이 더 낫다고 하던데…

The opposite of love is not hate, but indifference.

우리는 흔히 사랑의 반대말이 미움이라고 생각하지만, 많은 철학자와 심리학자들은 '사랑의 진짜 반대말은 무관심'이라고 말한다. 왜 그럴까? 이번 기회에 다양한 관점에서 살펴보자.

먼저 철학적 관점에서 보면, 사랑과 미움은 동전의 양면과 같다. 헤겔(Hegel)의 변증법에 따르면, 두 감정은 정반대처럼 보이지만 본질적으로 같은 감정의 다른 표현이라고 한다. 사랑과 미움 모두 강한 관심과 집착을 포함하는 데 비해 무관심은 감정 자체가 존재하지 않는 상태, 즉 '부정의 부정'이다. 키에르케고르(Kierkegaard) 역시 '절망의 가장 깊은 형태는 무관심'이라고 말했다. 사랑과 미움은 대상이 중요하다는 전제를 깔고 있지만, 무관심은 상대를 완전히 지우는 행위로 존재 자체를 부정한다. 아리스토텔레스(Aristoteles)는 인간은 본질적으로 사회적 동물이며, 관계 속에서 의미를 찾는다고 했다. 사랑과 미움은 관계의 지속을 의미하지만, 무관심은 관계의 단절을 뜻한다. 따라서 무관심은 사랑의 가장 극단적인 반대이다. 그리고 독일의 철학자이자 사회심리학자인 에리히 프롬(Erich Fromm)도 『사랑의 기술』에서 "미움은 사랑의 한 형태다. 왜냐하면 그것도 감정의 표현이기 때문이다. 그러나 무관심은 관계의 끝이다"라고 말했다.

심리학적으로도 미움은 또 다른 관심의 표현이다. 사랑과 마찬가지로 강한 에너지가 필요한 감정이기 때문이다. 우리는 사랑하는 사람에게 화를 내기도 하고, 미워하는 사람을 계속 신경 쓰기도 한다. 즉, 미움 역시 대상에 대한 깊은 관심이 있기에 가능한 감정이다. 하지만 무관심은 다르다. 한 개인이 타인에게 무관심해지면, 그 사람은 자신이 존재하지 않는다는 느낌을 받는다. 연구에 따르면, 무시나 왕따와 같은 사회적 배척은 신체적 고통과 비슷한 뇌 반응을 일으킨다고 한다. 이처럼 무관심은 존재를 부정당하는 것과 같으며, 심리적 상처가 가장 깊게 남는다. SNS에서 '무플'이 '악플'보다 더 아픈 이유도 마찬가지다. 사랑이든 미움이든 상대가 관심이 있다는 신호이지만, 무관심은 '넌 있어도 그만, 없어도 그만'이라는 메시지를 주기에 더 고통스럽다.

진화론적 관점에서 보더라도 인간은 생존을 위해 사회적 유대가 필수적이다. 사랑과 미움은 상대방과 관계를 유지하려는 본능적 감정이지만, 무관심은 사회적 고립을 의미한다. 원시 시대에는 고립된 개인이 사냥, 방어, 생식의 기회를 잃으며 생존을 위협받았다. 결국, 무관심은 가장 위험한 상태가 된다.

우리에게 가장 큰 고통(형벌)은 단절이다. 신체적 격리를 의미하는 감옥보다 더 심한 처벌이 사회적 고립과 무관심이다. 인간관계에서 사랑과 미움은 관계를 지속시키지만, 무관심은 관계를 끊어버린다. 가족, 친구, 연인 관계에서 다툼이 있을 수 있지만, 그 자체가 여전히 상대를 중요하게 여긴다는 증거다. 하지만 완전히 무관심해지면, 관계는 영원히 단절된다. 경쟁자와 갈등을 겪더라도 완전히 무시되는 것보다는 차라리 적이라도 있는 게 낫다. 적이 있다는 것은 내가 사회적으로 중요한 존재라는 의미니까. 불에 비유하자면 사랑은 '뜨거운 불'이고, 미움은 '식은 불'이다. 하지만 무관심은 다시 되살릴 수 없는 '꺼진 불'일 뿐이다.

영어에서 무관심을 뜻하는 단어가 indifference인데, in을 뗀 difference는 차이, 다름을 의미한다. 그런 관점에서 무관심(indifference)은 차이를 두지 않음, 굳이 차이를 구별할 필요조차 없다는 의미로 해석할 수 있다. 즉, '차이'나 '다름'을 알기 위해서는 에너지가 필요한데, 무관심은 아무런 에너지가 필요치 않다. 사랑과 미움은 강한 감정이지만, 무관심은 상대방의 존재 자체를 지우는 행위이기 때문에 더 파괴적이다. 결국, 사랑을 잃어도 미움을 받을 수 있다면 아직 희망이 있다. 하지만 무관심 속에서는 존재 자체가 사라질 위험이 크다. 그래서 사랑의 반대말은 미움이 아니라 무관심이다.

'마음'에 대하여

🔍 | 사람의 마음은 어디에 있는가?

"사랑이 자라는 곳은 어디인가요. 심장 속인가요, 머릿속인가요."
-셰익스피어의 『베니스의 상인』 중에서

이 문장은 17세기까지도 사람의 마음이 심장에서 비롯되는지, 아니면 뇌에 자리하는지에 대한 논쟁이 지속되었음을 보여준다. 철학적으로도 이원론(Dualism)과 일원론(Monism)이 맞서며, 마음과 육체의 관계를 놓고 오랜 논쟁이 이어져 왔다. 이원론은 정신이 육체와 별개로 존재하는 독립적인 실체라고 주장하는 반면, 일원론은 정신 역시 뇌의 물질적 과정 중 하나일 뿐이라고 본다. "마음이 어디에 있는가?"라는 질문은 철학과 과학에서 오랫동안 중요한 주제였다. 고대부터 현대까지, 사람들은 마음을 어떻게 이해해왔을까? 이제 그 개념의 변화를 따라가보자.

고대 이집트인들은 심장이 생각과 감정을 담당한다고 믿었다. 미라를 만들 때도 뇌는 제거했지만, 심장은 따로 보존했을 정도였다. 고대 그리스에서도 심장이 마음의 자리라고 보는 견해가 강했다. 아리스토텔레스(Aristoteles)는 심장이 뜨겁고 능동적인 기관이며, 감정과 사고의 중심이라고 주장했다. 반면, 뇌는 단순히 혈액을 식히는 냉각장치 정도로 여겼다. 하지만 비슷한 시기의 히포크라테스(Hippocrates)와 플라톤(Platon)은 반대 의견을 내놓았다. 특히 플라톤은 이성적이고 논리적인 마음은 뇌에 위치한다고 보았으며, 이후 로마 시대의 갤런(Galen) 역시 뇌가 감정과 사고를 담당한다고 주장했다. 이 주장은 현대 신경과학의 시초가 되었다.

중세에는 기독교 신학이 중심이 되면서, 마음은 영혼과 연결된 신성한 영역으로 여겨졌다. 마음은 단순한 감정과 사고의 장이 아니라, 인간의 도덕성과 윤리를 담은 신성한 부분이었다. 즉, 마음은 신과 연결되는 통로였던 셈이다.

17세기, 르네 데카르트(Rene Descartes)는 "나는 생각한다, 고로 존재한다"라는 명제로 유명한 이원론을 제시했다. 그는 마음과 신체가 완전히 별개의 실체이며, 마음은 뇌의 송과선(Pineal Gland)에 위치한다고 주장했다. 그러나 마음 자체는 물리적인 기관과는 무관한 순수한 정신적 실체라고 보았다.

19세기에 들어서면서 심리학이 독립적인 학문으로 자리 잡았고, 마음을 과학적으로 탐구하려는 시도가 활발해졌다. 빌헬름 분트(Wilhelm Wundt)는 마음을 실험적으로 연구하여 감각, 지각, 사고 등의 정신 과정을 체계적으로 분석했다. 한편 지그문트 프로이트(Sigmund Freud)는 마음을 의식과 무의식으로 나누고, 무의식이 인간 행동에 큰 영향을 미친다고 주장했다. 20세기 초 프로이트의 정신분석(psychoanalysis)을 비판하며 등장한 행동주의 심리학(Behaviorism)에서는 마음이라는 추상적 개념 대신 관찰 가능한 행동에 집중하며, 마음의 존재를 증명하기 어렵다고 보았다. 이후 인지 심리학(Cognitive Psychology)은 뇌를 정보 처리 시스템으로 이해하고, 사고, 기억, 판단 같은 정신 과정이 물리적 기반을 갖는 과정으로 여겼다.

현대 뇌과학은 마음을 신경 활동과 연결된 개념으로 본다. 뇌의 특정 부위가 감정, 기억, 판단 등을 담당하며, 마음의 기능이 신경망의 활동으로 설명될 수 있다는 연구가 활발히 진행되고 있다. 감정을 담당하는 편도체(Amygdaloid body), 기억과 학습을 담당하는 해마(Hippocampus), 판단과 계획을 담당하는 전두엽(Frontal lobe) 등이 각각 마음의 다양한 기능과 연결되어 있다는 것이 밝혀졌다. 즉, 마음은 결국 뇌의 활동 결과물이라는 것이 현대 신경과학의 주요 관점이다.

그렇다면, 사람들은 마음이 뇌에 있다는 걸 알면서도 연인과 헤어진 뒤, 왜 여전히 "마음이 아프다"라며 가슴을 움켜쥘까? 이별이나 큰 감정적 충격을 받으면 자율신경계(Autonomic Nervous System)가 활성화된다. 이 과정에서 심박수와 혈압이 변화하고, 실제로 가슴에 압박감이 느껴질 수 있다. 뇌의 전대상피질(Anterior Cingulate Cortex)은 감정적 고통과 신체적 고통을 함께 처리한다. 그래서 이별이나 슬픔을 겪을 때 신체적 통증처럼 느껴지는 현상이 발생한다. 또한 강한 심리적 충격을 받으면 심장이 일시적으로 비정상적인 형태로 변하며, 근육이 약해지는 증상이 나타날 수 있는데 이를 깨진 심장 증후군(Takotsubo Cardiomyopathy)이라고 한다. 실제로 심장에 물리적 영향을 미치며 가슴 통증이 동반될 수도 있다. 전 세계적으로 심장은 사랑, 슬픔, 기쁨 등의 감정을 느끼는 중심으로 표현된다. 이런 문화적 배경이 무의식적으로 감정을 가슴과 연결 짓게 만든다.

과학이 발달하면서 마음이 결국 뇌에서 비롯된다는 것은 명확해졌다. 하지만 사람들은 여전히 감정을 '가슴'으로 경험하고 표현한다. 의사로서 나는 마음이 뇌의 작용임을 알지만, 부모로서 자식이 내 말을 듣지 않을 때 여전히 가슴이 아프다. 그렇다면 도대체 마음이 어디에 있는가? 그 질문에 대한 답은 뇌 속에서 시작되지만, 우리 몸 전체에서 경험된다는 것이 아닐까.

다른 사람의 마음을
잘 읽는 방법

🔍 | **영화 《왓 위민 원트(What Women Want)》**

'손대는(하는) 일마다 성공을 이루는 능력'을 일컫는 말로 미다스(마이다스)의 손(Midas touch)이 있다. 그리스 신화에 나오는 미다스 왕의 이야기에서 유래했는데, 지금은 주로 긍정적인 의미로 쓰이지만, 실제 신화 속 내용은 비극적이다. 술과 쾌락의 신 디오니소스(Dionysus)가 자신을 숭배하는 미다스에게 소원 하나를 들어주겠다고 하자, 미다스는 손에 닿는 모든 것을 황금으로 바꾸는 초월적인 능력을 원했다. 그 말을 들은 디오니소스는 별로 좋은 소원이 아닐 수도 있다고 경고하면서 미다스에게 다시 한번 기회를 줬지만, 미다스는 이를 무시하고 소원을 빌어 황금 손을 얻었다.

소원이 이루어진 후 미다스는 처음엔 매우 기뻐했다. 손에 닿는 물건들이 모두 황금으로 변했기 때문이다. 하지만 그는 얼마 지나지 않아 이 능력이 축복만은 아님을 깨달았다. 먹을 것도 금으로 바뀌어 버리니 당황하다가 결국 실수로 자기 딸까지 황금으로 변해버려 이내 후회했다.

이렇게 고통스러운 상황에 직면한 미다스는 결국, 디오니소스에게 이 능력을 거두어 달라고 간청했다. 디오니소스는 미다스에게 강물에서 몸을 씻으라고 지시했고, 미다스는 강물을 통해 능력을 제거할 수 있었다. 이때 미다스가 몸을 씻은 강은 파크톨루스 강(Pactolus River)으로, 이후 이 강의 모래는 황금색을 띠게 되었다고 전해진다.

만약, 디오니소스가 나에게도 미다스와 같이 소원을 하나 들어주겠다고 하면, 나는 주저 없이 다른 사람의 마음을 읽을 수 있는 능력을 달라고 하겠다. 다른 사람의 마음을 읽을 수만 있다면 세상의 많은 문제가 쉽게 풀릴 것 같다. '그렇게만 된다면 미다스의 황금 정도는 그냥 부수적으로 따라오지 않을까?'라는 생각과 함께 나는 멜 깁슨 주연의 영화 《왓 위민 원트》가 떠올랐다.

먼저 영화의 줄거리를 간단히 소개하자면, 주인공 닉 마샬(멜 깁슨)은 광고 회사의 능력 있는 중간 관리자이지만, 자기중심적이고 여성의 마음을 전혀 이해하지 못하는 인물이다. 그러던 어느 날, 우연히 감전 사고를 당한 후, 그는 여성의 생각을 읽을 수 있는 능력을 얻게 된다. 처음에는 혼란스러워하지만, 점차 이를 활용해 여성의 마음을 이해하고, 관계를 개선하며, 더 나은 삶을 살아가게 된다. 결국, 영화는 시간이 지나면서 초능력이 없더라도 사람들이 서로의 마음을 이해하고 공감하는 법을 배울 수 있음을 보여준다.

이 영화를 통해 찾아낸 다른 사람의 마음을 읽는 방법(기술)을 정리해 보았다. 첫 번째는 '관찰하라'로, 다른 사람의 표정과 몸짓에 주목하기다. 사람의 표정, 눈빛, 몸짓, 자세 같은 비언어적 신호를 관찰하는 것은 마음을 읽는 데 매우 중요한 단서가 된다. 영화 속 '닉'도 처음에는 초능력 덕분에 상대방의 생각을 쉽게 알았지만, 나중에는 상대의 행동과 비언어적 신호를 이해하려 노력한다. 예를 들어, 팔짱을 끼는 것은 방어적인 태도일 수 있고, 눈을 마주치지 않는다면 불편하다는 신호일 가능성이 높다. 두 번째는 '경청하라'로, 말하는 방식과 내용에 집중하는 거다. '닉'이 여성을 이해하기 시작한 중요한 단계는 단순히 듣는 것뿐만 아니라 진심으로 '경청'하는 것이었다. 상대의 말을 끊지 않고 끝까지 들어주고, 목소리의 톤, 속도, 감정을 읽는 연습이 필요하다. 상대가 '어떤 말을 하고 싶은가?'보다 '왜 이런 말을 하는가?'를 고민해야 한다. 세 번째는 '공감하라'로, 상대의 처지에서 생각하기다. '닉'은 자기 능력을 이용해 여성들의 요구와 고민을 이해하고 이를 바탕으로 문제를 해결해 나간다. 상대방의 처지에서 '내가 저 상황이라면 어떤 기분이 들까?'를 생각해보자. "그런 상황이라면 정말 힘들 것 같아요"처럼 판단하거나 조언하기 전에 상대의 감정을 인정하고 지지해주는 표현을 먼저 사용하라. 네 번째는 '질문하라'로, 추측하는 대신에 물어보라는 거다. 영화에서 '닉'은 자신의 초능력이 없는 상황에서도 질문을 통해 상대의 진짜 생각을 알아내기 시작한다. "이 문제에 대해 어떻게 느끼세요?", "당신은 무엇을 가장 중요하게 생각하나요?"처럼 열린 질문을 사용해 상대가 자기 생각을 자유롭게 표현하도록 유도해야 한다. 다섯 번째는 '자신의 고정관념을 버려라'로, 편견 없이 열린 마음을 가져야 한다. 영화 초반 '닉'은 여성에 관한 고정관념과 편견을 잔뜩 가지고 있었다. 하지만 시간이 지나면서 점차 그것을 깨고, 더 열린 마음으로 상대를 이해하게 된다. '남자는 원래 이렇게 생각한다'라거나 '여자는 이런 걸 좋아한다' 같은 고정관념을 버리고 모든 사람은 각자 고유한 감정과 생각을 가진 개별적인 존재임을 기억해야 한다.

결국 이 영화에서 '닉'은 단순히 초능력으로 여성의 마음을 읽는 것이 아니라, 자기중심적인 태도에서 벗어남으로써 진정한 공감과 이해를 알게 된다. 그 과정을 통해 그는 더 나은 인간관계를 형성하고 자기 자신도 성장한다. 미안하지만, 세상에 점쟁이처럼 타인의 마음을 읽는 마술 같은 방법은 없다. 하지만 진심 어린 관찰과 경청, 공감, 열린 질문, 그리고 편견 없는 태도만 있으면 누구라도 타인의 마음을 더 깊이 이해할 수 있다. 결국, 다른 사람의 마음을 읽는다는 것은 그 사람을 존중하고, 진정으로 관심을 가지는 것에서부터 시작된다. 그게 바로 역지사지(易地思之) 아닌가?

원하는 것과 좋아하는 것 사이에서 일어나는 착각

> 🔍 사람들은 자신이 진정 무엇을 원하는지 잘 모른다

 한동안 사고 싶어 했던 물건을 벼르고 벼르다가 어렵게 돈을 모아 샀는데, 막상 집에 가져오고 나서 방 한구석에 처박아 둔 경험이 누구나 한 번쯤은 있을 것이다. 왜 이런 일이 벌어질까? 이는 사람들이 '원하는 것'과 '좋아하는 것'을 혼동하기 때문이다. 조금 고상한 표현으로 선호(Preference)와 욕구(Desire)의 차이를 모호하게 인식하는 데서 비롯된다. 우리는 자신의 감정이나 욕구를 명확히 구분하지 못하고, '원하는 것'과 '좋아하는 것'을 동일한 개념으로 착각하는 경우가 많다.

 이런 착각을 최대한 줄이기 위해 먼저 '원하는 것(Want)과 좋아하는 것(Like)은 무엇이 다른가?'부터 알아보자. 원하는 것은 우리가 필요하거나 목표로 삼는 것이다. 즉, 어떤 행동을 하거나 선택할 때, 궁극적으로 달성하고자 하는 것을 의미한다. 예를 들어, 경제적 안정이나 성공적인 경력은 우리가 원하는 것에 해당한다. 반면, 좋아하는 것은 감정적인 만족이나 즉각적인 즐거움을 주는 것을 뜻한다. 맛있는 음식을 먹거나 휴

식을 취하는 것처럼 단순한 기쁨을 주는 것들이 이에 해당한다.

그렇다면 '원하는 것'과 '좋아하는 것' 사이에서 착각이 일어나는 원인은 무엇일까? 첫째, 우리는 종종 즉각적인 만족감을 주는 것(좋아하는 것)을 장기적으로 자신에게 더 유익한 것(원하는 것)처럼 착각하는 경향이 있다. 예를 들어, 건강한 생활을 원하는 사람이 당장 기분이 좋아지는 과자를 선택하는 경우가 그렇다. 순간적인 즐거움이 마치 자신에게 꼭 필요한 것처럼 보이게 된다. 둘째, 자기 통제의 어려움도 한몫한다. 원하는 것을 이루려면 꾸준한 노력이 필요하지만, 우리는 때때로 순간적인 유혹을 이기지 못한다. 운동을 해야겠다고 결심했지만, TV를 보면서 편안하게 시간을 보내는 것이 더 끌리는 경우가 대표적인 예다. 이런 착각은 종종 즉각적인 만족을 추구하는 본능이 원하는 것을 방해해서 그렇다. 세 번째는 사회적 압력과 기대 때문으로, 사회적 요인이나 외부의 기대가 원하는 것과 좋아하는 것 사이의 구분을 흐리게 만들기도 한다. 사회적으로 '성공'이 중요하다고 하니 그 목표를 따라가지만, 실제로는 그 과정에서 느끼는 일시적인 즐거움이나 인정받는 감정을 원하는 것처럼 착각하는 것이다.

이러한 착각의 불가피한 측면을 어느 정도 인정하더라도 어떻게 이런 착각을 극복할 수 있을까? 방법은 의외로 단순하다. 첫째, 자기 인식을 높이는 것이 중요하다. 자신이 왜 원하는지, 왜 좋아하는지를 자주 성찰해야 한다. 둘째, 명확한 목표를 설정하고, 그 목표를 달성하기 위한 단계적 계획을 세워야 한다. 장기적인 관점에서 즉각적인 만족을 넘어서는 지속적인 노력을 기울여야 한다. 셋째, '원하는 것'과 '좋아하는 것' 사이에서 균형을 찾아야 한다. 무조건 즉각적인 만족을 배제하는 것이 아니라, 단기적인 즐거움을 추구하면서도, 장기적인 목표와 조화를 이루는 방식을 고민해야 한다.

  마지막으로 작은 '(꿀)팁' 하나를 덧붙이자면, 영어사전에서 want를 찾아보면 '원하다. 바라다. 필요하다'라는 뜻과 함께 네 번째로 '결핍', '부족'이라는 의미가 있다. 결국, 우리가 무언가를 원할 때는 그것이 진짜 필요해서가 아니라, 단순한 결핍을 느끼기 때문일 수도 있다. 즉, 자신과는 반대로 그것을 소유하고 있는 사람들을 보며 불편함을 느끼기 때문에 원하고(want) 있는 것은 아닌지를 곰곰이 생각해보도록 하자.

  결론적으로, '원하는 것(Want)'과 '좋아하는 것(Like)' 사이의 착각은 종종 우리의 결정 과정에서 혼란을 일으키고 갈등을 초래한다. 특히, 단기적인 즐거움과 장기적인 목표 사이에서 이런 혼동이 쉽게 발생한다. 이를 극복하기 위해서는 명확한 자기 인식, 목표 설정, 감정적 균형을 유지하는 노력이 필요하다.

도대체
첫인상이 뭐기에?

> 🔍 '금사빠'는 뭐가 다를까?

긴 머리 긴 치마를 입은 난 너를 상상하고 있었지만
짧은 머리에 찢어진 청바지가 너의 첫인상이었어.
조용한 음악이 흐르고 장미꽃 한 송이가 놓여진
하얀 탁자에 기대 앉은 모습이 날 당황하게 만들었었지.

-김건모 노래 '첫인상' 중에서

얼마 전 '사랑의 속도' 차이로 고민하는 커플을 상담했다. 두 사람 모두 서로를 사랑하고 있다는 사실은 의심의 여지 없이 분명했지만, 속도 차이가 확연했다. 한 사람은 이른바 '금사빠(금방 사랑에 빠지는 사람)'인데 비해 상대는 발동이 늦게 걸리고, 천천히 정이 드는 스타일이었다. 결국, 서로의 속도를 맞추기로 했다. '금사빠'는 속도를 조금 늦추고, 상대는 좀 더 적극적으로 노력해보기로 했다.

그렇다면 '금사빠'와 그렇지 않은 사람의 차이는 뭘까? 여러 요인이 있겠지만, 무엇보다도 첫인상에 의존하는 정도가 가장 큰 차이가 아닐까 싶다. '금사빠'는 첫인상을 강하게 받아들이고, 상대의 장점을 빠르게 이상화하는 경향이 있다. 직관적으로 판단하고, 상대에 대한 기대감이 크고, 감정적으로 몰입을 잘한다. 애착 유형 중 불안형 애착을 가진 사람일 가능성이 높다.

첫인상이란 '처음 만난 사람에게서 받은 정보를 순간적으로 감지하고 정리하여 이를 바탕으로 내리는 직관적이고 즉각적인 평가'를 뜻한다. 그리고 이 평가에는 상대의 외모, 표정, 목소리, 행동, 말투, 옷차림 등 다양한 요소가 영향을 미친다. 미국의 행동 심리학자인 앨버트 메라비언(Albert Mehrabian)은 첫인상을 결정하는 요소를 연구했다. 그의 연구에 따르면, 상대방에 대한 이미지는 표정, 복장, 제스처 등과 같은 몸짓 언어(body language)를 포함한 시각적 요소가 55%, 목소리(음색), 억양, 음의 고저 등과 같은 청각적 요소가 38%, 그리고 그 사람이 하는 말의 내용(spoken words)을 칭하는 언어적 요소가 7%를 차지한다고 한다. 즉, 첫인상의 절반 이상이 외적인 이미지로 결정된다는 것이다. 사람들은 이를 메라비언의 법칙(Mehrabian's rule) 혹은 메라비언 효과(Mehrabian's effect)라고 한다.

이렇듯 우리는 왜 첫인상에 좌우될까? 첫째, 진화적 관점에서 볼 때, 인간은 생존을 위해 빠르게 판단하는 능력을 길러왔다. 첫인상은 잠재적인 위험 요소를 감지하거나 협력할 대상을 신속히 분별하는 본능적 메커니즘이다. 둘째, 인지적 효율성 때문이다. 뇌는 많은 정보를 한꺼번에 처리하기 어려워 빠른 판단을 내리도록 설계되어 있다. 셋째, 사회적 조건화(경향)로 사람들은 외모나 태도를 중요시하는 문화 속에서 성장하면서 첫인상이 좋으면 관계 형성에 좋은 영향을 미친다고 믿는다. 이와 관련된 심리학적 개념이 바로 후광 효과(Halo Effect)다. 이는 '외모에서 첫인상이 긍정적이면, 그 사람의 성격이나 능력까지 좋게 평가하는 경향'을 의미한다.

그렇다면 이런 첫인상의 '장점'과 '단점'은 무엇일까? 긍정적인 측면부터 살펴보자. 우선 첫인상 덕분에 우리는 협력할 상대를 빠르게 결정할 수 있다. 면접에서 자신감 있는 태도가 신뢰감을 주는 것처럼 좋은 첫인상은 이후의 관계 발전에 긍정적인 영향을 미친다. 또한 긍정적인 첫인상을 바탕으로 서로 더 잘 이해하려고 노력한다. 반면, 편견이나 고정관념에 기반할 가능성이 커서 잘못된 판단으로 이어질 수 있다. 그리고 짧은 시간 안에 형성되기 때문에 종종 상대방의 깊은 성격이나 능력을 반영하지 못한다. 부정적인 첫인상을 받은 사람은 자신의 진가를 보여줄 기회조차 얻지 못할 수도 있다.

연구에 따르면, 우리가 첫인상으로 호감과 비호감을 결정하는 데 7초면 충분하다고 한다. 이를 '7초의 법칙'이라고 부르며, 한 번 굳어진 첫인상을 바꾸려면 최소 48시간이 걸린다고 한다. 따라서 상대방에게 좋은 첫인상을 주는 것이 중요하다. 그렇다면 좋은 첫인상을 남기는 방법은 무엇일까? 적절한 미소와 눈맞춤, 자신감 있는 태도, 단정한 외모를 통하여 상대방에게 주는 신뢰감, 그리고 상대의 말을 최대한 경청하는 자세가 도움이 된다.

첫인상은 우리의 감정과 판단에 강력한 영향을 미치지만, 그것만으로 상대방을 완전히 평가할 수는 없다. 결국, 첫인상은 관계의 시작일 뿐이며, 시간이 지나면서 더 정확한 모습이 드러난다. 우리는 본능적으로 첫인상을 가지지만, 그것이 완벽하지 않음을 꼭 기억해야 한다.

초심을 잃은
그대에게

> 🔍 　사람들은 왜 화장실 들어갈 때와 나올 때 마음이 다를까?

　장자의 철학에서 '초심(初心)'은 세속적 이익이나 환경에 휘둘리기 전, 가장 순수하고 본질적인 마음 상태를 의미한다. 장자는 여러 우화를 통해 사람들이 시간이 지나면서 처음의 순수한 마음을 잃고 변해가는 모습을 비판했다.

　장자의 《소요유(逍遙遊)》에는 "붕(鵬)이라는 거대한 새" 이야기가 등장한다. 붕새는 바람을 타고 하늘 높이 날아오르지만, 참새 같은 작은 새들은 이를 비웃는다. 붕새는 한 번 날갯짓하면 구만리를 날아가지만, 참새는 자신의 작은 경험 안에서만 세상을 판단한다. 장자는 이 이야기를 통해 처음에는 큰 뜻을 품었던 사람도 점점 현실과 타협하며 자신의 목표를 잊고, 오히려 작은 시야 속에 갇혀 남을 비웃기도 한다는 점을 경고한다. 처음의 뜻(초심)을 잃지 않으려면 세상의 평가나 작은 현실에 얽매이지 말고, 자신의 길을 계속 가야 한다는 것이다.

　우리가 흔히 쓰는 표현 중에 "화장실 들어갈 때와 나올 때가 다르다"

라는 말이 있다. 이 말은 보통 사람이 어려울 때와 상황이 나아졌을 때 태도가 달라지는 것을 뜻한다. 좀 더 구체적으로 살펴보면 다음과 같다. 첫째, 곤경에 처했을 때는 겸손하지만, 상황이 좋아지면 변한다. 힘들 때는 "제발 한 번만 도와주세요!"라며 간절한 마음을 보이지만, 막상 일이 잘 풀리면 초심을 잊고 오만해지는 경우가 많다. 예를 들어, 취업 전에는 "어떤 일이든 열심히 하겠습니다!"라고 했지만, 취업 후에는 "이런 일까지 해야 하나?"라고 생각하는 경우다. 둘째, 자신이 유리한 상황에서는 기준이 달라진다. 어려울 때는 공정함을 강조하지만, 유리한 상황에서는 이를 무시할 수도 있다. 돈이 없을 때는 "부자들은 기부 좀 해야 한다"라고 하지만, 막상 자신이 부자가 되면 "내 돈인데 왜 써야 하지?"라고 생각하는 경우가 여기에 해당한다. 셋째, 사람들은 감사함을 쉽게 잊는다. 어려울 때는 도움을 간절히 원하지만, 상황이 나아지면 그때의 간절함을 잊고 도와준 사람에게 무심해질 수도 있다. "선생님 덕분에 여기까지 왔습니다!"라며 감사해하던 학생이 성공 후에는 연락조차 하지 않는 경우가 대부분이다.

사람은 정말 변할 수밖에 없는가? 사람이 환경에 따라 변하는 것은 어느 정도 자연스러운 현상이다. 하지만 변화가 곧 초심을 잃는 것은 아니다. 문제는 자신이 처음 가졌던 마음을 얼마나 오래 유지할 수 있느냐이다.

실제로 사람이 변하는 이유는 다양하다. 먼저, '현실적인 이유'로 생존과 성공을 위해 환경에 적응하는 과정에서 가치관이 변할 수 있다. 또한, '기억의 퇴색'으로 시간이 지나면서 처음의 감정이나 목표가 희미해질 수 있다. 그리고 '사회적 압력'이 원인이 될 수 있다. 주변의 기대와 평가에 맞추다 보면 처음의 순수한 생각을 잊게 된다. 그렇다면 사람은 초심을 유지할 수 있을까? 초심을 기억하는 방법을 만든다면 가능하다. 자신의 원래 목표를 꾸준히 점검하는 것이 중요하다. 스스로에게 질문하는 습관을 지니면 도움이 된다.

초심을 잃지 않기 위한 구체적인 방법에 대해 알아보자. 첫째, 처음의 다짐을 기록하고 되새기기다. 처음 결심했을 때의 목표나 감정을 글로 남겨두고, 주기적으로 읽어보는 것이 효과적이다. "내가 왜 이 일을 시작했는가?"라는 질문을 정기적으로 해보자. 둘째, 겸손함을 유지하기다. 성공했더라도 과거 힘들었던 시절을 잊지 않도록 스스로 돌아볼 필요가 있다. "지금의 나를 과거의 내가 보면 어떻게 생각할까?"라는 질문을 해보자. 셋째, 초심을 가진 사람들과 교류하기로 처음 가졌던 생각을 공유할 수 있는 사람들과 계속 관계를 유지하면 초심을 잃지 않는 데 도움이 된다. 함께 시작했던 동료들과 주기적으로 만나는 것이 한 가지 방법이다. 넷째, 작은 실패를 통해 원래의 마음을 되돌아보기다. 계속 성공하면 초심을 잃기 쉽다. 가끔은 작은 실패나 좌절을 경험하면서 원래의 마음을 되찾는 과정도 필요하다. 일부러 도전적인 목표를 설정해 다시 겸손한 자세로 돌아가는 것도 좋다.

초심을 잃어버리고 고민하는 사람에게 "지금의 당신을, 과거의 당신이 본다면 어떤 말을 할까요?"라는 질문과 함께 "초심을 잃은 것은, 실패가 아니다"라는 말을 전하고 싶다. 누구나 변할 수 있다. 중요한 것은 다시 돌아갈 수 있는 용기를 가지는 것이다. 다음은 "예전의 간절함을 떠올려라"로, 힘들었을 때 "제발 기회를 주세요!"라고 했던 순간을 기억하면 초심을 찾을 수 있다. 그리고 "겸손한 태도를 유지하라." 모든 것은 변할 수 있다. 오늘의 성공이 영원하지 않음을 알고 초심을 유지해야 한다. 마지막으로 "자신을 객관적으로 돌아보라"로, 지금의 자신이 과거의 자신에게 실망스러운 모습인지 점검하는 것이 중요하다.

장자는 사람들이 세상의 평가와 환경에 흔들리며 초심을 잃어버린다고 보았다. "화장실 들어갈 때와 나올 때 다르다"라는 말도 같은 의미에서 사람들의 변화를 지적하는 표현이다. 사람이 변하는 것은 자연스러운 일이지만, 변하면서도 본래의 마음을 잊지 않는 것이 중요하다. 초심을 지키려면 주기적으로 자기 점검을 하고, 처음의 다짐을 기록하며, 겸손한 태도를 유지하는 것이 필요하다. 그리고 초심을 잃었더라도 다시 찾을 수 있다는 믿음이 중요하다. "초심을 잃지 않는 사람이 결국 가장 멀리까지 간다." 변화 속에서도 변하지 않는 가치를 찾는 것이 진정한 성장이다. 초심은 단순한 출발점이 아니라, 끝까지 간직해야 할 인생의 나침반이다.

사랑의 변신

> 🔍 정말로 사랑에 유효기간이 있을까?

"어떻게 사랑이 변하니?"
-영화《봄날은 간다》중에서

이 대사는 허진호 감독의 영화《봄날은 간다》에서 상우(유지태)가 마음이 떠나버린 은수(이영애)에게 건네는 질문이다. 하지만 은수는 그저 "헤어져"라고 단호하게 답하고 떠난다. 이 대사는 영화 속 은수의 "라면… 먹고 갈래요?"와 더불어 영화를 대표하는 명대사로 대중의 뇌리에 남아 있다.

그렇다면 정말로 사랑에도 유효기간이 있을까? 이에 대해 심리학, 철학, 생리학 등 다양한 분야에서 여러 연구가 진행되었다. 미국의 심리학자 로버트 스타인버그(R. Sternberg)는 '사랑의 삼각형 이론(Triangular Theory of Love)'을 통해 사랑을 세가지 요소—친밀감(Intimacy), 열정(Passion), 헌신(Commitment)—로 설명했다. 이들이 어떻게 결합하고 작용하는가에 따라 사랑의 유효기간을 이야기한다. 일반적으로 친밀감은 서로에 대한 믿음이나 유대감을, 열정은 성적 끌림과 강한 감정적 흥분(욕망)을, 헌신은 사랑(관계)을 지속하려는 의지를 나타낸다. 사랑은 초기에 친밀감과 열정이 결합한 로맨틱 사랑이었다가 시간이 지나면서 친밀감과 헌신이 결합한 동반자적 사랑으로 변한다는 것이 그의 이론이다.

미국의 진화 심리학자인 데이비스 버즈(D. B. Buss)는 인간의 성과 관계, 특히 연애와 짝짓기에서 나타나는 심리적 메커니즘을 주로 연구한 학자이다. 그의 주장에 따르면, 사랑이 단순한 감정이 아니라 생존과 번식을 위한 진화적 전략이라고 본다. 사랑의 유효기간은 진화적으로 초반에는 번식에 필요한 파트너를 찾는 열정적인 사랑에서 이후에는 자녀를 잘 양육할 수 있는 파트너를 선택하는 장기적인 동반자적 사랑으로 전환된다고 했다.

또한, 대중에게 잘 알려진 철학자 에리히 프롬(Erich Fromm)은 그의 저서 『사랑의 기술』에서 사랑을 단순한 감정이나 일시적인 현상이 아니라 기술로 보았다. 그는 사랑이 지속되려면 능동적인 노력이 필요하다고 말한다. 자기 자신과 상대방을 이해하고 성숙한 태도로 관계를 지속적으로 발전시켜야 한다는 것이다. 사랑이 노력 없이 지속될 수 없다는 점에서, 단순히 감정의 유효기간이 다 했다는 이유로 관계를 포기하는 것은 옳지 않다는 메시지를 던진다. 다시 말해 상호 존중과 서로가 자아를 발전시키기 위한 성장을 지원하고 지속적인 헌신 없이는 사랑이 오래 지속될 수 없다는 것이다.

사랑의 유효기간에 대한 생리·의학적 접근은 사랑의 감정이 시간이 지남에 따라 변화하는 이유를 알 수 있다. 사랑과 연관된 호르몬으로는 쾌락, 보상과 관련된 도파민(Dopamine), 유대감과 관련된 옥시토신

(Oxytocin), 기분 조절과 관련 있으며, '행복 호르몬'으로 알려진 세로토닌(Serotonin), 심장 박동과 흥분을 유발하는 아드레날린(Adrenaline), 애착 형성과 관련된 바소프레신(Vasopressin) 등이 있다. 사랑 초기에는 도파민, 옥시토신, 아드레날린이 증가해 강렬한 감정을 유발한다. 도파민은 쾌감과 보상 시스템이 관련되어 사람과의 관계에서 강한 흥분과 열정을 유발한다. 옥시토신은 일명 '애착 호르몬'이라고도 하는데, 포옹이나 키스와 같은 육체적인 접촉을 통해 분비되어, 사랑하는 사람과 신뢰를 쌓고 정서적 유대감을 형성한다. 또한 아드레날린이 분비되면서 심장 박동이 빨라지고, 손이 떨리거나 전율을 느끼는 등 흥분과 긴장감을 유발한다. 그러다가 시간이 지나면서 도파민의 영향은 줄어들고 장기적인 관계에서는 옥시토신과 바소프레신이 주요한 역할을 한다. 옥시토신은 사회적 유대감 형성(결속)을 강화하고, 바소프레신은 애착을 증진한다. 사랑 초기에는 오히려 낮았던 세로토닌 수치가 강한 집착과 불안감을 유발하지만, 시간이 지나면서 정상화된다. 세로토닌 수치가 안정되면서 사랑에 대한 집착이 줄어들고, 더 균형 잡힌 감정을 경험하게 된다.

재미있는 실험도 있다. 미국의 신경과학자 루시 브라운(R. Brown) 교수 연구팀은 남녀 모두에게 사랑하는 연인의 사진을 보여준 뒤, 뇌의 반응을 자기공명영상법(MRI)으로 관찰했다. 그리고 '사랑에 빠진' 뇌의 보상 시스템이 마약을 복용했을 때와 같은 방식으로 활성화된다는 연구 결과를 발표했다. 즉, '정열적인 사랑'을 하는 뇌와 보상에 관여하는 뇌가 같은 영역이라는 점과 사랑이 단순한 감정이 아니라 강력한 생리적 반응을 동반한다는 사실을 보여준다.

애석하게도 지금까지의 많은 연구가 사랑이 시간이 지나면서 형태를 바꾼다는 점, 즉 사랑에 유효기간이 있다는 쪽으로 결론이 나고 있다. 그렇다고 사랑이 반드시 사라지는 것은 아니다. 사랑이 변할까 봐 사랑을 시작하지 않는 것은 구더기가 무서워 장 못 담그는 것과 다를 바 없지 않을까?

PART
03

비교의 심리학

잔소리와 충고

🔍 | 충고가 잔소리가 되지 않기 위해 필요한 것은?

"잔소리는 왠지 모르게 기분 나쁜데, 충고는 더 기분 나쁘다."

이 말은 7년 전, 13살 소녀가 tvN 예능 프로그램 '유 퀴즈 온 더 블록(약칭 유퀴즈)'에서 한 발언으로, 큰 화제를 불러일으켰다. 그녀의 솔직하고도 예리한 통찰 덕분에 이 발언은 깊은 공감을 얻으며 2025년 1월 29일 방송까지 '유퀴즈'에 세 차례나 출연하는 계기가 되었다.

우리는 살아가면서 타인의 말에 많은 영향을 받는다. 때로는 힘이 되는 말이 있고, 때로는 부담이 되는 말도 있다. 특히 가까운 사이에서는 '잔소리'와 '충고'가 자주 오간다. 그런데 흥미로운 점은, 많은 사람이 잔소리는 물론이고 충고조차도 기분 나쁘게 받아들인다는 것이다. 왜 그런 것일까? 잔소리와 충고의 차이는 무엇이며, 진정으로 도움이 되는 충고를 하기 위해서는 어떤 태도가 필요할까?

잔소리와 충고를 사전에서 찾아보면 잔소리는 '쓸데없이 자질구레한 말을 늘어놓음. 또는 그 말'이라고 되어 있고, 충고는 '남의 결함이나 잘못을 진심으로 타이름. 또는 그런 말'이라고 나와 있다. 잔소리는 말의 내용보다는 '쓸데없이 늘어놓는다'라는 형식적 특징이 강조된다. 즉, 같은 말을 반복하거나 불필요하게 길어지는 경우가 많다. 반면, 충고는 '진심으로 타이름'이라는 의미가 포함되어 있어, 보다 신중한 태도를 전제로 한다. 하지만 현실에서는 충고가 잔소리처럼 들리기도 하고, 때로는 잔소리가 충고보다 더 효과적일 때도 있다.

고등학교 시절 한문 시간에 배운 구절이 하나 떠오른다. 양약(良藥)은 고어구(苦於口)이나 이리어병(而利於病)이요, 충언(忠言)은 역어이(逆於耳)이나 이리어행(而利於行)이다. 이는 『사기(史記)』의 유후세가(留侯世家)에 나오는 말로 좋은 약은 입에 쓰지만 병을 낫게 하고, 충성된 말은 귀에 거슬리지만 행동에는 이롭다는 의미다. 그럼에도 많은 사람이 충고를 기분 나빠하는 이유는 무엇일까?

잔소리는 주로 상대를 통제하려는 의도에서 비롯되며, 말하는 사람의 감정이 앞서는 경우가 많다. 예를 들어, "좀 빨리 좀 해라, 맨날 느려 터져서!", "네가 그런 식이니까 일이 제대로 안 되는 거야!" 이처럼 잔소리는 문제 해결보다는 상대의 행동에 대한 불만을 강조하며 반복적으로 지적하는 경향이 있다. 결국 듣는 사람은 불편함을 느끼고 방어적인 태도를 보이게 된다. 반면, 충고는 문제 해결을 위한 방향을 제시하는 말이다. "이렇게 하면 더 효율적으로 할 수 있을 거야", "이 방법을 한번 시도해 보는 건 어때?"처럼 말이다. 잔소리는 강압적이고 상대를 몰아세우지만, 충고는 해결책을 제안하고 선택권을 준다. 그러나 듣는 사람 처지에서는 충고도 잔소리처럼 들릴 수 있다. 결국, 충고가 잔소리로 변질되지 않도록 하기 위해서는 '어떻게 말하느냐'가 가장 중요하다.

그렇다면 지금부터 충고가 잔소리가 되지 않기 위해 필요한 것들에 대해서 알아보자. 첫째, 공감과 이해를 먼저 표현하라. "너로서는 매우 힘들겠지만…", "나는 네가 이 상황에서 최선을 다하고 있다고 생각해" 혹은 "나도 비슷한 경험이 있어서 잘 알아"처럼 먼저 상대방의 감정을 인정해주면 방어적인 태도를 낮출 수 있다. 둘째, 듣는 사람의 처지에서 전달하라. "내가 보기엔 이렇게 하면 더 좋을 것 같은데, 네 생각은 어때?", "이렇게 해보는 것도 방법일 것 같아. 혹시 다른 좋은 방법이 있을까?"라는 식으로 '가르치려는 태도'가 아닌 '같이 해결책을 찾는 태도'가 중요하다. 셋째, 선택권을 주고 강요하지 말라. "이 방법이 도움이 될 수도 있어. 한번 고려해볼래?", "이렇게 하면 좋겠지만, 결정은 네가 하는 거야"라고 하면서 충고를 받을지 말지는 상대의 선택이라는 점을 인정해야 한다. 넷째, 짧고 명확하게 전달하라. "나는 이렇게 해봤는데 도움이 됐어", "이 부분을 좀 더 신경 쓰면 좋아질 것 같아"처럼 같은 말을 반복하거나 불필요한 설명을 덧붙이면 잔소리가 되기 쉽다. 그리고 다섯째, 칭찬과 함께 조언하라. "이 부분은 정말 잘하고 있어. 그런데 여기에 조금만 더 신경 쓰면 좋을 것 같아", "너의 노력은 충분히 보여. 혹시 이런 방법도 고려해볼 수 있을까?"라고 충고를 들은 사람이 긍정적인 태도로 받아들일 수 있도록 유도하는 것이 중요하다.

 잔소리와 충고는 비슷해 보이지만, 그 목적과 전달 방식에서 큰 차이가 있다. 잔소리는 부정적인 감정과 통제하려는 의도가 강하게 드러나지만, 충고는 진심 어린 조언과 해결책을 제시한다. 하지만 충고도 듣는 사람이 불편하게 느끼면 잔소리가 될 수 있다. 좋은 약이 입에 쓰지만 몸에 이롭듯이, 충고도 듣는 순간에는 불편할 수 있다. 하지만 그것이 진심에서 비롯된 것이라면 결국 듣는 사람의 성장과 발전에 도움이 된다. 결국, 충고를 하는 사람의 진심과 배려, 전달 방식이 잔소리와 충고를 가르는 결정적인 요소다. "당신의 말은 상대에게 도움이 되는 충고인가, 아니면 부담이 되는 잔소리인가?" 이 질문을 스스로 던지며, 말 한마디를 더 신중하게 선택할 필요가 있다. 그럼에도 충고를 잔소리로 받아들이는 사람에게는 '백약(百藥)이 무효(無效)'[8]라는 말이 떠오를지도 모른다. 하지만 우리가 할 수 있는 것은 끝까지 상대를 배려하고 진심을 전하는 것뿐이다.

---

[8] 좋다는 약을 다 써도 병이 낫지 않음. 즉 모든 일이 끝났다는 말로, 어찌 손을 써볼 도리가 없음을 가리키는 말.

다름과 틀림

🔍 | 우리는 왜 다름을 틀림이라고 주장하는가?

 '다르다'와 '틀리다' 혹은 '다름'과 '틀림'은 차이를 바라보는 시각에서 비롯되지만, 이 두 단어는 종종 혼용되거나 잘못 사용된다. 이는 단순한 언어 습관 때문만이 아니라, '다름'을 인정하지 않는 사회적 분위기와도 깊이 연관되어 있다. 예를 들어, 우리가 흔히 '틀린 그림 찾기'라고 하는 게임은 정확히 말하면 '다른 그림 찾기'가 맞다. 하지만 많은 사람들이 이를 별로 중요하지 않은 문제로 여긴다. 우리 집 둘째는 대화 중 '다르다'와 '틀리다'를 혼용하는 걸 보면 바로 지적하고 고쳐야 한다고 주장하는데, 그럴 때마다 집사람은 "그냥 의미만 통하면 되지, 뭐가 그렇게 중요해?"라며 다소 귀찮아한다. 정말 의미만 통하면 되는 걸까? 아니면 두 단어를 정확히 구별하는 것이 우리의 사고방식과 태도에도 영향을 미칠까?
 '다르다'와 '틀리다', 무엇이 다른가? 국어사전에 따르면, '다르다'는 비교 대상이 서로 같지 않음을 의미하며, 차이와 개별성을 강조한다. 이에 비해 '틀리다'는 셈이나 사실이 맞지 않거나 오류가 있는 경우를 의미하며, 수정이 필요한 상태를 나타낸다. 즉, '다름'은 다양한 관점과 차이를 인정하는 개념이고, '틀림'은 오류나 잘못을 의미한다. 예를 들어, 문화나 취미, 성격은 '다르다'가 맞고, 수학 문제를 잘못 풀었거나 정보가 잘못된 경우는 '틀리다'가 맞다. 또한, '다르다'는 '좋다' 혹은 '나쁘다'라는 가치 판단이 포함되지 않지만, '틀리다'는 종종 부정적인 평가를 내포한다. 가장 중요한 차이점은 '다르다'에는 존중의 의미가 포함되어 있다는 점이다.

그런데도 우리는 왜 '다름'을 '틀림'이라 말할까? 언어는 사고방식과 깊이 연결되어 있는데, '틀리다'를 '다르다'로 표현하는 경우보다 '다르다'를 '틀리다'로 표현하는 경우가 훨씬 많다. 왜일까? 첫 번째 이유는, 우리 사회가 흑백 논리에 익숙하기 때문이다. 다양성을 존중하기보다는 '나는 맞고 너는 틀리다'는 사고방식이 일상 속 깊이 자리 잡고 있다. 이는 정치, 종교, 교육, 직장 문화까지도 영향을 미친다.

내가 고등학교 1학년 때, 성경 공부를 통해 처음으로 '동성애'라는 개념을 접했다. 로마서 1장에는 다음과 같은 구절이 있다. "그들의 여자들도 순리대로 쓸 것을 바꾸어 역리로 쓰며, 남자들도 여자 쓰기를 버리고 서로 향하여 음욕이 불일듯하매…." 당시 전도사님은 동성애를 '죄'라고 가르쳤고, 나는 별다른 의심 없이 받아들였다. 하지만 시간이 지나면서 '성정체성'이 죄로 규정되는 것이 과연 옳은가에 대한 고민이 깊어졌다. 그리고 결국, 그것이 맞고 틀림의 문제가 아니라 '다름'의 문제라는 걸 깨닫게 되었다. 오른손잡이와 왼손잡이, 육식과 채식, 흑인과 백인… 이것들은 다른 것일까, 틀린 것일까? 좀 더 깊이 들어가면 동성혼, 양심적 병역거부, 존엄사, 낙태, 사형제 같은 문제도 단순히 '맞고 틀리고'의 문제로 나눌 수 있을까?

　다름과 틀림을 명확히 구분하는 것은 사회적, 문화적, 개인적 다양성을 이해하고 존중하는 데 중요한 역할을 한다. 다름을 인정하면 더 넓은 시야를 갖게 되고, 틀림을 정확히 구별하면 사실에 기반한 합리적인 판단이 가능해진다. 그렇다면 어떻게 하면 다름과 틀림을 혼동하지 않을 수 있을까? 먼저, 새로운 관점을 접할 때 질문을 해보라. "이게 정말 틀린 걸까? 아니면 단순히 나와 다른 걸까?" 다음은 흑백 논리에서 벗어나는 것이다. 세상을 단순히 '맞다/틀리다'로 나누지 말고, 다양한 관점에서 배우고 열린 태도를 보이는 것이 중요하다. 또한 서로의 차이를 존중하는 연습이 필요하다. 나와 다른 의견을 '틀렸다'라고 단정짓지 말고, 차이를 인정하고 받아들이는 것이 공존의 첫걸음이다.

　우리는 누구나 다르다. 하지만 '다름'을 '틀림'으로 착각하는 순간, 상대를 부정하고 배척하게 된다. 흑백 논리에서 벗어나 차이를 존중하는 사회로 나아가야 한다. 그리고 그 시작은 우리가 '다르다'와 '틀리다'를 정확히 구별하는 것에서부터 시작될 것이다.

어른스럽다 VS 어른답다

🔍 | 왜 우리는 항상 어른스러워야만 하는가?

　우리는 누군가의 행동이나 말을 평가할 때, '어른스럽다' 혹은 '어른스럽지 못하다'라는 표현을 사용한다. 그런데 '어른스럽다'는 정확히 어떤 의미이며, 정말로 우리는 반드시 어른스러워야만 할까? 반대로 어른스럽지 않으면 어떤 일이 벌어질까? 다양한 관점에서 어른스러움에 대해 살펴보자.

　먼저 '어른스럽다'와 비슷한 표현으로 '어른답다'가 있다. 두 표현 모두 '어른'이라는 단어에 '그러한 성질이나 자격이 있음'의 뜻을 더하고 형용사를 만드는 접미사인 '○○스럽다'와 '○○답다'가 붙은 형태지만, 이 둘은 뜻과 쓰임이 다르다. '어른스럽다'는 '나이는 어리지만 어른 같은 데가 있다'라는 뜻으로 '어른처럼 보인다'라는 의미다. 실제 나이와 상관없이 성숙한 행동을 보일 때 사용한다. 일반적으로 어린아이 또는 젊은 사람이 성숙한 태도를 보일 때 긍정적인 의미로 쓰이지만, 겉으로만 성숙해 보이고 내면이 따라가지 못할 때는 부정적인 뉘앙스를 띠기도 한다. 반면, '어른답다'는 '실제로 어른이기 때문에 마땅히 갖추어야 할 태도나 품격'을 의미한다. 단순히 성숙해 보이는 것이 아니라, 책임감, 도덕성, 배려 등을 갖추고 있는 상태를 가리킨다. 따라서 책임을 회피하거나 미성숙한 행동을 보이는 경우 '어른답지 못하다'라는 표현을 사용한다. 한 가지 주의할 점은 '사람답다'가 사람이 아닌 존재에는 사용되지 않듯이, 미성년자에게 '어른답다'라는 표현은 적절하지 않다. 예컨대, 여성적인 느낌이 있는 남성에게 '여성스럽다', 남성적인 성향이 있는 여성에게 '남성스럽다'라고 표현하는 것처럼, 성숙한 행동을 보이는 미성년자에게는 '어른답다'가 아니라 '어른스럽다'로 말해야 한다.

　우리는 일상생활 속에서 다양한 사회적 역할을 수행하며 학생, 직장인, 부모, 배우자 등으로서 '어른스러운 태도'를 요구받는다. 더불어 사회는 미성숙한 행동보다 성숙한 행동을 장려하고, 나이에 걸맞은 태도를 기대한다. 하지만 우리는 항상 어른스러워야만 할까? 무조건 어른스럽게 행동해야 한다는 강박이 오히려 스트레스로 작용할 수 있다. 때로는 유머나 장난 같은 감정적 해소가 필요하다. 어른스러움을 유지하려다 순수함과 창의력, 자유로움을 잃는다면 그것이 과연 바람직한가? 어른스러움이 필요할 때가 있지만, 반드시 항상 어른스러워야 할 필요는 없다.

　만약 어른스럽지 않으면 어떤 문제가 발생할까? 가장 큰 문제는 직장생활이나 대인 관계에서 사회적 신뢰를 얻기 어렵다는 점이다. 중요한 순간에 책임을 회피하면 주변 사람들이 실망하고, 감정적인 행동이 많아지면 타인과의 갈등이 증가할 가능성이 크다. 또한 감정 기복이 심한 경우 자기 자신도 불안정한 삶을 살게 된다. 그러나 반대로, 어른스러움을 내려놓음으로써 창의성과 자유로움을 유지할 수 있으며, 솔직한 감정 표현을 통해 인간관계에서 친밀감을 형성하는 긍정적인 효과도 있다. 지나친 책임감에 짓눌리지 않고, 자신만의 삶을 즐기는 장점도 존재한다. 그렇기에 어른스러움은 상황에 따라 유동적으로 조절할 필요가 있다. 책임이 필요한 중요한 순간에는 어른답게 행동하되, 편안한 관계에서는 자신을 숨기지 않고 솔직한 감정을 표현할 수 있어야 한다. 따라서 '어른스럽지 못하다'가 반드시 미성숙을 의미하지 않는다. 미성숙함은 타인에게 피해를 줄 수 있지만, 자유로운 감정 표현은 삶을 더욱 풍부하게 만든다.

한편, 어른스러움만을 강요하면 자기 감정을 억누르게 되어 스트레스를 받고, 인간관계가 형식적으로 변할 가능성이 높다. 또한 창의성과 유연한 사고를 잃어버릴 위험도 존재한다. 결국 '어른스럽다'와 '어른답다'의 균형을 맞추는 것이 중요하다. 과거에는 '어른스러움'이 곧 권위와 책임감을 의미했다면, 현대 사회에서는 그 의미가 조금씩 변하고 있다. 이제는 감정을 무조건 숨기고 참는 것이 아니라, 감정을 건강하게 표현하는 능력이 '어른스러움'의 중요한 요소로 자리 잡고 있다. 또한 권위적인 태도가 아니라 타인을 배려하고 공감하는 능력, 무조건 무거운 책임을 지는 것이 아니라 상황에 맞는 유연한 사고가 핵심이다.

결론적으로, '어른스러움'은 필요하지만, 강요될 필요는 없다. '어른다움'은 책임감과 배려를 동반해야 하며, 때로는 아이 같은 순수함도 필요하다. 가장 중요한 것은 '어른스러움'이 아니라 '성숙함'이다. 진정한 어른은 어른스러운 척하는 사람이 아니라, 상황을 이해하고 그에 따라 적절하게 행동할 줄 아는 사람이다. 그게 진짜 어른이고, 멋진 어른이다.

최선과 차선 사이에서
고민하는 당신에게

🔍 | 우리는 언제나 최선일 순 없다

　우리는 스스로에게 혹은 다른 사람에게 "모든 일에 최선을 다하라" 혹은 "너는 최선을 다했느냐?"라는 말을 자주 하기도 하며, 또 그런 말을 자주 듣는다. 나 역시 의식적으로든, 무의식적으로든 우리 아이들에게 이런 말을 많이 해왔다. 하지만 현실에서는 최선이 아닌 차선 혹은 차차선을 선택해야 할 때가 생각보다 많다. 그리고 나름 최선이라고 믿고 선택했던 일이 뜻대로 되지 않았을 때, 다음 선택(차선)에도 처음 선택만큼의 집중력이 필요하지만, 실제로 그것이 쉽지 않다는 점을 이야기하고 싶다. 그렇다면 왜 우리는 '최선'만을 강조할까? 사실 "최선을 다하라"라는 말은 우리 사회에서 너무나 익숙하다. 부모, 교사, 그리고 사회는 끊임없이 아이들에게 최선을 요구하며, 자기 계발서와 성공 철학도 최고의 목표만을 강조한다. 하지만 모든 선택이 최선이 될 수는 없다. 삶에서는 실패하거나 예기치 않은 상황이 발생해 차선을 택해야 하는 순간이 온다. 그러나 우리는 차선을 선택하는 과정에서 집중력을 잃고, 좌절하거나 무력감을 느끼는 경우가 많다. 또한 왜 우리는 차선을 선택하는 데 어려움을 느낄까? 첫 번째 이유는 '소유 효과(Endowment Effect)' 때문이다. 사람은 자신이 가지고 있는 것에 실제보다 더 높은 가치를 부여하는 경향이 있다. 그래서 한 번 선택한 것을 쉽게 포기하지 못하며, 최선을 목표로 했던 사람이 차선을 택할 때 심리적 저항이 커지는 것이다. 두 번째 이유는 '인지 부조화(Cognitive Dissonance)' 때문이다. 자신이 원하는 것과 현실이 충돌할 때, 사람들은 불편함을 느낀다. 차선을 택해야 하는 상황을 받아들이기 어려운 것도 이 때문이다. 마지막으로, "포기하지 말고 끝까지 최선을 다해야 한다"라는 사회적 가치관 역시 영향을 미친다. 하지만 때로는 현실적으로 유연한 선택이 더 중요한 경우가 많다.

최선이 좌절되었을 때, 집중력을 유지하는 방법은 무엇이고 최선이 불가능할 때, 어떻게 하면 집중력을 잃지 않을 수 있을까? 무엇보다도 차선도 의미 있는 선택이라는 점을 인식하는 것이 중요하다. 최선이 아니더라도, 내게 주어진 선택지를 의미 있게 바라볼 필요가 있다. 또한, 기존의 사고방식을 바꾸는 '리프레이밍(Reframing)' 기법을 활용할 수도 있다. 예를 들어, "이건 실패가 아니라 새로운 기회다"라고 관점을 전환하면 차선도 충분히 좋은 선택이 될 수 있다. 그리고 선택 후에 후회를 줄이는 태도가 필요하다. 후회를 최소화하려면, 선택 이후에는 "이 선택에서 내가 얻을 수 있는 것은 무엇인가?"를 고민하는 것이 중요하다. 우리가 생각하는 '최선'이 반드시 행복을 보장하지는 않으며, 오히려 차선이 더 좋은 결과를 가져오는 경우도 많다. 지나고 보면, 최선이라고 생각했던 선택보다 우연히 선택한 차선이 더 만족스러웠던 경험을 한 적이 있을 것이다. 이처럼 차선이 가져다주는 의외의 행복이 존재한다.

차선 혹은 차차선을 선택해야 할 때, 우리는 어떤 태도를 가져야 할까? 가장 중요한 것은 '유연한 사고(Flexibility)'다. 최선이 불가능할 때 빠르게 현실을 인정하고 다음 선택을 준비해야 한다. 또한, 실패를 배움의 기회로 삼는 태도가 필요하다. "이 선택에서 나는 무엇을 배울 수 있을까?"라고 스스로에게 질문하면서 성장의 기회로 삼아야 한다. 그리고 인생이 본질적으로 예측 불가능하다는 사실을 받아들이고, 미래를 지나치게 통제하려는 태도를 내려놓을 필요가 있다. 스스로 다그치기보다는 차선이더라도 최선을 다하는 태도로 임하면 그것이 곧 최선이 될 수 있음을 깨달아야 한다.

인생은 언제나 최선만이 아니라 차선과 차차선이 공존하는 과정이다. 차선이라고 해서 반드시 나쁜 것은 아니며, 오히려 차선이 예상보다 더 좋은 길이 되는 경우도 많다. 중요한 것은 차선을 선택하더라도 집중력을 유지하는 태도다. 어떤 선택이든 그것을 의미 있게 만드는 것은 나의 태도라는 점을 꼭 기억하길 바란다.

짜증과 분노

> 🔍 본질과 그 차이에 따른 해법

언제부터인가 짜증과 분노는 현대인들에게 일상적인 감정이 되어버렸다. 과거보다 더 안정되고 풍요로운 삶을 살고 있음에도 불구하고, 우리는 왜 끊임없이 짜증을 내고 분노하는 것일까? 이러한 감정이 어떻게 삶의 질을 떨어뜨리는지, 또 우리는 어떻게 이로부터 자유로워질 수 있을지 고민해보자.

사전적 정의에 따르면, 짜증은 '마음이 꼭 맞지 않아 발끈하여 역정을 내는 것'으로, 주로 사소한 불편함이나 반복적인 상황에서 발생하는 감정이다. 예를 들어, 교통 체증이나 소음에 대한 반응이 이에 해당한다. 보통 짜증은 단기적으로 발생하며 쉽게 사라지는 특징이 있다. 반면, 분노는 '분개하여 몹시 성을 냄'이라는 의미로, 짜증보다 훨씬 더 강한 불쾌감과 적대감을 포함한다. 주로 부당한 대우를 받거나 소중한 것을 잃었을 때, 즉 '부정의(不正義)'에 대한 반응으로 나타난다. 따라서 짜증보다 강렬하고 지속될 가능성이 높으며 행동으로 표출될 위험도 크다. 심리적으로 보면, 짜증은 자신에게 향하는 감정인 반면, 분노는 외부로 표출되는 감정이라는 차이가 있다.

그렇다면 우리는 이러한 짜증과 분노에 대해서 어떻게 대처해야 할까? 짜증이나 분노가 일어났을 때, 가장 먼저 해야 할 일은 감정의 원인을 파악하는 것이다. 단순히 외부 환경 때문이라고 생각하기 쉽지만, 실상은 열등감이나 스트레스 같은 내면의 문제와 연결된 경우가 많다. '나는 지금 왜 이렇게 화가 나는가?'라는 질문을 스스로에게 던지는 것만으로도 감정이 한결 가라앉을 수 있다.

한병철 교수는 그의 저서 『피로사회』에서 현대 사회가 규율 중심의 복종 사회에서 성과 중심의 사회로 변화했다고 분석했다. 그는 현대인들이 스스로 목표를 설정하고 끊임없이 경쟁하는 과정에서 자기 착취에 시달리고 있다고 지적한다. 또한 정보의 과부하, 사회적 고립, 일과 삶의 경계 모호함이 감정적 피로를 유발하며, 이에 따라 짜증과 분노가 증가한다고 설명한다. 해결책으로는 일에 대한 과도한 집착에서 벗어나 여유를 갖고 인간적인 삶을 추구하는 것이 중요하다고 강조한다.

스토아 철학자 세네카[9]는 『분노하지 마라』에서 분노가 이성을 마비시키고 상황을 악화시킨다고 경고했다. 그는 감정의 본질을 이해하고 분석하는 것이 더 나은 판단을 내리는 데 도움이 된다고 주장한다. 그의 주요 해결책은 다음과 같다. 먼저, 그러한 분노의 감정을 유발하는 상황을 피하거나 미리 대비하는 사전 예방을 강조했다. 다음은 자기 통제로, 감정이 고조될 때 침착함을 유지하고 이성적으로 상황을 바라보는 연습을 해야 한다. 더불어 분노의 원인을 깊이 생각하고 스스로 질문을 던지

---

[9] 네로(Nero) 황제의 스승으로, 그리고 네로 황제의 폭정에 항거하여 황제를 암살하려는 음모가 발각되어 네로에게 자살을 명령받은 일로 널리 알려진 스토아학파의 거장

는 반성과 명상을 통해 감정의 본질을 보다 더 잘 이해하고 다룰 수 있다고 했다. 마지막으로 타인의 실수를 인정하고, 그들도 나와 같은 인간이라는 점을 받아들이는 사람에 대한 연민이 필요하다. 비록 이러한 가르침이 단순해 보일 수 있지만, 2000년 전에도 현대인과 동일한 감정적 고민이 있었다는 점은 흥미롭다. 그리고 그의 조언은 여전히 유효하다.

오늘날 많은 사람들이 짜증과 분노의 방향을 잘못 설정하는 경우가 많다. 분노와 짜증을 줄이는 것만큼 중요한 건, 그 감정이 정확한 대상에 향하고 있는지를 점검하는 것이다. '종로에서 뺨 맞고 한강에서 화풀이한다'라는 말처럼, 엉뚱한 대상에게 감정을 쏟고 있지는 않은지 돌아볼 필요가 있다.

지금부터 이러한 짜증과 분노에서 벗어나기 위한 실천법을 알아보자. 첫째, 감정의 원인 파악하기다. 내 감정이 외부 환경 때문인지, 내면의 문제에서 비롯된 것인지 구별해야 한다. 둘째, 이성적으로 상황 분석하기다. 감정적으로 반응하기 전에 논리적으로 사고하는 습관을 기르자. 셋째, 타인을 이해하는 태도 기르기로, 상대방의 처지에서 상황을 바라보는 연습이 필요하다. 넷째, 생활패턴 조정하기다. 충분한 휴식과 균형 잡힌 생활을 통해 감정적인 소모를 줄여야 한다. 다섯째, 소통을 통해 감정 표현하기로, 신뢰할 수 있는 사람과 대화하며 감정을 건강하게 해소하는 방법이다.

짜증과 분노를 완전히 없애는 것은 불가능하지만, 이를 조절하고 올바르게 활용하는 것은 충분히 가능하다. 한병철 교수나 세네카의 통찰을 참고하여 감정을 보다 성숙하게 다룰 수 있도록 노력해야 한다. 결국 중요한 건 감정을 억누르는 것이 아니라, 그것을 이해하고 조화롭게 살아가는 것이다.

자존감과 자존심

> 🔍 출발점이 전혀 다른, 작아 보이지만 큰 차이

자존감은 '스스로 품위를 지키고 자기를 존중하는 마음'이다. 조금 더 풀어보면 '자신이 사랑받을 만한 가치가 있는 소중한 존재'이며 '어떤 성과를 이루어 낼 능력이 있는 사람'이라고 스스로를 믿는 마음에서 비롯된다. 반면, 자존심은 '남에게 굽히지 아니하고 자신이 품위를 스스로 지키는 마음'이다.

많은 사람이 자존감과 자존심을 같은 개념으로 여긴다. 그러나 이 둘의 차이는 '스스로'와 '남에게'라는 요소에서 드러난다. 자존심은 "네가 감히 나를 무시하다니?" 하는 감정이라면, 자존감은 "네가 나를 존중하지 않더라도 나는 나를 존중해"라고 말할 수 있는 태도다. 즉, 자존감이 높은 사람은 "네가 선을 넘는다면 나는 거리를 두거나 항의하겠지만, 그럼에도 불구하고 나는 나를 존중해"라고 생각한다.

이런 관점에서 보면, 흔히 자존심이 센 사람은 오히려 자존감이 낮은 경우가 많다. 자존심을 강조하는 행동이 낮은 자존감을 감추기 위한 방어 기제일 수 있기 때문이다. 사실, 인간에게 열등감 없는 우월감이란 존재하지 않는다. 심리학적으로 자존감은 내재적인 성격을 띠며, 자기 자신에 대한 진정한 평가에서 비롯된다.

많은 심리학자는 자존감이 높은 사람이 심리적으로 더 건강하며, 대인관계나 삶의 만족도 또한 높을 가능성이 크다고 말한다. 반면, 자존심은 외부 평가와 더 관련이 있다. 자존심이 강한 사람은 타인에게 어떻게 보이고 평가받는지에 민감하게 반응하는 경향이 있다. 즉, 자존감은 내적 안정과 자기 수용에 기반을 두는 반면, 자존심은 외부 평가에 의해 흔들릴 가능성이 크다. 자존감이 높은 사람은 실수나 실패를 수용하고 자신을 긍정적으로 바라본다. 그래서 우리는 자존심이 강한 사람보다는 자존감이 높은 사람이 되어야 한다는 결론에 이르게 된다. 결국, 자존감이든 자존심이든, 중요한 것은 자기 자신을 제대로 아는 것이다.

"그렇다면 자존감이 높다는 것은 무엇일까?" 이 질문에 대해 쉽게 설명할 수 있는 예가 있다. 어느 날, 친구와 함께 식사하던 중 잠시 화장실에 다녀왔는데, 그 사이 친구들이 뭔가 진지하게 이야기하고 있다가 내가 돌아오자 흠칫 놀라며 말을 멈췄다고 가정해보자. 이때 자존감의 높낮이에 따라 반응이 달라진다. 만약 자존감이 낮다면 "이 사람들이 내가 자리를 비운 사이에 내 흉을 본 거 아냐? 앞으로 조심해야겠다" 혹은 "이 친구들과 거리를 둬야겠다" 같은 반응을 보이기 쉽다. 반면, 자존감이 높은 사람이라면 "사람이라면 누구나 뒷말할 수도 있지. 심지어 임금님 흉도 보는데, 내 험담 좀 한다고 뭐 어때?"라고 생각하며 크게 개의치 않을 것이다. 하지만 만약 그날 밤 집에 돌아가서도 "내가 없을 때 저 정도라면 평소엔 얼마나 내 이야기를 하고 다닐까?", "정말 뒷조사라도 해봐야 하나?", "아, 갑자기 화나네?" 하며 밤새 잠을 설친다면 이는 자존감이 낮다는 신호일 가능성이 높다. 그렇다면, 여러분은 어느 쪽에 속하는지 곰곰이 생각해보길 바란다.

후회 없는 삶 VS 만족스러운 삶

> 비슷해 보이지만, 다른 삶

'행복한 삶이란 무엇일까?'라는 질문을 받는다면 그 누구라도 쉽게 답하기 어렵다. 하지만 빅데이터 분석에 따르면, 행복과 관련된 단어 중 가장 많이 언급된 것이 바로 '만족(satisfaction)'이라고 한다. 그렇다면 만족이란 무엇일까? '만족'은 주로 현재 상황에 대한 감정적 반응이다. 예를 들어, 맛있는 음식을 먹을 때, 목표를 달성했을 때 혹은 좋은 관계 속에서 안도감을 느낄 때 만족을 경험한다. 만족은 구체적인 경험에 기반한 감정이므로 외부 조건이나 사건에 따라 변할 수 있다.

반면, '행복(happiness)'은 더 장기적이고 전반적인 감정과 관련이 있다. 삶의 의미, 가치, 개인적인 성취, 내면의 평화 등이 행복의 핵심 요소다. '행복'은 특정한 사건이나 순간적인 만족에 국한되지 않고, 삶 전체에 대한 긍정적인 평가를 포함한다. 때로는 자아실현이나 자기 존중감과도 깊이 연관되며, 단기적인 쾌락보다 지속적이고 내면적인 만족감을 중시한다. 즉, 만족은 행복을 구성하는 요소 중 하나이며, 만족스러운 경험이 쌓이면 삶의 전반적인 만족도가 높아지고, 이것이 행복으로 이어질 수 있다.

그런데 여기서 조금 다른 이야기를 해보자. 나는 오랫동안 '후회 없는 삶을 살고 싶다'는 말을 자주 해왔고, 심지어 자녀들에게도 같은 이야기를 해왔다. 그런데 문득 '후회 없는 삶을 살면 정말 행복할까? 만족스러울까?'라는 의문이 들었다. 그래서 후회 없는 삶과 만족스러운 삶의 차이에 대해 고민해보았다. '후회 없는 삶'이란, 과거의 선택이나 행동에 대한 후회 없이 살아가는 삶이다. 즉, 자신이 내린 결정에 대해 자책하거나 '그때 다르게 했더라면…' 하고 후회하지 않는 것이다. 후회 없는 삶의 핵심은 자기 수용과 책임감이다. 후회는 대개 지나친 자책에서 비롯되므로 후회 없이 살기 위해서는 자신의 모든 결정과 행동에 대해 책임지고 받아들이는 태도가 필요하다.

반면, '만족스러운 삶'은 현재 자신의 삶에 대해 충족감을 느끼고 행복을 경험하는 삶을 의미한다. 이는 단순한 목표 달성이나 외적인 성공이 아니라, 정신적·감정적 만족을 중시하는 삶이다. 만족스러운 삶은 개인의 가치관, 목표, 대인관계, 감정적 안정 등이 조화를 이루는 상태이며, 삶의 다양한 영역에서 만족을 얻고 이를 통해 행복을 느끼는 것이다. 쉽게 예를 들어보자. 친한 친구가 사업에 실패했다고 가정해보자. '나는 그 사업에 투자하지 않아서 다행이다'라고 생각하며 후회는 없을 수 있다. 하지만 그렇다고 해서 내 삶이 만족스럽거나 행복한 것은 아니다. 단순히 후회가 없다는 것이 만족스러운 삶을 보장하지는 않는다.

미국의 심리학자 마틴 셀리그먼(Martin Seligman)은 『긍정의 심리학』에서 행복을 구성하는 5가지 요소를 제시했다. 그의 'PERMA 모델'에 따르면, 행복은 긍정적 감정(Positive Emotions), 몰입(Engagement), 관계

(Relationships), 의미(Meaning), 성취(Accomplishment)의 균형을 통해 완성된다고 한다. 여기서 중요한 점은 단순히 후회 없이 사는 것보다 삶의 의미를 찾고 만족을 경험하는 것이 더욱 중요하다는 것이다.

후회 없는 삶과 만족스러운 삶은 상호 보완적인 관계인 것은 맞다. 후회 없는 삶은 과거에 대한 태도와 관련이 있고, 만족스러운 삶은 현재와 미래에 대한 경험과 연결된다. 후회를 줄이며 살아간다면 자신의 선택을 긍정적으로 받아들이고, 과거의 경험을 통해 성장할 수 있다. 하지만 인생을 살아가면서 단순히 후회 없는 삶에 머무르기보다, 만족스럽고 의미 있는 삶을 목표로 한다면 더 멋진 삶이 되지 않을까?

결국, 후회를 남기지 않는 것도 중요하지만, 그보다 더 중요한 것은 '지금 이 순간'에 만족하며 삶을 살아가는 것이 아닐까 싶다.

외로움과 괴로움

🔍 | 인간은 왜 외로움을 느끼며, 언제부터 외로워했나?

인간은 왜 외로움을 느낄까? 그리고 언제부터 이렇게 외로움을 느끼며 살았을까? '인간은 원래 태어날 때부터 외로운 존재'라는 말이 있다. 이 말에는 '외로움'이 인간의 타고난 감정이라는 의미가 담겨 있다. 하지만 흥미로운 점은 영어권에서 '외롭다(lonely)'라는 표현이 16세기까지 존재하지 않았다는 사실이다. 이 단어를 처음 만든 이가 셰익스피어라는 사실을 알고 있는가? 심지어 17세기에도 흔히 쓰이는 표현이 아니어서, 존 레이(John Ray)의 저서 『있지만 잘 쓰이지 않는 영어 단어집』에 실려 있을 정도였다.

그렇다면 언제부터, 무슨 이유로, 어떻게 외로움이 우리 삶에 이토록 깊숙이 자리 잡게 된 걸까? 정치철학자 한나 아렌트(Hannah Arendt)는 산업혁명 이후에 시작되었다고 본다. 18세기 말부터 150년 사이, 유럽의 인구는 폭발적으로 증가했다. 1억 9천만 명이었던 인구가 1914년에는 4억 6천만 명이 되었고, 그렇게 확보된 인구는 산업 현장에 노동력을 제공하기 위해 일자리를 찾아 도시로, 도시로 계속 몰려들었다. 하지만 폭발적인 인구 증가만큼 일자리가 충분히 늘어나지 못하면서 예상치 못한 새로운 문제가 발생했다. 바로 실업이었다. 사실, '실업'이라는 개념도 19세기 말에 처음 사전에 등장했다.

도시화 과정에서 일자리를 얻지 못한 사람들은 쓸모없는 존재, '나머지(surplus)'로 취급되었고, 소속감을 잃어갔다. '내가 속할 곳(세계)이 없다'라는 감정이 확산되면서 외로움이 개인의 감정을 넘어 사회적인 문제가 되었다. 즉, '외롭다'라는 것은 '쓸모의 이유가 사라졌다'라는 감각에서 비롯된 표현이다.

그렇다면 외로움은 치료가 필요한 병일까? 외로움 그 자체는 치료가 필요한 질병이 아니다. 하지만 지속적인 외로움은 심리적 신호로 작용해 타인과 연결되어야 한다는 필요성을 알린다. 그리고 이런 외로움이 만성화된 순간부터 인간의 인지와 감정을 왜곡하고, 타인에게 부정적인 인상을 주는 행동을 유발하며, 건강을 해치는 원인이 된다. 연구에 따르면, 외로움은 단순한 감정적 결함이 아니라, 신체 건강과 판단력 같은 뇌 기능을 손상하여 사회적 성공에도 큰 장애가 된다고 한다. 또한 면역력을 약화하고, 치매 발병률을 높이며, 노화를 촉진하고, 심장질환의 위험을 증가시킨다. 심지어 그 악영향은 흡연, 비만, 고혈압만큼이나 치명적일 수 있다.

존 카치오포(John T. Cacioppo)는 『인간은 왜 외로움을 느끼는가?』에서 인간이 유대감을 느끼지 못하는 상황에서 힘들어하는 유전적 성향을 보일 수도 있고, 만성적인 외로움으로 자기 조절의 능력이 훼손될 수도 있지만, 인간에게는 스스로 인지를 변화시킬 수 있는 능력이 있다고 했다. 결국, 외로움이 만드는 고립의 악순환을 깨뜨리고, 새로운 유대의 선순환을 만들 수 있다는 것이다.

그렇다면 외로움과 괴로움이 어떻게 다를까? 외로움은 주변 사람들과의 연결이 부족하거나 약해졌다고 느끼는 감정, 즉 사회적 고립으로 인해 발생하는 문제이므로 관계 회복과 소통을 통해 극복할 수 있다. 반면, 괴로움은 고통과 불편한 감정에서 오는 것으로 우울, 스트레스 상실감 등 다양한 원인에 의해 발생한다. 그리고 무엇보다도 괴로움은 개인의 노력만으로 해결하기 어렵다는 점에서 외로움과 차이를 보인다.

이런 표현의 글을 본 것이 기억난다. 외로움은 '만나고 싶은 사람을 만나지 못할 때 생기는 마음'이고, 괴로움은 '만나고 싶지 않은 사람을 만나야만 할 때 생기는 것'이라고. 완벽한 정의는 아니지만 외로움과 괴로움의 차이를 쉽게 설명하는 표현이다. 흥미롭게도 그러면서 한국 사회는 괴로움이 많은 사회고, 일본 사회는 외로움이 많은 사회라는 분석도 있다. 지나치게 단순화한 측면이 없지 않지만, 어느 정도 일리가 있는 말이다.

외로움을 극복하는 방법은 다양하다. 사회적 관계 맺기, 자기 계발, 자원봉사, 운동, 감정 표현(일기 쓰기나 예술 활동을 통해), 온라인 커뮤니티 활용, 정기적인 루틴 만들기, 전문가 상담 등이 있다. 이 중 어떤 방법이라도 좋다. 하지만 그 어느 것도 내가 시도하지 않으면 아무 소용이 없다. 그러니 일단, 머릿속에서 떠오르는 사람에게 먼저 연락하고, 약속을 잡아서 그 어떤 이야기라도 해보자. 그것이 외로움에서 벗어나는 첫걸음이다.

부러움과 질투의
그 미묘한 차이

🔍 | 정말로 부러우면 지는 걸까?

"부러우면 지는 거야."

최근 'TV 프로그램' 이름으로 사용되기도 한 이 말, 농담처럼 많이 쓰이지만 사실 꽤 의미심장하다. 나와 남을 비교하며 열등감을 느끼고 질투심이 생긴다면 이미 스스로 패배를 인정하는 셈이고, 그 감정에 빠져 괴로움을 겪게 된다는 뜻이다.

부러움(Envy)과 질투(Jealousy), 영어에서는 명확히 구분되지만, 한국어에서는 흔히 질투라는 단어가 부러움의 의미로도 사용된다. 예를 들면 "저 사람 질투 난다"라는 말이 실제로는 부러움을 뜻하는 경우가 많다.

그렇다면 이 두 감정은 어떻게 다를까? 먼저 부러움(Envy)은 자신이 가지지 못한 것을 다른 사람이 가졌을 때 느끼는 감정이다. 물질이든, 사회적 지위든, 외모나 능력이든 무엇이든지 포함될 수 있다. 주로 두 사람 간의 관계에서 발생하며, 핵심은 '나도 저걸 가지고 싶다'라는 욕망이다. 예를 들면, 친구가 승진했을 때 '나도 저 자리에 올라가고 싶다'라는 감정을 느끼는 것처럼, 누군가의 멋진 외모나 성공을 보고 자신과 비교할 때 생기는 감정이다.

반면 질투(Jealousy)는 이미 가지고 있거나 깊이 관련된 관계(사람, 위치 등)를 다른 사람이 위협한다고 느낄 때 발생하는 감정으로 주로 삼자 관계—'나, 타인, 경쟁자'—에서 나타나며, '내 것을 뺏길지도 모른다'라는 불안과 경계심이 핵심이다. 대표적인 예로, 연인이 다른 사람과 가까워지는 모습을 보고 느끼는 감정이 있다. 직장에서도 자신의 자리를 위협하는 동료가 있을 때 느끼는 불안감도 질투에 해당한다.

이러한 차이는 고대 철학에서도 논의됐다. 아리스토텔레스는 부러움을 '타인의 좋은 것을 보고, 느끼는 불쾌한 감정'으로, 질투는 '자신의 것을 보호하려는 감정'으로 구분했다.

심리적 뉘앙스(nuance)로 보자면, 부러움은 부족감에서 출발한다. 즉, '나는 없다'라는 인식이 강해지면서 결핍을 채우고 싶은 욕망이 커진다. 반면 질투는 경쟁자가 등장했을 때 관계나 위치를 잃을까 봐 두려워하는 방어적 감정이다. 쉽게 설명하면 옆집 농부의 소를 보고서 '나도 저런 소를 가지고 싶다'라고 생각하는 게 부러움이고, '저 소가 사라지면 좋겠다'라고 바라는 게 질투다.

그렇다고 부러움과 질투가 꼭 부정적인 것만은 아니다. 부러움은 '나도 저 사람처럼 성공하고 싶다'라는 욕망이 유발되어 자기 발전의 원동력이 될 수 있다. 존경과 동경이 섞인 부러움이라면 오히려 좋은 관계로 발전할 가능성도 크다. 질투 역시 관계의 중요성을 깨닫게 하는 기회가 될 수 있다. 연인 간의 질투도 적당하다면 상대에 대한 애정과 소중함을 확인하는 계기가 될 수도 있다. 하지만 이 감정이 과하면 문제가 된다. 부러움이 '왜 저 사람만 가지고 있어?'라는 원망으로 변하면 증오로 이어질 수 있다. 질투가 과도해지면 집착과 의심으로 번져 신뢰를 깨뜨린다. 연인 간의 지나친 질투는 신뢰를 훼손하고, 오히려 상대를 멀어지게 만든다.

결국, 부러움은 결핍과 욕망을 자각하는 감정이고, 질투는 소중히 여기는 것을 지키려는 방어적 감정이다. 중요한 건, 부러움을 부정적으로만 보지 않는 것이다. "부러우면 지는 거야"라는 말 때문에 부러움을 숨기거나 부러운 대상을 피할 필요는 없다. 오히려 부러움을 성장의 기회로 삼는다면 부러움이 아닌 존경과 동경의 감정으로 변화할 수도 있다. 다시 한번 강조하고 싶은 말은 '내가 부러워하는 것을 가지고 있는 사람이면서, 나도 그것을 가질 수 있도록 도와주는 사람'이 나에게 가장 필요한 사람이라는 점이다.

우월감과
열등감

> 🔍 과시는 결핍의 또 다른 모습이다

"It's not your fault." (네 잘못 아니야.)

-영화 《굿 윌 헌팅(Good Will Hunting)》 중에서

이 영화는 천재적인 수학 능력을 가진 보스턴의 가난한 청년 '윌 헌팅(맷 데이먼)'이 자신이 가진 능력과 잠재력을 인정하지 못하고, 과거의 상처로 인해 타인의 기대나 칭찬을 거부하며, 오히려 겉으로는 우월감을 내세우는 이야기를 담고 있다. 하지만 정신과 의사인 '션 맥과이어(로빈 윌리엄스)'와의 만남을 통해 내면의 열등감과 맞서 싸우면서 성장하는 과정을 그린 휴먼 드라마다. '윌'이 겪는 우월감과 열등감 사이의 갈등은 그가 자기 자신을 어떻게 이해하고 받아들이는지와 진정한 자아를 찾기 위한 과정에서 중요한 열쇠가 되고 있다. 영화 속에서 어린 시절 부모에게 학대받은 기억과 과거의 상처 때문에 자신을 아무런 가치가 없는 존재라고 믿고 있는 '윌'에게 '션'은 끊임없이 "네 잘못이 아니야"라는 말

을 반복하며 그의 내면을 치유하려 한다.

　우월감과 열등감은 서로 반대되는 감정 같지만, 사실 밀접하게 연결되어 있다. 이 두 감정은 대개 인간의 자아를 어떻게, 자신을 다른 사람들과 어떻게 비교하는지에 따라 형성되고 표현된다. 즉, 우월감은 자신이 남들보다 뛰어나다고 느끼는 감정이고, 열등감은 자신이 부족하다고 느끼는 감정이다. 하지만 단순한 대조 관계가 아니라, 서로 영향을 주고받으며 복잡한 방식으로 작용한다.

　일반적으로 우월감은 내면의 불안감이나 열등감을 감추기 위한 방어기제(defense mechanism)로 작용한다. 어떤 사람이 과도한 우월감을 보일 때, 그 근본에는 (의식적이든지 무의식적이든지) 자신이 열등하다고 느끼는 부분을 숨기려는 심리가 작용할 가능성이 높다. 예를 들어, 사회적 직업적으로 뛰어난 성과를 올려야만 자신감을 유지할 수 있는 사람이라면, 그의 우월감은 사실 열등감을 보상하려는 노력이자 과정이다.

　반대로 열등감을 느끼는 사람은 종종 그 감정을 극복하기 위해 더욱 노력하면서 우월감을 형성하기도 한다. 자신이 부족하다고 느끼는 분야에서 더 큰 노력을 기울여 성취를 이룬 후, 그 성취를 통해 우월감을 경험하게 된다. 이런 과정에서 열등감을 극복했다는 느낌과 동시에 우월감이 생길 수 있다. 이렇듯 열등감은 인간이 어떤 목표를 향해 나아가는 원동력이 될 수도 있다.

　하지만 끊임없이 자신을 타인과 비교하며 우월감을 유지하려는 사람은 불안정한 자아를 가질 가능성이 크다. 그런 사람은 자신보다 조금이라도 뛰어난 사람을 만나면 강한 열등감에 시달릴 수 있기 때문이다. 결국, 우월감과 열등감은 서로 맞물려 작용하며, 개인의 자아 정체성에 큰 영향을 미친다.

오스트리아의 의사이자 정신분석학자인 알프레드 아들러(Alfred Adler)는 그의 저서『개인심리학』에서 '인간은 나누어질 수 없는 전체로서 사회 속에서 자신이 설정한 목표를 달성하기 위해 끊임없이 노력하는 존재'라고 했다. 그는 '사람들은 자신이 열등하다고 느끼는 점을 극복하려는 자연스러운 경향이 있다'라는 열등감 이론을 주장했다. 그는 열등(성)과 열등감을 구분했는데, 열등은 선천적, 후천적으로 약하거나 기능이 저조한 상태, 즉 객관적 평가 기준을 의미하며, 이와 비교하여 열등감은 개인의 주관적 평가라고 했다. 그리고 이러한 열등감을 극복하는 과정을 보상이라고 설명했다. 궁극적으로 인간은 열등감을 극복하여 자기완성을 이루려 한다는 것이 그의 핵심 주장이다.

결론적으로, 우월감과 열등감은 서로 독립적인 감정이 아니라 개인의 자아와 자아 인식을 형성하는 중요한 요소다. 이 두 감정은 대부분의 상황에서 서로 얽혀 있으며, 우리 삶의 많은 부분에서 작용한다. 우월감과 열등감의 입체적 관계를 잘 이해하면 타인의 행동과 감정을 더 깊이 이해할 수 있고, 나아가 자기 내면을 더욱 성찰할 수 있다. 그렇게 해야 세상을 바라보는 심미안(審美眼)[10]을 갖게 된다.

---

[10] 아름다움을 살펴 찾는 안목

이기주의와
자기중심주의

> 🔍 비슷한 것처럼 보이지만 다르다

친구들과 함께 식당에 갔을 때, 남들 눈치 보지 않고 자기가 좋아하는 안주부터 시키는 사람은 이기적인 걸까, 자기중심적인 걸까? 둘 다 맞는 말 같지만, 정확히 말하면 '자기중심적인 사람'이다. 이처럼 이기주의와 자기중심주의는 2가지 모두 타인을 배려하지 않고 자기 생각만 하는 사람을 지칭할 때 사용되기 때문에 흔히 비슷한 의미로 사용되지만, 사실은 엄연히 다른 개념이다. 이기주의는 '나에게 이익이 되느냐, 되지 않느냐'를 기준으로 삼는다. 반면, 자기중심주의는 단순히 자기 자신만을 바라보며 타인의 입장을 고려하지 않는다. 그냥 자기에 대해 집착한다. 즉, 이기적인 사람은 손익을 따지지만, 자기중심적인 사람은 그저 자신을 중심으로 사고하고 행동할 뿐이다.

먼저 이기주의란 무엇인가? 개인의 이익과 욕구를 최우선으로 여기고 타인의 권리나 감정을 고려하지 않는 태도를 말한다. 흔히 이기적인 사람은 자신의 필요를 충족하기 위해 타인을 희생시키거나 그들의 감정을 무시하는 경향이 있다. 이런 성향이 지나치면 사회적 관계에서 갈등을 일으키고, 협력이나 공감이 필요한 상황에서 부정적인 영향을 미친다. 하지만 우리가 간과한 사실이 하나 있다. 바로 '인간은 본래 이기적'이라는 점이다. 영국의 정치철학자 토머스 홉스(Thomas hobbes)는 그의 저서 『리바이어던』에서 인간은 본질적으로 자기중심적이고 이기적이라고 주장했다. 그는 자연 상태에서 인간은 서로의 이익을 위해 경쟁하고 갈등을 일으킨다고 보았으며, 서로의 생존을 위해 타인을 해치려는 경향이 있다고 했다.

그렇다면 자기 중심주의는 어떻게 생기는가? 인간이 본능적으로 이기적인 존재라면, 자기중심적인 성향은 후천적으로 형성된다고 보는 이론이 있다. 스위스의 심리학자 피아제(Jean Piaget)는 '인지발달 이론'을 통해 어린아이들은 필연적으로 '자기중심성'을 가질 수밖에 없다고 설명했다. 왜냐하면 이 시기의 아이들은 인지발달의 미성숙으로 인해 타인이 자신과 다른 생각을 할 수도 있다는 사실을 이해하지 못한다.

자기중심주의가 인지발달의 미성숙으로 인해 생기는 것이라면, 어른에게는 자기중심성이 나타나지 않아야 할 텐데, 분명히 우리 주변에는 성인이 되어서도 자기중심적인 사람들이 많다. 이들의 문제는 단순한 인지발달의 미성숙이 아니라, 정서적인 결핍에서 비롯된다. 자기중심적인 사람은 어린 시절 충분한 사랑과 관심을 받지 못한 경우가 많고, 자기를 보호하기 위해 타인을 배려할 여유가 없다. 결국 이들은 타인에게 인정받고 사랑받으려는 몸부림을 자기중심적인 행동으로 표출하는 경우로 나름의 생존 방법인 셈이다.

자기중심적인 사람들은 타인들의 비난에도 불구하고 쉽게 변하지 않는다. 도대체 왜 그럴까? 그 이유를 몇 가지로 정리할 수 있다. 첫째, 그들은 타인의 의견이나 비난에 덜 민감하다. 자신의 욕구나 필요가 최우선이기 때문에 주변의 반응에 신경을 덜 쓰는 경향이 있다. 둘째, 자기방어 기제가 강하다. 자기 행동을 쉽게 정당화하거나 오히려 타인을 비난하며, 비판을 받아들이기보다는 무시하려 한다. 셋째, 그들은 타인의 감정을 고려하지 않는다. 자신이 중심이기 때문에 타인의 감정을 신경 쓰지 않으며, 타인에게 미치는 영향을 크게 인식하지 못한다. 넷째, 습관화된 행동 패턴이 쉽게 바뀌지 않는다. 오랜 시간 동안 형성된 성향이기 때문에 변화하는 것이 어렵고 불편하게 느껴진다. 그들은 다른 사람들로부터 사랑받고 대접받고 있다는 '거짓 만족'이라도 필요하며, 자신의 가치관과 심리상태에 깊이 뿌리를 내리고 있어 그런 행동은 지속될 가능성이 크다.

그렇다면 지나치게 이기적이거나 자기중심적인 사람들로부터 상처받지 않으려면 우리는 어떻게 해야 할까? 첫째, 감정적인 대응을 피하고, 사실에 기반을 둔 대화를 해야 한다. 감정을 앞세워 비난하기보다는 차분하게 문제를 지적하는 것이 효과적이다. 둘째, 명확한 경계를 설정하는 것이다. 지속적으로 스트레스를 받거나 상황이 악화된 경우에는 거리 두기를 고려할 필요가 있다. 셋째, 자기 보호를 최우선으로 삼아야 한다. 그들의 말이나 행동에 감정적으로 대응하지 말고, 자신의 감정을 지키는 것이 중요하다. 넷째, 긍정적인 행동을 강화하라. 상대가 배려하는 행동을 보일 때 이를 칭찬하거나 인정하면, 변화를 유도할 수도 있다. 그러나 이들의 성향이 쉽게 변하지 않는다는 점만큼은 절대 잊지 말라. 상대를 변화시키려 애쓰기보다는 내가 어떤 방식으로 반응할지를 결정하는 것이 더 현명한 선택일 수 있다. 내가 더 소중하니까.

시간과 시계

🔍 시간이 당신을 지배하는가, 당신이 시간을 지배하는가?

If I could save time in a bottle The first thing that I'd like to do Is to save every day till eternity passes away Just to spend them with you.
만약 시간을 병에 담을 수 있었다면, 내가 가장 하고 싶은 일은
매일(날마다)을 영원히 흐를 때까지 담아서 당신과 함께 보내는 거예요.
-Jim Croce 3집 수록곡《Time in a Bottle》중에서

"우리 조상들은 언제부터 '시간'이라는 개념을 의식하며 살았을까?" 이런 의문을 가져본 적이 있는가? 먼저, 시간과 시계의 의미부터 짚어보자. 시간은 물리적이면서도 철학적인 개념이다. 사건이 일어나고 변화가 발생하는 연속적인 과정이며, 인간의 경험 속에서 과거, 현재, 미래를 구분하는 기준이 된다. 하지만 시간 자체는 눈에 보이지 않는 추상적인 존재다. 반면, 시계는 기본적으로 시간을 측정하고 표시하는 물리적 도

구다. 태양의 위치, 진자, 석영의 진동 등 다양한 물리적 현상을 기준으로 작동하며, 인간이 시간의 개념을 실질적으로 관리할 수 있도록 돕는다. 이 둘의 차이는 명확하다. 시간은 자연적이고 추상적인 개념이지만, 시계는 이를 측정하기 위한 인간의 발명품이다. 또한, 시간은 우주의 기본 성질 중 하나지만, 시계는 시간의 흐름을 이해하려는 인간의 필요에서 탄생했다.

인류는 어떻게 시간을 인식하기 시작했을까? 인류는 태양, 달, 계절 변화와 같은 자연의 주기적 현상을 통해 시간을 처음으로 인식했다. 농경이 시작되면서 계절의 변화와 관련된 시간을 더욱 구체적으로 이해하게 되었고, 하루(낮과 밤), 해와 달의 움직임은 인간이 시간의 흐름을 처음으로 이해한 방식이다. 지금으로부터 약 5000년 전, 수메르인과 이집트인은 태양의 위치와 별의 움직임을 이용해 달력과 시간 개념을 발전시켰다. 또한 메소포타미아(바빌로니아)에서 최초로 60진법[11]을 사용하여 시간을 측정했으며, 현대의 60초, 60분 체계는 여기서 유래했다.

또한 시계는 기원전 1500년경, 이집트에서 발명한 태양의 그림자를 이용해 시간을 측정하는 태양 시계를 기원으로 보고 있다. 이후 기원전 1400년경, 이집트와 바빌로니아에서 물의 흐름으로 시간을 측정한 물시계를 발명했다. 이후 중세 시대에는 모래시계[12]와 촛불 시계[13]를 이용했고, 톱니바퀴와 진자를 이용한 기계식 시계는 14세기 유럽에서 발명되어 더 정확한 시간 측정이 가능해졌다. 근대에 들어서는 1656년, 크리

---

[11] 60을 한 묶음으로 하여 자릿수를 올려가는 방법이다. 예전부터 60진법을 사용해왔는데, 60이 대표적인 진법 수 10과 12의 최소공배수이며 6 이하의 모든 자연수의 최소공배수라 나누기가 쉽고, 따라서 약수가 12개나 된다.
[12] 간단하고 이동이 가능하여 중세 유럽에서 널리 사용되었다.
[13] 불꽃이 촛불을 녹이는 속도로 시간을 측정했다.

스티안 하위헌스(Christiaan Huygens)에 의해 추시계(Pendulum clock)가 개발되어 시계의 정밀도를 높였다. 지금 우리가 사용하는 손목시계는 19세기 후반 발명되어 개인이 시간을 간편하게 확인할 수 있게 되었다. 이후 20세기 초반에는 석영 결정의 진동을 이용하여 정밀도를 높인 석영 시계가 개발되었고, 1950년대에 발명된 원자의 진동을 기준으로 초정밀 시간 측정이 가능한 원자시계는 현재 GPS와 인터넷에 사용되고 있다.

기계식 시계의 발명은 경험에 따라 느껴지는 방식이 달랐던 '시간의 주관성'을 무너뜨리고, 시간을 사회적 규범으로 내면화하는 데 결정적인 역할을 했다. 근대의 상징적인 풍경 중 하나로 유럽의 교회와 도시 광장에 세워진 대형 기계식 시계를 들 수 있다. 이러한 대형 시계탑은 시간 측정이 더 이상 교회와 같은 특정 기관만의 전유물이 아닌, 사회 전체의 공공재가 되었음을 의미했다. 하지만 이런 긍정적인 측면과는 반대로 다른 각도에서 보자면 이전과 달리 마을 사람들을 일정한 시간에 모일 수 있도록 하여, 지배자들이 통치를 쉽게 하도록 했다. 그들은 시간 통제를 통하여 일반인들의 행동과 생각을 더욱 쉽게 조종할 수 있게 되었다. 또한 공공 시계는 농업과 상업 활동을 조율하는 데 큰 역할을 했으며, 수도원에서 새벽부터 규칙적인 시간에 기도해야 하는 수도사들에게는 꼭 필요한 도구였다. 산업혁명 이후에는 노동 시간의 관리, 대중교통 시간표, 국제 표준 시간 제정 등으로 인간 활동의 효율성을 높였다.

산업혁명 이후 시간은 규격화되고 표준화되었으며, 생산성과 경제적 효율성을 결정짓는 핵심 요소가 되었다. 현대 사회에서 기술 발전과 디지털화로 인해 시간의 효율성은 극대화되었지만, 24시간 7일(일주일)로 이어지는 끊임없는 연결성은 더 이상 인간이 시간을 지배하지 못하도록 했다. 그토록 시간을 지배하려고 했던 인간의 노력은 어느 순간부터 역설적으로 시간에 쫓기는 삶으로 바뀌었다. 우리는 시간을 지배하려 했지만, 어느 순간부터 시간이 우리를 지배하기 시작한 것이다.

이런 흐름 속에서 '느린 삶(Slow Life)', '마음챙김(Mindfulness)'과 같은 현대적 움직임이 등장했다. 이는 바쁜 일상에서 시간을 조금이라도 여유롭게 사용하고, 현재의 순간을 더 온전히 살아가려는 우리의 몸부림이다. 오늘날, 우리는 스마트폰과 인터넷을 통해 언제 어디서든 시간을 확인하고, 효율성을 극대화하기 위해 끊임없이 분 단위로 일정을 맞춰 살아간다. 하지만 정작 우리는 시간을 지배하고 있는가, 아니면 시간에 지배당하고 있는가?

지금, 이 순간 시간을 어떻게 사용하고 있는지 스스로 질문해보자. 시간은 우리의 삶을 채우는 도구인가, 아니면 우리를 통제하는 족쇄인가?

채식주의

🔍 | 비건주의와는 무엇이 다른가?

"나는 더 이상 고기를 먹지 않을 거야."

-한강의 소설 《채식주의자》 중에서

이 말은 소설 속 주인공 영혜가 이 세상을 향해 선언하는 한마디다. 한강의 소설 《채식주의자》는 2007년에 출간된 작품으로, 인간의 본성과 폭력성, 그리고 개인의 자유와 억압에 대한 깊은 통찰을 담고 있다. 그리고 이 작품은 2016년, 맨부커 국제상(Man Booker International Prize)을 수상하며 전 세계적으로 주목받았고, 작가 한강은 2024년 노벨문학상을 받았다.

책을 읽고 난 후, 나는 "왜 제목이 '채식주의자'일까?"라는 의문이 들었다. 단순히 영혜가 육식을 거부하는 이야기가 아니라, 그녀가 사회적 억압과 폭력성에서 벗어나려는 저항의 행위를 상징하는 것은 아닐까? 고기를 먹는 행위는 살생과 연결되며, 이는 인간 내면의 폭력성을 나타내기도 한다. 영혜는 이러한 폭력적 본성을 거부하고, 스스로 자연과 동화되는 순수한 상태로 돌아가고자 한 것이 아닌가 싶다. 어쨌든 나는 이 책을 읽는 내내 망치로 머리를 한 대 맞은 것 같은 묵직한 느낌을 받았다. 오랜 시간이 지났지만 지금도 그 느낌은 여전하다.

사람이 세상을 살아가는 여러 이유 중 '먹는 즐거움'이 꽤 크고 중요하다. 특히, 맛있는 고기를 먹는 즐거움을 포기하는 '채식주의자'나 '비건주의자'들은 어떤 마음으로 채식을 선택하는 걸까? 정말 궁금하다. 이번 기회에 채식주의와 비건주의의 개념, 차이점, 그리고 공통점에 대해 하나씩 알아보자.

일단, 채식주의와 비건주의는 모두 동물성 제품을 제한하는 식단 및 생활 방식을 지향하지만, 그 제한의 범위와 철학적 접근에서 차이가 있다. 먼저 공통점부터 알아보면 첫째, 두 방식 모두 소고기, 돼지고기, 닭고기 등 육류와 생선, 해산물을 섭취하지 않는다. 둘째, 공장식 축산이 환경에 미치는 부정적 영향을 줄이고, 동물 복지를 고려한다는 환경적 윤리적 목적이 있다. 셋째, 적절히 계획된 채식이나 비건 식단은 심혈관 질환, 비만, 당뇨병 등의 위험을 줄이는 데 도움을 줄 수 있다.

다음은 차이점으로 비건주의는 유제품, 달걀, 꿀 등을 포함한 모든 동물성 식품을 완전히 배제하며, 완전한 식물성 식단을 따른다. 이에 비해 채식주의는 육류와 생선을 배제하지만, 유제품이나 달걀과 같은 일부 동물성 제품은 섭취할 수 있다. 그리고 허용범위에 따라서 ① 유제품은 섭취하지만 달걀은 제외되는 '락토 베지테리언(Lacto vegetarian)', ② 달걀은 섭취하지만, 유제품은 제외되는 '오보 베지테리언(Ovo vegetarian)', ③ 유제품과 달걀 모두 허용되는 '락토-오보 베지테리언(Lacto-ovo vegetarian)'으로 나뉜다.

또한, 채식주의는 주로 식단에 초점을 맞추며 동물권 보호나 환경 문제에 민감하지만, 생활 전반에 걸친 동물성 제품 사용을 배제하지는 않는다. 하지만 비건주의는 동물 가죽, 모피, 실크, 울 등의 사용도 피하며, 동물 실험을 거친 화장품과 약품까지도 거부하려고 노력하는 등 생활 방식 전반에 걸쳐 동물성 제품 사용을 배제한다.

채식주의는 건강, 환경, 종교적 신념 등의 이유로 채식을 선택하는 경우가 많은데, 비건주의는 '동물은 인간을 위해 이용되지 않아야 한다'라는 철학적 관점이 포함된 동물권에 대한 강한 윤리적 신념이 주된 동기다.

채식주의자와 비건주의자의 선택과 실천은 단순한 식단의 변화가 아니다. 이는 개인의 가치관, 철학, 그리고 삶의 방식을 반영한다. 그들은 첫째, 기본적으로 동물의 고통을 줄이고, 생명을 존중하는 태도. 둘째, 우리가 살고 있는 지구의 환경을 보호하고 기후 변화를 완화하려는 책임감. 셋째, 건강한 삶을 위한 선택이라는 목적을 가지고 있다. 채식주의와 비건주의가 (개인의) 선택의 문제이기는 하지만, 더 나은 세상을 만들고자 하는 그들의 열망을 이해하고 존중해야 한다. 그들을 향해 "왜 '비건'이 되었나요?"라는 질문보다 경청을 통해 그들의 신념을 이해해보는 것이 더 의미 있는 태도가 아닐까? 더불어 그들 또한 우리와 함께 살아가는 동료임을 잊지 말자.

이기주의에
대하여

🔍 | 개인주의와는 무엇이 다른가?

<small>한 일 모역의 천하 , 불 하야</small>
拔一毛而利天下, 不爲也

설령 나의 한 털을 뽑아 천하를 이롭게 한다고 하더라도, 나는 그렇게 하지 않는다.

-양자(楊子)

양자는 춘추전국시대 말기에 활동했던 철학자로 이 발언은 그의 철저한 개인주의적 태도를 잘 보여준다. 그는 개인의 권리와 자유가 타인의 이익보다 우선해야 한다고 주장하면서 '나 자신을 소중히 여기고, 다른 사람을 해치지 않는다'라는 원칙을 중시했다. 그러나 맹자는 이러한 양자의 사상을 지나치게 개인주의적이고 이기적이라고 비판했다. 묵자(墨子)의 철저한 이타주의와 대비시키며 양자와 묵자를 "천하의 양극단"으로 묘사했다.—"양자(楊子)는 나를 위하지 않는 것을 거부하고, 묵자(墨子)는 나를 버리지 않는 것을 거부한다."—한대(漢代) 이후, 양자의 사상[14]

은 중국 철학사에서 주류로 이어지지는 않았지만, 양자는 서슬 퍼렜던 군주제 시대에 개인의 주체성과 자유를 강조하며, 현대적 개인주의 사상과 연결되고 있다는 점에서 대단한 선구자로 볼 수 있다.

사전에서 '이기주의'를 찾아보면, '자기 자신의 이익만을 꾀하고, 사회 일반의 이익은 염두에 두지 않으려는 태도'라고 정의된다. 하지만 이기주의는 단순히 부정적인 개념이 아니라, 다양한 철학적 관점에서 분석될 수 있다. 대표적으로, 심리적 이기주의(Psychological Egoism)와 윤리적 이기주의(Ethical Egoism)로 나뉜다.

심리적 이기주의는 '인간은 왜 그렇게 행동하는가?'라는 질문에 초점을 맞춘 이론으로, 모든 인간 행동이 본질적으로 자기 이익을 위한 것이라고 주장한다. 즉, 사람들이 타인을 돕거나 선행을 하는 것도 결국은 자신의 만족, 행복 혹은 보상을 기대하는 동기에서 비롯된다고 해석한다. 그러나 심리적 이기주의는 무의식적이고 본능적인 동기를 강조하기 때문에 순수한 이타적 행동을 설명하기 어렵다는 비판을 받는다. 예를 들어, 누군가가 타인의 생명을 구하기 위해 위험을 무릅쓰는 행동을 했을 때, 이것조차도 '자신이 만족감을 얻거나 죄책감을 피하기 위한 것'으로 해석해야 한다. 하지만 이러한 해석은 지나치게 단순화된다는 점에서 논란이 있다.

이에 비해 윤리적 이기주의는 '인간이 어떻게 행동해야 하는가?'에 초점을 맞춘 이론으로, 개인이 자기 자신의 이익을 최우선으로 추구해야 한다는 가치 판단을 담고 있다. 즉, 다른 사람의 이익보다 자신의 이익을

---

14 양자가 저서를 남기지 않은 이유는 그의 사상이 구체적이고 체계적인 문헌을 필요로 하지 않는 개인주의적 성격이라는 점과 관련이 깊다. 또한, 그의 철학이 주류 사상인 유가와 맞지 않았고, 후대에 비판받고 보존되지 않은 점도 중요한 요인으로 작용했다. 양자의 사상이 오늘날까지 전해지는 것은 주로 맹자의 기록을 통해서이며, 이는 그의 사상을 간접적으로 알 수 있는 유일한 자료가 되고 있다.

우선시하는 것이 윤리적으로 옳다고 주장한다. 하지만 윤리적 이기주의는 사회적 연대와 도덕적 책임의 가치를 무시할 위험이 있다는 비판을 받는다. 예를 들어, 한 기업이 단기적인 이익을 위해 환경을 파괴하는 결정을 내린다면 이는 사회 전체에 해를 끼칠 수 있다. 따라서 이기주의가 언제나 윤리적으로 옳다고 보기는 어렵다.

두 이론 모두 '개인의 이익을 중요하게 여긴다'는 공통점이 있지만 초점이 다르다. 즉, '이익을 추구하는 것은 자연스럽다'라는 것이 심리적 이기주의이고, '이익을 추구하는 것이 도덕적으로 옳다'가 윤리적 이기주의이다. 심리적 이기주의는 인간 행동이 본질적으로 이기적 동기에서 나온다는 과학적 설명을 제공하고, 윤리적 이기주의는 도덕적 정당성을 논의하며 개인이 자신의 이익을 추구하는 것을 도덕적 의무로 간주한다. 예를 들어, 기부 행위에 대해서도 "기부는 나에게 심리적 만족을 주기 때문에 본질적으로 이기적이다"가 심리적 이기주의의 해석이고, "기부는 내가 더 나은 사회에서 살기 위한 도덕적 선택이다"가 윤리적 이기주의다.

'이기주의'라는 단어는 흔히 부정적인 의미로 쓰이지만, 개인의 이익을 고려하는 것이 반드시 나쁜 것만은 아니다. 중요한 것은 '이기주의를 어떻게 이해하고 활용하느냐'이다. 우리는 누구나 자기 이익을 추구하지만, 동시에 사회 속에서 살아간다. 따라서 이기주의를 무조건 비난하기보다는 자기 이익과 사회적 책임 사이에서 균형을 찾는 것이 중요하다. 개인의 이익과 행복을 존중하면서도, 타인과 조화를 이루는 방향으로 이기주의를 실천하는 것이 더 나은 사회를 만드는 데 이바지할 수 있을 것이다.

개와 고양이에 대한
새로운 접근

🔍 | 개를 좋아하는 사람 VS 고양이를 좋아하는 사람

반려동물을 키우는 사람이 천만 명이 넘는 시대다. 이렇듯 반려동물 문화가 자리 잡으면서 '펫(Pet)'과 관련된 신조어가 많아졌다. 예를 들면, 펫팸족은 반려동물을 뜻하는 '펫(Pet)'과 가족을 뜻하는 '패밀리(Family)'의 합성어로, '반려동물을 가족처럼 여기며 아낌없이 투자하는 사람'을 뜻한다. 쉬운 우리말로 하면 '반려동물 돌봄족' 정도가 된다. 또 '자녀를 낳는 대신 반려동물을 키우는 사람들'을 이르는 딩펫족이라는 표현도 있다. 이는 맞벌이를 하면서 아이를 낳지 않는 '딩크족'과 '펫(Pet)'의 합성어이다. 국립국어원에서는 '맞벌이애완족'을 우리말 순화어로 정했다. 이외에도 '반려동물이 죽은 뒤에 경험하는 상실감과 우울 증상'을 펫로스 증후군이라고 하는데, 국립국어원은 우리말 순화어로 '반려동물 상실 증후군'이라고 명했다.

이처럼 반려동물이 우리 삶에서 차지하는 비중이 커진 만큼, 대표적인 반려동물인 개와 고양이에 관한 관심도 높아지고 있다. 그런데 개를

좋아하는 사람과 고양이를 좋아하는 사람 사이에는 단순한 취향 차이를 넘어 심리적·사회적 생활 방식의 차이가 존재한다는 사실을 알고 있는가? 지금부터 그 차이를 하나씩 살펴보자.

먼저 심리적 특성을 보면, 개를 좋아하는 사람(Dog People)은 대체로 외향적이고 사람들과의 교류를 즐기는 성향이 강하다. 개의 충성심과 사회적 성격에 매력을 느끼며, 협력과 팀워크를 중요하게 여긴다. 또한 규칙적이고 구조적인 삶을 선호하고, 명확한 책임감을 가지는 경우가 많다. 연구에 따르면, 개를 좋아하는 사람은 권위를 존중하고, 사회적 질서를 중시하는 경향이 있다고 한다. 반면, 고양이를 좋아하는 사람(Cat People)은 상대적으로 내향적인 성향이 강하며, 혼자 있는 시간을 즐기는 경우가 많다. 고양이의 독립적이고 신비로운 성격에 끌리며, 자기 자신도 자유와 고독을 중시하는 경향이 있다. 또한 창의적이고 직관적이며, 기존의 틀에서 벗어난 사고를 자주 하는 특징이 있다. 연구에서는 고양이를 좋아하는 사람이 개방적이고 감정적으로 섬세한 성향을 보인다고 한다.

생활 방식에서도 차이를 보이는데, 개를 좋아하는 사람은 활동적이고 야외 활동을 선호하는 경우가 많다. 개와 시간을 보내기 위해 규칙적인 생활 습관을 유지하려고 하며, 책임감과 의무감이 강한 성향을 보인다. 이와 달리 고양이를 좋아하는 사람은 실내 생활에 익숙하고, 개인적인 공간을 중요하게 여긴다. 고양이는 독립적인 성향이 강하기 때문에, 상대적으로 손이 덜 가고 바쁜 생활과 잘 맞는다. 그래서 개처럼 강한 유대감보다는 동반자적인 관계로 여겨지는 경우가 많다.

사회적 관계 측면에서, 개를 좋아하는 사람은 사회성이 강하고, 다른 사람들과 관계를 맺는 데 적극적이다. 개와 함께 산책하거나 공원에서 시간을 보내면서 자연스럽게 사람들과 교류하는 경우가 많다. 또한 집단 활동을 선호하고 관계에서 충성심과 일관성을 중요하게 여긴다. 반면, 고양이를 좋아하는 사람은 관계를 천천히 형성하며, 소수의 깊은 관계를 선호하는 경우가 많다. 또한 혼자 있는 시간을 즐기고, 자율성과 경계성을 중요하게 여기는 성향이 강하다.

문화적·진화론적 관점에서 보더라도 개와 인간의 공생 관계는 약 3만 년 전, 인간이 수렵 채집 사회에서 정착 생활로 전환하던 시기부터 시작되었다. 개는 인간과 함께 사냥하고, 보호하며, 협력하는 역할을 했다. 이러한 이유로 개는 충성심, 보호, 봉사의 상징으로 여겨져 왔고, 개를 좋아하는 사람도 대체로 사회적이고 봉사적인 성향을 띠는 경우가 많다. 고양이는 약 9000년 전, 농경 사회가 시작되면서 인간과 공생하기 시작했다. 주로 곡물 저장소에서 쥐를 잡는 역할을 하며 인간의 생존에 이바지했지만, 개처럼 강한 충성심을 보이기보다는 독립적인 태도를 유지했다. 이 때문에 고양이는 독립성과 신비로움을 상징하는 동물로 여겨졌으며, 이를 좋아하는 사람들도 대체로 개인주의적이고 지적 활동을 선호하는 경향이 강하다.

2014년 'Carroll University 연구'에 따르면, 개를 좋아하는 사람은 외향적이고 규칙적이며, 사회적 욕구가 높은 성향을 보였고, 고양이를 좋아하는 사람은 독립적이고 창의적이며, 감정적으로 섬세한 성향을 나타냈다고 한다.

하지만 이러한 차이에도 불구하고, 개를 좋아하든 고양이를 좋아하든 반려동물을 아끼고 사랑한다는 점은 같다. 개든 고양이든 사람들은 반려동물을 통해 애정, 돌봄, 유대감을 원하고, 정서적 안정과 즐거움을 얻는다. 이제 반려동물은 단순한 동물을 넘어 사람들에게 감정적 안정과 관계적 만족을 제공하는 중요한 존재가 되었다. 반려동물은 이제 인간에게 '치유적 존재'로 자리 잡았고, 삶의 질을 높이는 '소중한 동반자'가 된 지 이미 오래다.

'Pride'의
두 얼굴(이중성)

> 🔍 | '자부심'과 '오만'의 경계에서…

우리말에서 자부심(自負心)은 '자신의 가치나 능력을 믿고 당당히 여기는 마음'을 의미하지만, 오만(傲慢)은 '거만하고 건방진 태도'를 뜻한다. 거의 반대 개념처럼 보이지만, 영어 단어 'Pride'는 맥락에 따라 자부심 혹은 오만으로 해석된다. 왜 그럴까?

먼저, 'Pride'는 고대 영어 'pryde'[15]에서 유래했으며, 이는 중세 영어의 proud와 연결된다. 원래는 '고귀함'이나 '자긍심' 같은 긍정적인 의미였지만, 이후 종교적·도덕적 해석이 덧붙여지며 '오만'이나 '교만'이라는 부정적인 뜻도 가지게 되었다. 특히, 기독교 전통에서 'Pride'는 '7대 죄악(Seven Deadly Sins)'[16] 중 하나로 교만(hubris)과 연결되면서 부정적인 뉘앙스가 강화되었다. 하지만 세속적 의미에서는 Pride가 주로 '긍정적

---

15 Obsolete spelling of pride (obsolete)=더 이상 쓸모가 없는, 한물간, 구식의(=out of date)
16 보통 7대 죄악, 7죄악 등으로 불리나 공식 명칭은 7가지 근원적인 죄 혹은 칠죄종(七罪宗, 라틴어: septem peccata capitales)으로 교만, 인색, 질투, 분노, 색욕, 탐욕, 나태이다.

인 자부심', '정당한 긍지'를 뜻한다. 이런 변화 과정을 거치면서 'Pride'는 맥락에 따라 자부심(긍정적)과 오만(부정적)으로 모두 해석될 수 있는 단어가 되었다.

긍정적인 의미의 Pride(자부심)는 자기 능력이나 가치에 대한 긍정적인 확신을 의미한다. 이는 노력의 결과로 얻어진 정당한 긍지이며, 건강한 자존감(Self-esteem)과 연결된다. 자부심이 있는 사람은 자신의 가치를 인정하면서도 타인을 존중한다. 부정적인 의미의 Pride(오만)는 겸손이 결여된 태도이며, 남을 깎아내려 자신을 높이려는 태도다. 자기 우월감에 빠져 타인을 무시하거나 근거 없는 자만심을 가지는 경우다. 현실을 직시하지 못하고 자기 과신에 빠지는 모습이 오만의 특징이다. 자부심과 오만의 차이는 자기 평가의 기준이 어디에 있느냐에 달려 있다. 자부심은 자신의 노력과 성취를 바탕으로 하지만, 오만은 타인과 비교하여 자신을 우월하게 여기려는 태도에서 비롯된다.

또한 자부심은 자존감과도 비교되는데, 자부심(Self-pride)은 "내가 이 일을 해냈어!"처럼 '내가 해낸 일'에 대한 긍정적인 평가라면, 자존감(Self-esteem)은 "나는 가치 있는 사람이야"처럼 '내 존재 자체'에 대한 긍정적인 가치를 뜻한다. 건강한 자부심은 자존감을 강화하지만, 과한 자부심(오만)은 자존감을 불안정하게 만든다.

니체(Nietzsche)는 '초인(Übermensch[위버멘쉬])' 개념과 관련하여 자부심은 '인간이 성장하기 위한 필수 요소'지만 오만은 '타인의 성장을 막는 장애물'이라고 했다. 프로이트(Freud)는 '자아(Ego) 이론'을 통해 자부심은 '건강한 자아(Ego)의 기능'인데 반해서 오만은 '자아 과잉(Ego inflation)' 상태라고 말했다. 즉, 자부심은 자신의 정체성을 긍정하는 데 도움이 되지만, 오만은 자아를 과대평가하여 현실을 왜곡하게 만든다.

영국의 작가 제인 오스틴(Jane Austen)의 소설『오만과 편견』에서 Pride가 오만으로 번역된 이유는 남자 주인공 '다아시(Darcy)'의 성격을 상징한다. 그는 처음에 여주인공 엘리자베스에게 거만한 태도를 보이며 자신이 남들보다 우월하다고 여긴다. 이는 '긍정적인 자부심'이 아닌 '부정적인 오만'에 가까워서 오만(傲慢)으로 번역한 것이다. 즉, 소설에서는 'Pride'가 자기 우월감과 타인 경시의 태도를 의미했기 때문에 오만으로 번역했다.

그렇다면 오만과 자부심을 나누는 기준은 무엇일까? 다음의 3가지 관점에서 생각해볼 수 있다. 첫째, '타인을 존중하는가?' 여부다. 자부심은 자신의 성취에 대해 당당하지만, 타인을 존중한다. 하지만 오만은 자신이 우월하다고 생각하며 타인을 깎아내리고 깔본다. 둘째, '성장 가능성이 있는가?'라는 측면이다. 자부심은 발전하려고 노력하며 피드백을 받아들이지만 오만은 남을 무시하며 자기 잘못을 인정하지 않는다. 셋째, '사회적 영향은?' 자부심은 타인에게 긍정적인 영향을 주는 반면, 오만은 타인에게 거부감을 주고 관계를 해친다. 즉, 자부심은 '건강한 자존감'과 연결되며, 오만은 '자기 과신'과 연결된다.

정리하면 Pride는 자부심과 오만, 2가지 얼굴을 갖고 있다. 오만은 타인과 비교하며 자신을 우월하다고 여기지만, 자부심은 자신의 노력과 가치를 긍정하는 태도다. 결국, 자부심과 오만의 차이는 겸손과 타인에 대한 태도(존중)에서 갈린다. 어찌 보면 백지장 한 장 차이일 수도 있다. 하지만 그 작은 차이가 개인의 성장과 관계 형성에 큰 영향을 미친다.

그렇다면 우리는 어떻게 살아야 할까? 건강한 자부심을 가지되, 타인을 깔보지 말고, 타인을 존중하며 피드백을 수용해야 한다. 자신의 성취를 기뻐하되, 끊임없이 배우려는 자세를 가져야 한다. "나는 최고야!"가 아니라 "나는 앞으로 더 나아질 수 있어!"라고 생각하는 것이 자부심과 오만의 경계를 잘 지키는 방법이다.

PART
04

인간에 대한 이해

합리화에
대하여

> 🔍 우리는 늘 (나도 모르게) 합리화하며 살고 있다

합리화(Rationalization)는 프로이트가 제안한 방어 기제(defense mechanism) 중 하나로 자신의 행동, 생각, 감정을 합리적이고 사회적으로 수용할 수 있는 이유로 정당화하는 과정이다. 쉽게 말해, 부정적인 사건을 긍정적으로 포장하거나 감정적 상처와 실망을 회피하기 위해 구실을 만들어내는 심리적 기제다. 이솝 우화 중 하나인 '여우와 (신)포도'가 대표적인 예다. 여우는 먹고 싶었던 포도를 따지 못하자 "저 포도는 어차피 시었을 거야"라고 스스로 위로하며 체념한다. 이는 합리화를 단적으로 보여주는 사례다.

이러한 합리화는 '자기 합리화'와 '사회적 수용'이라는 2가지 중요한 특징이 있다. 먼저 자기 합리화(Self-justification)는 자기 행동이나 결정을 정당화하는 과정이다. 이를 통해 자신의 선택이 옳았다고 믿으며, 그에 따른 책임감을 완화하거나 회피할 수 있다. 예를 들어, 시험을 망친 사람이 "어차피 이번 시험은 문제가 이상했어"라고 생각하는 것이 '자기 합

리화'다. 사회적 수용(Social acceptability)은 자기 행동이나 결정을 타인에게 이해시키거나 변명하는 과정이다. 사람은 단순히 자기만 이해하는 것이 아니라, 타인도 이를 받아들이도록 만들려는 경향이 있다. 예를 들어, 다이어트를 하겠다고 선언한 사람이 친구들과의 모임에서 피자를 먹으면서 "오늘은 특별한 날이니까 괜찮아"라고 말하는 경우가 이에 해당한다. 이런 과정이 반복되면 결국 본인 스스로 그 이유를 진짜라고 믿게 된다. 즉, 합리화는 자기 자신을 먼저 설득한 뒤 타인까지 설득하는 방향으로 작용한다.

인간은 누구나 '합리화'하며 살아간다. 이는 생존을 위한 진화 과정에서 습득한 본능이기도 하다. 합리화를 통해 스트레스를 해소하고 불안을 관리할 수 있기 때문이다. 예를 들어, 평소 10,000원 하는 물건을 어렵게 최저가로 8,000원에 샀을 때, 그 순간 뿌듯함은 이루 말할 수 없을 것이다. 그런데 얼마 지나지 않아 누군가 그것을 7,000원에 샀다는 사실을 알게 된다면? 처음에는 순간적으로 실망할지 모르지만, 곧 "아마 그 물건은 분명히 짝퉁일 거야"라고 생각할 가능성이 높다. 여기서 중요한 점은 그 물건이 실제로 짝퉁인가, 아닌가가 아니라 그렇게 생각해야 내 마음이 편하고 편하기 때문이다. 이것이 바로 자기 합리화의 전형적인 예다.

그렇다면 합리화는 무조건 나쁜 걸까? 꼭 그렇지는 않다. 적절한 합리화는 정신 건강에 긍정적인 영향을 미칠 수도 있다. 스트레스와 불안을 줄이고, 실수나 실패를 재해석하면서 회복을 돕기도 한다. 또한 자아를 보호하고, 삶의 일관성을 유지하는 데도 도움을 준다. 하지만 부정적인 측면도 있다. 합리화를 지나치게 하면 책임을 회피하고 현실을 왜곡하게 된다. 예를 들어, 자신의 실패를 항상 외부 탓으로 돌린다면, 결국은 발전할 기회를 놓치게 된다. "나는 원래 운이 없어서 그래", "저 사람은 나를 싫어하는 게 분명해" 같은 생각이 반복되면, 자신을 객관적으로 돌아보는 능력이 점점 사라질 수도 있다.

그렇다면, 합리화의 부작용을 피하는 방법은 없을까? 가장 좋은 방법은 자기 객관화(Self-objectification)다. 자기 객관화란 '내가 나를 알아차리는 것'이다. 즉, 있는 그대로의 나, 내가 바라는 나, 그리고 남들이 보는 나의 차이를 인식하는 과정이다. 소크라테스의 "너 자신을 알라" 역시 자기 객관화를 의미한다고 볼 수 있다. 하지만 사람은 본능적으로 자신을 합리화하며 살아가기 때문에 의식적으로 연습하지 않으면 자기 객관화는 자동으로 이루어지지 않는다. 그렇기에 자기 객관화를 위해서는 끊임없는 노력이 필요하다.

또한, 합리화와 객관화 사이의 균형도 중요하다. 지나친 객관화는 삶을 너무 건조하고 우울하게 만들 수도 있기 때문이다. 때로는 약간의 합리화가 우리를 위로해줄 수도 있다. 중요한 건, 합리화를 하되 그 사실을 인지하고 있는 것, "내가 지금 이 상황을 이렇게 해석하는 게 정말 맞는 걸까?"라고 한 번쯤 스스로에게 질문해보는 것이다.

이렇듯 우리는 의식적이든 무의식적이든 끊임없이 내 생각과 선택을 합리화하며 살아간다. 그것이 합리화라는 사실조차 인식하지 못한 채로 말이다.

인간이 장난을 치는
이유 I

> 🔍 | 인간만 장난을 치는 걸까?

'장난'하면 무엇이 떠오르는가. 나는 '어린 시절 개구쟁이 친구들과 함께 어른들에게 "장난치지 마라"라는 말을 들었던 기억이 난다. 아마 많은 사람이 비슷한 경험이 있지 않을까? 나만의 생각인지 궁금하다.

사전에서 '장난'을 찾아보면 ① 주로 어린아이들이 재미로 하는 짓, ② 심심풀이 삼아 하는 짓, ③ 짓궂게 하는 못된 짓이라는 뜻이다. '장난'은 본래 놀이나 농담을 가리키는 중립적 의미였지만, 요즘은 '가벼운 행동'이나 '심술궂은 짓'처럼 조금은 부정적이고 확장된 의미로 쓰이기도 한다.

장난이라는 단어는 17세기 이전에는 없던 말이라고 한다. 2가지 설이 있는데, 하나는 오랜 기간 구어체로 사용되다가 정착됐다는 설이고, 다른 하나는 '장'은 단독으로 쓰이지 않으며, '난(亂)'은 어지럽다, 어수선하다는 뜻에서 유래했다는 설이다. 실제로 장난의 옛말은 '작난'인데, 이는 한자 '作亂(작난)'에서 왔다. '작난'은 '작란'으로도 표기된다.

그런데 여기서 한 가지 의문이 있다. '장난을 하다'가 아니라 왜 '장난을 치다'라고 할까? 우리말에서 '~하다'는 비교적 일반적이고 중립적인 표현이지만, '~치다'는 행동을 더 강조하고, 능동적이며 짓궂은 요소가 포함될 때 사용된다. 즉, 단순한 행동이 아니라 좀 더 적극적이고 예측 불가능한 성격이 있다는 의미다.

그렇다면 장난은 인간만 하는 행동일까? 아니다. 많은 동물이 다양한 형태로 장난(play)을 즐긴다. 동물들의 장난은 본능적이고 진화적으로 중요한 역할을 하며, 이는 인간의 장난과 비슷한 기능을 가지고 있다. 예를 들면, 영장류인 침팬지와 고릴라는 서로 추격하거나 몸싸움하면서 사회적 관계를 형성하고, 갈등 상황에서 스트레스를 줄인다. 육식 동물인 사자와 늑대의 새끼들은 서로 물어뜯고 쫓아다니며 사냥 기술과 협동 능력을 익힌다. 돌고래는 물 위로 뛰어오르거나 물체를 주고받으며 협동과 지능을 발달시킨다. 이는 인간의 놀이처럼 복잡한 사회적 의미를 가질 수도 있다.

그렇다면 이런 장난이 포유류에게서만 나타나는 특징인가? 그것도 아니다. 조류인 까마귀와 앵무새는 물건을 떨어뜨리거나 숨기는 행동을 한다. 이는 주변 환경에 대한 호기심과 문제 해결 능력을 키우는 과정으로 볼 수 있다. 그리고 펭귄은 서로를 쫓아다니거나 물속에서 빙빙 돌기 등의 장난스러운 행동으로 스트레스를 해소한다.

이렇듯 많은 동물이 장난을 치는데, 인간의 장난과는 무엇이 다른가? 먼저, 인간의 놀이와 공통점부터 찾아보자. 인간과 동물 모두 장난을 통해 사회적 유대를 형성하고, 생존 기술을 익히며, 스트레스를 해소하고 심리적 안정감을 얻는다. 하지만 차이점도 있다. 인간의 장난은 농담이나 역할극처럼 언어, 문화, 상징을 활용한 복잡한 형태를 띤다. 반면, 동물의 장난은 주로 신체적 놀이에 집중된다. 동물도 도구를 사용하지만, 인간처럼 정교한 형태는 아니다. 인간은 다양한 도구와 기술을 활용해 더욱 창의적인 장난을 친다. 또한 동물의 장난은 생존과 직결되는 경우가 많다. 하지만 인간은 단순한 재미와 유희를 위한 장난도 친다.

나는 개인적으로 '장난을 장난으로 받아들이지 못하는 사람'이야말로 곁에 두어선 안 되는 사람 중 하나라고 생각한다. 유머를 이해하지 못하거나 모든 장난을 공격적으로 받아들이는 사람과 함께 있으면 피곤하다. 물론 장난도 선을 지켜야 하지만, 삶에서 유머와 가벼운 장난이 사라진다면 너무 삭막하지 않을까?

결론적으로 장난은 인간만의 특성은 아니다. 하지만 인간은 장난을 단순한 놀이를 넘어 창의력과 문화적 표현으로 확장하는 능력을 갖췄다는 점에서 독특하다. 그리고 적절한 장난은 인간관계를 더욱 가깝게 만들 수 있다. 그렇다면, 오늘 누군가에게 가볍고 기분 좋은 장난을 한번 쳐보는 건 어떨까?

인간이 장난을 치는 이유 Ⅱ

🔍 | **장난이 갖는 다양한 의미**

예전보다는 나아지기는 했지만, 장난을 잘 치는 사람을 아직도 '가벼운 사람'이라거나 '신뢰하기 어려운 사람'으로 바라보는 인식이 남아있다. 하지만 실제로 장난을 잘 치는 사람은 매우 똑똑하고, 창의적인 사람인 경우가 많은데 말이다.

인간이 장난을 치는 이유 Ⅰ에서는 장난의 어원과 동물의 장난을 인간의 장난과 비교해보았다. 이번에는 인간이 장난을 치는 이유를 심리적, 사회적, 그리고 진화론적 관점에서 살펴보려 한다. 장난은 단순히 재미를 위한 행동을 넘어 인간의 발달과 사회적 상호작용에 중요한 역할을 한다.

먼저 심리적 관점에서 보자면, 첫째, 유희적 동기(Playful Motivation)라는 측면이다. 장난은 유희(play)의 일종으로, 인간의 내재적 동기에서 비롯된다. 스트레스를 줄이고 긍정적인 정서를 촉진하며, 심리적 만족감을 제공한다. 둘째, 장난은 창의적 사고를 촉진한다. 장난을 치면서 규칙에 얽매이지 않고 새로운 행동을 시도하는 과정에서 창의성이 발현된다. 셋째, 감정 해소 기능으로 긴장된 상황에서 가벼운 장난을 통해 분위기를 전환하거나 스트레스를 완화할 수 있다. 넷째, 사회적 탐색 수단으로의 가치다. 장난은 관계의 친밀도를 측정하거나 상대방이 허용하는 행동의 경계를 탐색하는 수단이 되기도 한다.

다음은 사회적 관점으로, 친밀한 관계에서 장난은 신뢰를 쌓고, 상대방과의 연결성을 확인하는 방식으로 사회적 유대(social bonding)를 강화한다. 또한, 장난은 집단 내에서 긴장된 분위기를 완화하고 긍정적인 분위기를 만드는 데 도움이 된다. 그리고 사람들은 어린 시절 장난을 통해 무엇이 허용되고 허용되지 않는지를 배우면서 사회적 규범과 규칙을 익힌다.

진화론적 관점에서 봤을 때, 장난은 진화 과정에서 생존에 필요한 기술을 연습하는 방법으로 발전했다. 즉, 인간은 장난을 통해 협력, 경쟁, 문제 해결 능력을 배운다. 예를 들어, 가벼운 몸싸움이나 말장난을 통해 갈등 해결 능력과 집단 내 경쟁력을 키우는 식이다. 또한 장난은 유머와 결합하여 짝짓기 전략으로 활용되는데, 유머 감각은 지능과 창의성의 지표로 짝짓기 선택에서 매력적인 요소가 될 수 있다. 그리고 협력적인 장난을 통해 집단 내 신뢰를 구축하고, 집단의 생존 가능성을 높였을 것으로 추정된다.

이번에는 아동 발달의 관점에서 생각해보자. 장난은 인지 및 사회적 기술 발달에 중요한 역할을 한다. 역할놀이를 통해 아이들은 상상력과 문제 해결 능력을 키우고, 친구와 장난을 치면서 공감과 타협 같은 사회적 기술을 학습한다. 다음은 인지적 유연성(Cognitive Flexibility)이라는 측면에서 장난은 아이들에게 창의적이고 유연한 사고를 하도록 도와 새로운 상황에 적응하는 능력을 강화한다.

마지막은 철학적 관점으로 니체(F. Nietzsche)는 삶을 놀이로 비유하며, 인간이 진지함에 얽매이지 않고 세상을 가볍고 유희적으로 바라보는 태도를 제안했다. 철학자들은 종종 유머와 장난을 인간만의 독특한 특성으로 간주하며, 장난이 삶의 긴장감을 해소하고 인간성을 회복시키는 중요한 요소라고 본다.

다다이즘(Dadaism)[17]과 초현실주의(Surrealism)[18] 또한 기존의 규칙과 질서를 파괴하는 장난스러운 접근을 통해 시작된 예술 운동이었다. 다다이즘은 전통적인 예술 개념을 조롱하며 무의미한 표현을 강조했고, 초현실주의는 무의식과 상상의 세계를 탐구했다. 이러한 움직임은 장난이 단순한 놀이를 넘어 혁신적 사고를 촉진하는 강력한 도구임을 보여준다.

---

[17] 모든 사회적·예술적 전통을 부정하고 반이성(反理性), 반도덕, 반예술을 표방한 예술 운동. 제1차 세계 대전 중 스위스 취리히에서 일어나 1920년대 유럽에서 성행한 것으로, 전반적으로 아무 의미가 없는 'dada'라는 단어를 통해 무의식이나 허무주의를 나타냈다.

[18] 비합리적 인식과 잠재의식의 세계를 추구하고 표현의 혁신을 꾀하는 전위적 문예사조로써 다다이즘의 격렬한 파괴 운동을 수정하여 발전시킨 예술 운동. 인간을 이성의 굴레에서 해방하고, 파괴와 창조가 함께 존재할 수 있는 '최고점'을 얻으려고 했다.

'거짓말'의 심리학

🔍 | 왜 우리의 뇌는 거짓말을 하는가?

우리는 하루 동안 얼마나 많은 거짓말을 할까? 옛날부터 "처녀가 시집가기 싫다", "장사꾼이 물건을 밑지고 판다", "노인이 빨리 죽고 싶다"라는 말이 세상의 3대 거짓말로 꼽혀왔다. 그리고 '딸 같은 며느리'가 21세기의 가장 큰 거짓말이라는 우스갯소리도 있다.

그렇다면 왜 우리의 뇌는 거짓말을 하는 걸까? 진화적 관점에서 인간은 경쟁에서 살아남기 위해 정보를 왜곡하거나 속임수를 사용해왔다. 이러한 전략은 생존과 번식에 유리하게 작용했다. 또한, 사회적 관계를 유지하거나 갈등을 피하기 위해서도 때때로 진실을 숨기거나 거짓말을 한다. 심리적 관점에서 거짓말은 자기방어 기제로 작용한다. 실수나 위협으로부터 자신을 보호하거나, 자신의 이미지를 더 좋게 보이기 위해 과장하거나 허위를 말하기도 한다. 또한, 물질적 이익이나 목표 달성과 같은 욕구를 충족시키기 위해 거짓말을 하는 경우도 많다.

거짓말을 할 때 활성화되는 뇌의 주요 영역은 다음과 같다. 전두엽 특히, 전전두피질(Prefrontal Cortex)이 주 영역으로, 계획, 의사결정, 충동 억제, 논리적 사고를 담당하며, 복잡한 거짓말을 할 때, 필수적으로 작용한다. 다음은 편도체(Amygdala)로 감정을 처리하며, 거짓말할 때 나타나는 스트레스나 죄책감과 관련이 있다. 그러나 반복적인 거짓말은 편도체의 반응을 둔화시켜 점점 더 쉽게 거짓말을 하게 만든다. 측두엽(Temporal Lobe)도 관련이 있는데, 기억과 언어 처리를 담당하며, 이전에 한 거짓말을 기억하고 새로운 상황에 맞게 적용하는 역할을 한다. 뇌간(Brain Stem)과 후두엽(Occipital Lobe)은 거짓말 중에 나타나는 표정이나 목소리 변화와 같은 비언어적 신호를 조정한다. 무엇보다도 거짓말은 진실을 말하는 것보다 더 많은 인지적 노력을 요구한다. 이는 진실과 거짓이라는 2가지 현실을 동시에 관리해야 하기 때문이다.

우리는 하루에도 얼마나 많은 거짓말을 할까? 1996년, 심리학자인 벨라 데파울로(Bella DePaulo)의 연구에 따르면 사람들은 평균적으로 하루 1~2번 이상 거짓말을 한다고 한다. 하지만 그녀는 대부분의 거짓말이 악의적인 목적보다는 사회적 상호작용을 원활하게 하기 위한 것이라고 강조했다. 2010년, 미국의 한 설문조사에 따르면 70% 이상이 자신을 '정직한 사람'이라고 생각한다고 답했다. 그러나 같은 설문에서 응답자 중 약 27%는 하루에 한 번 이상 거짓말을 한다고 인정했으며, 10%는 하루에 5번 이상 거짓말을 한다고 응답했다. 이처럼 많은 사람들이 자신의 거짓말을 화이트 라이(White Lie)로 분류하며, 타인에게 해를 끼치지 않는 거짓말이라면 괜찮다고 여긴다.

이렇듯 거짓말이 반드시 나쁜 것만은 아니다. 적절한 거짓말은 상대방의 감정을 보호하고 불필요한 갈등을 피하며, 사회적 관계를 강화할 수도 있다. 또한, 자기 위로를 위한 거짓말은 심리적 안정감을 제공하고,

긴급한 상황에서는 문제를 일시적으로 해결해 위기를 모면하는 데 도움이 된다.

그러나 거짓말은 신뢰를 무너뜨릴 위험이 크다. 지속적으로 거짓말을 유지하기 위해서는 기억해야 할 것이 많아져 스트레스가 증가하고, 죄책감이 따를 수도 있다. 반복적인 거짓말은 도덕적 기준을 점점 낮추고 더 큰 거짓말로 이어질 가능성이 있으며, 결국에는 자신조차 거짓말을 하고 있다는 사실을 인식하지 못하는 상태에 이를 수도 있다.

거짓말을 하는 사람들에게서 공통으로 나타나는 특징을 알아두면 좋을 것 같아서 덧붙인다. 첫째, 그들은 일인칭 대명사를 잘 사용하지 않는다. 마치, 다른 사람 이야기하듯 말하는 경향이 있다. 둘째, 문장의 길이가 일반적이지 않다. 거짓말을 감추기 위해 문장이 짧아지거나 반대로 변명을 위해 길어지기도 한다. 셋째, 보통 사람들보다 감정이 담긴 단어를 많이 사용한다.

거짓말은 인간 본성의 일부로 진화적 생존 전략, 사회적 관계 유지, 심리적 안정 등 다양한 목적을 갖는다. 그러나 거짓말이 신뢰와 도덕성에 미치는 영향이 크기 때문에 신중하게 사용해야 한다. '우리는 모두 거짓말쟁이이지만, 어떤 거짓말은 삶을 부드럽게 만들고, 어떤 거짓말은 삶을 망가뜨린다'라는 거짓말의 본질을 이해하고, 이를 통해 더 나은 선택을 해야 한다. 그리고 마지막으로, 별다른 이유 없이 지나치게 친절한 사람은 한 번쯤 경계해볼 필요가 있다.

'MBTI'에 대하여

> 🔍 | 왜 사람들은 MBTI에 집착하는가?

요즘 TV 프로그램이나 유튜브를 보면 사람들이 서로 "너 T야, F야?" "에이~ I가 맞네" 같은 MBTI 관련 대화를 나누는 모습을 쉽게 볼 수 있다. 그런데 이런 'MBTI식 성격유형론' 열풍이 유독 우리나라에서 더 뜨겁다는 사실을 알고 있는가?

먼저 MBTI가 무엇인지부터 짚어보자. MBTI(The Myers-Briggs Type Indicator)는 마이어-브릭스 유형 지표의 약자로, 칼 융(Carl G. Jung)의 심리 유형론을 바탕으로 만들어진 심리검사다. 마이어-브릭스 성격 진단 또는 성격 유형 지표라고도 한다. 이 검사는 브릭스(Katharine Cook Briggs)와 마이어(Isabel Briggs Myers) 모녀가 1921년부터 연구를 시작해 1975년까지 여러 차례 개정을 거쳐 발전시킨 것이다.

MBTI의 척도는 외향형(Extraversion)과 내향형(Introversion), 감각형(Sensing)과 직관형(iNtuition), 사고형(Thinking)과 감정형(Feeling), 그리고 판단형(Judging)과 인식형(Perceiving)의 4가지의 분리된 선호 경향을 조

합해 2×2×2×2=16, 총 16개의 성격 유형으로 나뉜다. 한국에는 1990년대에 도입되었으며, 최근 몇 년 사이에 폭발적인 인기를 끌고 있다.

이런 엄청난 유행에도 불구하고 전문가들은 그 신뢰성과 타당성에 대해 매우 비판적이다. 가장 큰 문제는 낮은 재검사 신뢰도다. 연구에 따르면 동일한 사람이 불과 5주 후에 다시 검사를 받았을 때, 검사자의 39~76%가 다른 결과를 얻는다고 한다. 심지어 어떤 전문가는 '중국의 포춘 쿠키[19]와 다를 바가 없다'라고까지 평가하기도 한다. 즉, MBTI는 과학적인 성격 검사라기보다는 현재 (각 개인의) 심리상태를 반영하는 일종의 참고 자료 정도로 보는 것이 적절하다.

그렇다면 이렇게 비판이 많음에도 불구하고 왜 한국에서는 MBTI가 열광적으로 소비될까? 그 이유는 크게 2가지로 볼 수 있다. 첫째, 한국 사람들은 다른 여느 나라 사람들보다 관계성을 중시하면서도 깊은 인간관계를 맺는 것을 어려워하는 경향이 있다. 새로운 사람을 만나고 알아가는 과정이 부담스럽기 때문에 MBTI를 통해 상대방을 손쉽게 파악하고 구별하려는 심리가 작용한다. 마치 성격 유형이라는 라벨을 붙여 '나와 맞는 사람인지, 아닌지'를 빠르게 판단하려는 것이다. 둘째, 많은 사람들이 자기 자신에 대해 깊이 성찰하는 경험이 부족하다. '나는 어떤 사람인가?', '나는 무엇을 좋아하고, 어떤 일을 하고 싶은가?'에 대한 고민 없이 살아가는 경우가 많다. 이럴 때, MBTI는 간단한 검사만으로도 '아, 내가 이런 사람이었구나!'라면서 무릎을 '탁' 치게 만든다. 일종의 깨달음을 주며, 자신을 이해하는 도구로 쓰인다. 복잡한 자아 탐색 대신 손쉽게 자신을 정의할 수 있다는 점이 큰 매력으로 작용한다.

MBTI 열풍을 보면 과거 '혈액형 성격설'이 떠오른다. 한때 A형은 소

---

19 (중국 음식점에서 내놓는) 운수를 적은 쪽지가 든 과자

심하고, B형은 마이웨이(제멋대로)이며, O형은 활발하고, AB형은 독특하다(4차원)는 식의 고정관념이 유행했다. 심지어 30여 년 전 내가 소개팅할 때도 단골 소재였다. 하지만 이 지구상의 80억이 넘는 사람을 어떻게 4가지 유형으로 나눌 수 있을까? 황당한 일이지만, 사람들은 단순한 틀로 세상을 이해하려는 경향이 있다. 그리고 이제 그 역할을 MBTI가 대신하고 있다. 굳이 긍정적으로 보자면 혈액형보다는 유형이 16가지로 늘어나 조금 더 다양해졌다는 점에서 나아졌다고 할 수도 있다. 하지만 여전히 인간의 복잡한 성격을 단, 16가지 유형으로 규정하는 것은 무리한 시도다.

MBTI를 통해 자신과 타인을 이해하고, 적당한 수준에서 가볍게 즐기는 것은 괜찮다. 하지만 MBTI의 유용성은 딱 여기까지다. 너무 맹신해서 사람을 판단하는 기준으로 삼거나 성격 유형에 갇혀 자신을 제한하는 것은 지양(止揚)[20]해야 한다. MBTI는 어디까지나 참고용일 뿐, 사람을 단순화할 수 있는 도구가 아니라는 점을 명심해야 한다.

그렇다면 'MBTI 열풍, 도대체 언제까지 지속될까?' MBTI 열풍은 당분간 지속될 가능성이 크다. 과거 혈액형 성격설이 30년을 버텼던 걸 보면, MBTI는 그보다 더 오래 지속될지도 모른다. 결국, 이를 대체할 새로운 '스테레오 타입 도구'가 등장하기 전까지는 MBTI가 사람들 사이에서 손쉽게 자신과 타인을 분류하는 방식으로 활용될 것이다. 관계를 중시하면서도 관계 형성을 어려워하는 우리의 심리가 크게 변하지 않는 한, MBTI에 관한 관심이 쉽게 사그라지지 않을 것이다.

---

20 더 높은 단계로 오르기 위하여 어떠한 것을 하지 아니함.

'정의'란 무엇인가?

> ### 🔍 '정의'의 시작-부끄러움으로부터

'제우스가 인간에게 '부끄러움(αἰδώς, 아이도스)'과 '정의(δίκη, 디케)'를 주어 최고의 생명체가 되었다.'

-플라톤의 대화편《프로타고라스(Protagoras)》에서

그리스 신화에 따르면, 신들이 동물과 인간을 창조했을 때, 에피메테우스(뒤돌아보는 자)가 각 생명체에게 생존에 필요한 특성을 나눠주었다고 한다. 동물에게는 날카로운 발톱, 빠른 다리, 두꺼운 가죽 같은 생존 도구를 줬지만, 인간에게는 아무것도 남지 않았다. 이를 보완하기 위해 프로메테우스(먼저 보는 자)가 인간에게 불(기술과 지혜)을 훔쳐다 주었고, 인간은 이를 통해 생존할 수 있게 되었다. 하지만 인간들은 서로 협력하지 못해 갈등과 혼란에 빠졌고, 이를 해결하기 위해 제우스는 인간에게 '아이도스(부끄러움)'와 '디케(정의)'를 주었다. 이 신화는 인간이 자연적인 생존 능력 면에서는 다른 생명체들보다 약하지만, 도덕적 내면성과 사

회적 조화를 통해 최고의 생명체로 자리 잡았음을 상징적으로 보여준다.

먼저, 정의(Justice)란 무엇인가? 이 개념을 바라보는 접근 방식은 동양과 서양이 서로 다르다. 동양에서는 맹자(孟子)가 수오지심(羞惡之心)—'부끄러움을 아는 마음'을 인간의 4가지 도덕적 본성(사단) 중 하나로 보았다. '부끄러움'은 잘못된 행동을 부끄러워하고, 올바르지 않은 것을 미워하는 감정이며, 이는 정의(義)의 출발점이 된다. 또한 맹자는 〈의(義)〉—정의를 '마땅히 해야 할 일을 부끄러움 없이 행하는 것'으로 설명했다. 이러한 생각은 자연스럽게 염치(廉恥)—'체면을 차릴 줄 알며 부끄러움을 아는 마음'으로 연결된다. 염(廉)은 도덕적 기준이고, 치(恥)는 부끄러움을 아는 감각이다. 즉, 동양적 정의는 내면의 성찰에서 시작되며, 부끄러움은 개인을 돌아보는 힘이자 사회적 조화와 윤리적 판단의 근원이 된다.

반면 서양에서는 정의를 공정성과 연결해 이해한다. 마이클 샌델(Michael Sandel)은 그의 저서 『정의란 무엇인가』에서 정의를 공평한 규칙과 사회적 합의를 통해 실현하는 것으로 설명한다. 그는 공리주의(최대 다수의 최대 행복), 칸트주의(도덕적 의무와 원칙), 아리스토텔레스의 덕 윤리(최선의 삶)라는 3가지 관점을 중심으로 정의를 논의한다. 특히 존 롤스의 '공정으로서의 정의'를 강조하며, 정의는 공정한 규칙과 절차를 통해 모든 구성원이 동등한 기회를 누리는 것이라고 본다. 즉, 서양적 정의는 사회적 제도를 통해 개인 간 차이를 최소화하고, 객관적이고 합리적인 기준을 통해 실현된다.

하지만 샌델은 『정의란 무엇인가』에서 서양적 정의론의 한계를 지적하며 공동체주의적 관점을 제시한다. 그는 단순히 '공정한 규칙'만으로는 인간의 도덕적 책임과 사회적 유대감을 충분히 설명할 수 없다고 말한다. 이는 동양에서 강조하는 '부끄러움'이나 '염치'와 유사하다. 정의를 실현하려면 개인의 윤리적 책임과 공동체적 맥락을 함께 고려해야 한다는 것이다.

요즘 젊은이들에게 정의는 '공정' 그 자체다. '청탁에 의한 취업'이나 '불공정한 입시' 같은 문제에 민감하게 반응한다. 물론 공정은 정말 중요한 가치다. 하지만 공정함만으로는 세상의 모든 문제가 해결되지 않는다. 궁극적으로 정의는 내면의 윤리적 책임(부끄러움)과 사회적 공정성(공평함)이 균형을 이루며 완성된다. 그게 내 생각이다.

'감정'의 심리학

🔍 | 감정은 어떻게 우리를 조정하는가?

    세상의 그 누구도 우울해지고 싶어서 우울하고, 불안해지고 싶어서 불안한 사람은 없다. 어느 순간부터 우울해졌고, 갑자기 나도 모르게 불안해지는 것이다. 감정은 인간의 사고와 행동에 강력한 영향을 미치며, 의식적으로 또는 무의식적으로 우리의 선택과 결정을 조종한다. 감정은 원래 생존과 적응을 돕기 위해 진화했지만, 현대 사회에서는 오히려 우리의 행동을 왜곡하거나 예상치 못한 방식으로 통제하는 경우가 많다. 왜 그런지 지금부터 하나씩 살펴보자.
    감정의 가장 중요한 역할은 '생존을 위한 메커니즘'이다. 감정은 인간이 환경에 신속하게 반응하도록 돕는 도구로 진화했다. '두려움'은 위험 상황에서 빠르게 도망치거나 방어할 수 있도록 했으며, '기쁨'은 긍정적 행동을 강화하며 사회적 연결을 촉진했다. '분노'는 불공정한 대우에 맞서도록 동기를 제공하며, '슬픔'은 상실을 처리하고 회복할 시간을 갖게 한다. 이처럼 감정은 본래 우리의 생존과 적응을 돕기 위해 설계되었고,

그 과정에서 진화해왔다.

하지만 이런 감정의 가장 큰 특징은 논리적 사고보다 빠르게 반응한다는 점이다. 우리는 분노 상태에서 이성을 잃고 즉흥적으로 행동하거나 공포를 느낄 때 위험 여부를 충분히 검토하지 않고 회피하는 경우가 많다. 이러한 즉각적인 반응은 긍정적 감정일 때, 특정 행동을 반복하도록 만든다. 맛있는 음식을 먹고 느끼는 행복은 살이 찐다는 부정적인 결과를 알면서도 과식을 유도하고, 반대로 부정적인 감정은 실패에 대한 두려움으로 새로운 도전을 막아버린다.

또한 감정은 우리의 주의를 선택적으로 집중시키며, 현실을 왜곡하기도 한다. '분노'는 상대방의 의도를 부정적으로 해석하게 만들고, '우울'은 긍정적인 정보를 무시한 채 부정적인 정보에 더 집중하도록 만든다. 감정은 특정 기억을 더 선명하게 각인시키는데, 이를 감정적 기억 강화라고 한다. 예를 들어, 강렬한 감정을 동반한 사건은 더 오래 기억되는 경향이 있다. 그리고 감정 상태에 따라 사고가 편향된다. 행복할 때는 낙관적으로 판단하고, 불안할 때는 위험을 과대평가하는 식이다. 이와 같은 감정-행동 연결이 반복되면서, 스트레스를 받을 때마다 단 음식을 찾는 행동처럼 특정 습관으로 굳어지기도 한다. 더불어 감정은 전염되기 쉽다. 주변 사람들이 화가 나 있으면 나도 덩달아 분노를 느끼고, 주변이 우울하면 나 역시 기분이 가라앉는다.

그렇다면 부정적인 감정의 조정에서 벗어나거나 영향을 줄이는 방법은 무엇일까? 첫 번째는 자신의 감정을 자각하고 이름 붙이기다. 예를 들어, "지금 나는 불안하다"라고 현재의 감정을 명확하게 규정하면 감정을 객관적으로 바라볼 수 있다. 두 번째는 감정과 행동의 분리다. 즉, 감정과 행동이 즉각적으로 연결되지 않도록 노력하는 것으로 화가 나더라도 바로 반응하기보다는 한 걸음 물러서서 다시 한번 생각해보는 습관이 필요하다. 세 번째는 호흡법, 명상, 운동 등을 통해 강렬한 감정을 조절하는 것도 한 가지 방법이다. 이러한 방법들은 감정의 폭발적인 반응을 완화하는 데 효과적이다.

이렇듯 감정은 우리의 생존과 적응을 돕는 중요한 도구이면서, 동시에 우리의 사고와 행동을 비합리적으로 이끌어갈 수 있는 강력한 힘을 가지고 있다. 그렇다고 자신의 감정을 억제하거나 무시하라는 의미는 아니다. 감정의 본질을 이해하고 이를 관리하는 기술을 익히는 것은 우리의 삶을 더욱 풍요롭고 균형 있게 만드는 중요한 열쇠다. 감정은 우리의 적이 아니라 친구이자 동반자다. 물론 어떻게 다루느냐에 따라 달라지겠지만.

'나'는 누구인가?

> 🔍　　　　　'나'를 이해하는 첫걸음이란?

　소크라테스가 말한 "너 자신을 알라"는 도대체 무슨 뜻일까? 글자 그대로 '자신이 누구인지 정확하게 알아야 한다'라는 의미부터 '그래서 더 열심히 자신을 알기 위한 공부를 게을리하지 말아야 한다'라는 '자기 계발서'에나 나올 법한 이야기까지 다양하다. 『플라톤 전집』에 있는《소크라테스의 변명(辯論)》을 보면, "내가 돌아다니면서 하는 일이라곤 노소를 막론하고 "'여러분의 몸과 재산이 아니라 혼의 최선의 상태에 관심을 가져라'를 최우선으로 생각하도록 여러분을 설득하는 것이 전부니까요"라고 나와 있다. 말인즉슨 우리 각자가 자신의 혼을 최선의 상태로 끌어올려 최선의 것을 이루고 살아갈 수 있는 무한 가능성의 존재임을 깨우쳐 주기 위한 말이란다. 몇 번을 다시 읽어보아도 쉽지 않다.

　'나를 이해한다'라는 것은 단순히 자신에 대해 아는 것을 넘어 자기 생각, 감정, 행동, 동기, 가치관, 그리고 관계 속에서의 자신을 깊이 탐구하고 받아들이는 것을 의미한다. 이는 스스로 자기 인식, 자기 수용, 자기 탐구, 자기 성장의 과정(단계)을 모두 거쳐 '자기 성찰(Self Reflection)'에 이르는 전 과정이다.

좀 더 구체적으로 들어가보자. 첫째, '자기 인식(Self Awareness)'으로 이는 자신의 강점, 약점, 감정 상태, 욕망, 그리고 행동 패턴을 자각하는 것과 관련된다. 예를 들어, 특정 상황에서 불안감을 느낀다면, 그 이유를 파악하는 것이 '자기 인식'이다. 둘째, '자기 수용(Self Acceptance)'이다. 이는 자신의 장점뿐만 아니라 단점과 실수까지도 자신을 있는 그대로 받아들이는 것이다. "나는 실수를 했지만, 그것이 나를 정의하지는 않는다"라는 태도가 필요하다. 셋째, '자기 탐구(Self Exploration)'로 "내가 이 직업을 선택한 이유는 진짜 나의 열정인가, 아니면 사회적 기대 때문인가?"처럼 자신이 가진 믿음과 가치관에 대해 스스로 질문하고 답을 찾아가는 과정이다. 넷째, '자기 성장(Self Growth)'이다. 나에 대한 이해를 바탕으로 더 나은 방향으로 나아가기 위해 노력하는 것이다. "내가 자주 화를 내는 경향이 있구나. 그렇다면 감정을 잘 조절하는 방법을 찾아보자"라는 태도가 이에 해당한다.

이 모든 과정을 통틀어 '자기 성찰'이라 한다. "내가 가장 행복했던 순간은 언제인가?", "어떤 일이 나를 화나게 하는가?", "나는 왜 이런 결정을 내렸는가?" 같은 질문을 통해 자신을 탐구하는 것이다. 이때 중요한 것은 감정을 먼저 판단하지 않고 관찰하는 태도다. 또한 자기와의 대화(Self Dialogue)를 통해 "내가 왜 이런 생각을 하지?", "지금 내가 느끼는 불안은 어디에서 오는 걸까?" 같은 질문을 던지며, 자기를 깊이 이해할 수 있다.

다음 단계는 타인의 시선을 통해 나를 이해하는 '피드백 수용'이다. 피드백 수용은 친한 친구나 가족들이 알고 있는 나의 모습 그리고 나의 강점과 약점 등에 관해 물어보는 거다. 또한 "나는 어떤 상황에서 타인과 갈등을 겪는가?", "나는 ○○와 관계에서 무엇을 기대하는가?" 같은 질문을 통해 인간관계 속에서 나를 이해하는 방법이다.

다양한 철학자들이 '나'를 이해하는 방식에 대해 논의했다. 프로이트(G. Freud)는 무의식이 우리의 행동에 미치는 영향을 이해하는 것이 '나'를 이해하는 핵심이라고 했고, 융(K. G. Jung)은 자신의 그림자(Schatten, 숨겨진 자아)를 받아들이는 것이 진정한 자기 이해로 가는 길이라고 했다. 장자는 나에 대한 집착에서 벗어나 자연스럽고, 있는 그대로의 자신을 받아들여야 한다고 말했다. 이처럼 나를 이해하는 방식은 다양하지만, 공통으로 지적하는 점은 자기 자신을 직시하는 태도다.

'나'는 고정된 존재가 아니다. '정체성과 유동성'이라는 2가지 측면에서 보면, '나'는 그 누구와도 구별되는 유일무이한 존재이기도 하지만 고정되어 있지 않으며 시간이 흐르면서 변한다. 현재의 나뿐 아니라, 앞으로 변화할 나에 대해서도 열린 태도를 가져야 한다. 또한 "나는 왜 존재하는가?", "무엇이 나를 의미 있게 만드는가?" 같은 질문을 계속 던지면서 삶의 목적과 연결해보는 노력을 해보자.

'나'를 이해하는 과정은 단순한 자기 분석을 넘어 자신과 화해하고 성장하며, 타인과 조화를 이루는 삶을 위한 필수적인 과정이다. 이는 단번에 이루어지는 일이 아니라, 평생 지속되는 과정이다. 지금, 이 순간에도.

자기애와 나르시시스트

> 🔍 | 생각보다 훨씬 큰 차이?

나르시시스트(Narcissist), 즉 NPD(Narcissistic Personality Disorder) – '자기애성 인격장애'라는 말 때문인지는 모르지만 요즘 '자기애'가 부정적인 의미로 많이 쓰인다. 하지만 '자기애'란 '자기 자신을 소중히 여기고, 긍정적인 자아 개념을 형성하는 건강한 심리상태'를 뜻한다. 사전적으로도 '자기의 가치를 높이고 싶은 욕망에서 생기는 자기에 대한 사랑'이라고 나와 있다. 또한 '자기애'는 '나는 그래도 살만한 가치가 있는 존재'라는 느낌과 생각을 기반으로 하며, 자존감(Self-esteem)의 근거가 된다.

보통 주변에서 자기애가 조금 심한 사람들을 '나르시시스트'라고 부르지만, '나르시시즘'과 '자기애'는 차원이 다르다. 그들은 자기애를 넘어서 자기밖에 모르는 사람이다. 나르시시즘이란 '과도한 자기중심적 사고와 타인을 이용하는 성향을 보이는 병적인 심리상태'로, 이들은 자아 인식 수준이 왜곡되어, 과장된 자기 이미지와 우월감으로 꽉 차 있다. 이들은 늘 타인을 무시하고, 공감 능력이 부족하다. 다른 사람의 고통이나 고민을 가볍게 여기고, 자기중심적으로 해석한다. 타인의 비판에는 과민 반응을 보이며, 작은 지적에도 "네가 오해한 거야", "그건 내 잘못이 아니야"처럼 남을 비난하거나 변명을 늘어놓는다. 때로는 공격적으로 변하기도 하고, 절대 자신의 잘못을 인정하지 않고 남에게 책임을 돌린다. 자기 검증이 없으며, 모든 면에서 자기가 최고라는 식이다. "이번 일은 내가 아니면 안 됐을 거야", "쟤는 능력이 부족해서 안 돼" 같은 말을 자주 하며, 늘 자신을 과대평가하고 남을 깎아내린다.

또한 나르시시스트들은 타인을 이용해 자신의 이득을 취하려 하며, 연인, 친구, 동료를 감정적, 정신적으로 조종하는 경향이 있다. 이런 면에서 사이코패스나 소시오패스와도 유사하다. 처음에는 매우 매력적으로 보일 수 있지만, 시간이 지나면 자기중심적인 본성이 드러난다. 필요할 때는 친절하고 사교적이지만, 필요 없다고 판단되면 무시하거나 외면한다. 한마디로 변덕이 심하다. 연애, 우정, 직장 관계를 장기적으로 지속하기 어려우며, 자신에게 유리한 관계만 유지하려 하고, 불리해지면 관계를 쉽게 끊는다. 본인의 감정만 중요하고, 타인의 감정을 이해하려 하지 않는다. 부끄러움, 수치심, 슬픔과 같은 인간이라면 누구나 (당연히) 느껴야 하는 감정을 부정하고, 부끄러워해야 하거나 극단적인 상황에서 오히려 분노를 표출한다. 또한, 겉모습과 평판을 지나치게 신경 쓴다. 자신이 어떻게 보이는지에 집착하며, SNS에서도 자기 이미지를 극대화하려 한다. 이러한 '허영심'은 나르시시즘을 구성하는 핵심 요소다.

이들은 좋은 일이 있을 때는 잘 구별되지 않는다. 그러나 좋지 않은 결과에 대해서는 상대방에게 책임을 떠넘기고, 좋은 결과물은 모두 본인의 공이라고 자랑한다. 그리고 자신과 대립하는 모든 사람을 '악마화'하고, 주변인의 성공을 자신의 지위에 대한 위협으로 받아들인다. 이들을 쉽게 구별하는 '팁' 하나를 말하자면 그들과의 만남은 항상 나를 겉돌게 만든다. 새로운 사람을 소개받거나 소개하는 낯선 자리에서도 나에 대한 배려가 전혀 없고, 나를 꿔다 놓은 보릿자루로 만들어버린다. 내가 답하기 곤란한 질문을 반복하면서 나는 멍청한 '들러리'로 만들고, 본인이 돋보이게 한다. 이런 느낌이 지속된다면 상대가 나르시시스트가 아닌지 고민해봐야 한다.

그렇다면 이런 나르시시스트를 만났을 때, 어떻게 대처해야 할까? 첫째, 감정적으로 휘둘리지 않아야 한다. 이들은 늘 감정을 조종하려 하므로 감정적으로 대응하면, 오히려 그들의 조작에 말려들게 된다. 둘째, 이들은 끊임없이 타인과의 경계를 무시하고 허물려고 하므로 정확한 경계(한계)를 설정해야 한다. 무리한 요구를 하거나 이용하려 할 때 "내가 할 수 있는 부분까지만 도와줄게"처럼 명확한 선을 그어야 한다. 셋째, 그들의 (잘못된) 행동을 고치거나 바꾸려 하지 말라. 그러한 시도는 (당신의 기대와 달리) 성공 가능성이 거의 없으며, 오히려 스트레스만 초래할 가능성이 크다. 만약 이들이 지속적으로 정신적 스트레스를 준다면 관계를 끊거나 최소한의 거리로 유지해야 한다.

나르시시스트는 끊임없이 "네가 오해한 거야", "네가 너무 예민한 거야"라는 식으로 타인을 조종하고 심리적 조작(Gaslighting)을 한다. 그들과의 관계에서 늘 피곤하고 무기력한 느낌이 든다면 그것은 '가스라이팅'일 가능성이 높다. 그럴 때는 혼자서 문제를 해결하려고 하지 말고, 가족이나 친구, 그리고 정신과 진료를 포함한 전문가(상담사)와 소통하면서 감정적인 지원을 받아야 한다.

그런데 여기서 문제는 나르시시스트가 만들어내는 정서 전이에 특히 취약한 사람이 있다는 것이다. 우리는 이들을 "프로 공감러"라고 부르는데, 한마디로 정이 많고, 다른 사람의 감정을 무시하지 못하는 사람이다. 그들은 타인의 비언어적 감정 표현을 잘 알아채고, 음성 언어뿐만 아니라 몸짓을 통한 의사소통도 능숙하다. 하지만 그러한 공감이 지나쳐 쉽게 휘둘리는 게 문제다. 그들은 나르시시스트에게는 최상의 '먹잇감'이다.

미국의 심리학자이자 자기애 연구 전문가, 니나 브라운(Nina W. Brown)은 자기애를 5가지 유형[21]으로 나누고 병적인 자기애(Narcissistic Personality Disorder)가 아닌 자기애적 성향(Narcissistic Traits)의 사람들이 타인에게 미치는 영향에 관해 연구했다. 그의 연구에 따르면 "모든 나르시시스트가 병리적인 것은 아니지만, 그들의 성향이 대인관계에 미치는 영향은 심각할 수 있다"라고 했다. 또한 "자기애적 부모, 배우자, 상사와의 관계에서 벗어나기 위해서는 정서적 경계를 설정해야 한다." 그리고 "나르시시스트의 조종에서 벗어나려면, 자기 자신을 먼저 보호해야 한다"라는 점을 강조했다.

지금까지의 이야기를 정리해보자. 나르시시스트는 대인관계에서 공감 부족, 조작, 비판 회피 등 다양한 문제를 일으킨다. 우리는 그들의 행동을 바꾸려 하기보다는, 감정적으로 거리를 두고 명확한 경계를 설정해야 한다. 그리고 그들과의 관계에서 지치지 않도록 자신을 보호하는 전략을 먼저 세워야 한다. 그들은 끊임없이 나를 '소진'하게 만든다. 마지막으로 경고한다. 절대 그들을 고치려고 하지 마라. 그냥 피하는 게 최선의 길이다.

---

[21] 파괴적 자기애형(Destructive Narcissistic Pattern, DNP), 과잉보호형 자기애(Overt Narcissistic Pattern, ONP), 은밀한 자기애형(Covert Narcissistic Pattern, CNP), 사회적 성공형 자기애(Socially Successful Narcissistic Pattern, SSNP), 조종형 자기애(Manipulative Narcissistic Pattern, MNP)의 5가지 자기애 유형(Nina Brown's 5 Types of Narcissism)으로 나누었다.

'꼰대'에 대한
다양한 해석

> 🔍 | '꼰대'란 결국 역할 갈등이 아닐까?

나는 초등학교를 7세(만 6세 직전)에 들어가서 15세에 중3이었다. 당시 교회를 열심히 다녔고, 친구들과 함께 뭔가(행사)를 기획했는데, 어른들이 막아서 결국 그 일을 하지 못했다. 사실 그때 기획했던 일이 뭔지도 정확히 기억나지 않지만, 단 하나 '내가 어른이 되면, 15세 이상의 사람은 꼭 어른으로 대해주어야지'라고 다짐했던 기억만 남아있다.

꼰대를 사전에서 찾아보면, ① 은어로, '늙은이'를 뜻하는 말, ② 학생들이 '선생님'을 이르는 은어라고 되어 있다. 원래는 부모, 노인, 기성세대, 선생님을 비하하는 의미였지만, 점차 의미가 확장, 변형되어 연령대와는 상관없이 권위주의적인 사고방식을 가진 사람을 비하하는 별칭으로 사용되고 있다. 영어로는 old folks, fogey(fogy), Curmudgeon, Condescend 정도로 번역될 수 있으며, 행위를 의미하는 '꼰대짓'은 'bossy' 정도의 형용사로 표현할 수 있다.

명확한 어원은 불분명하지만 몇 가지 설이 있다. 주름이 많다는 의미

에서 '번데기'의 경상·전라 방언인 '꼰데기' 혹은 '꼰디기'에서 왔다는 설, 나이 든 세대의 상징인 곰방대가 축약되어 생겨났다는 설, 프랑스어 Comte(백작)에서 유래했다는 설, 일본어 콘다라(コンダラ)[22]에서 왔다는 설 등이 있다. 신문 기사에서 처음 '꼰대'라는 표현이 등장한 것은 1960년대 초반[23]이며, 1980년대 들어 한국 청소년들 사이에서 교사나 어른을 가리키는 은어로 사용되기 시작했다.

사실 '꼰대'라는 단어의 기원이 뭐가 중요할까? 기성세대와 젊은 세대의 갈등이 문제다. 흔히 베이비붐 세대라고 일컫는 1960~70년대생들의 특징은 전통적인 가치관 아래 희생을 당연하게 여겼던 세대다. 부모를 원망하기보다는 존경했고, 개인적인 욕구보다 가족과 조직을 위해 헌신하는 삶을 살았다. 지속적인 경제 성장 덕분에 열심히 노력하면 반드시 보상이 따른다는 믿음을 가지고 있었다. 반면 MZ세대는 끊임없는 비교와 경쟁 속에서 성장했다. 쉴 틈 없이 스펙을 쌓고, 취업을 준비하며 대학 생활 대부분을 소비한다. 항상 도서관이 미어터진다. 한마디로 낭만이 없고, 불안과 우울, 억울함을 품고 살아간다. 이러다 보니 취업과 동시에 '번아웃'이 오거나 그 직전 상태가 된다. 하지만 자기 욕구를 주장하기 시작한 세대이기도 하다.

MZ세대만 기성세대를 힘들어하는 게 아니다. 기성세대도 MZ세대의 "왜요?", "제가요?", "갑자기요?" 같은 질문에 답하지 못해서 힘들고, 기분만 나쁘다. 자신들은 "왜?"라는 질문을 해본 적이 없어서 답을 모르고, 결국 답답해질 뿐이다. 기성세대가 싫어하는 젊은이는 어떤 유형일까? '부정적인 사람', '말대답하는 사람', '공동체 의식 없는 사람'이라는 답이

---

22 그라운드 정비에 사용되는 수동식 롤러
23 '꼰대(영감, 걸인)'-(동아일보 1961년 2월 09일)

많다.

　우리가 일반적으로 생각하는 꼰대가 부정적인 이유는 크게 3가지다. 권위주의적인 태도, 공감 능력 부족, 그리고 세대 간 갈등을 유발한다는 점이다. '권위주의적 태도'는 직장이나 사회적 관계에서 권력을 남용하거나 위계질서를 지나치게 강조하는 경우다. 다음은 '공감 능력 부족'으로 현대 사회에서 중요시되는 공감과 다양성을 무시하거나, 새로운 사고방식을 비판하는 태도가 문제다. 그리고 '세대 간 갈등 유발'은 과거의 경험과 관점이 절대적으로 옳다고 믿으며, "내가 해봐서 알아", "우리 때는 다 그랬어" 같은 말은 상대방의 독립성과 경험을 무시하는 것으로 충돌을 유발한다.

　그렇다면 이처럼 부정적인 꼰대에게 벗어나는 방법은 없을까? 첫째, 경청과 공감이다. 자기 생각을 일방적으로 전달하는 대신, 상대방의 이야기를 경청하고 이해하려는 태도를 가져야 한다. "네가 어떻게 생각하는지 궁금해"와 같은 표현을 써보자. 둘째, 변화와 학습으로 새로운 세대의 가치관, 문화, 트렌드를 수용하고 배우려는 열린 자세가 필요하다. 그들의 기술, 언어, 문화적 변화를 적극적으로 이해하려고 노력해야 한다. 셋째, 권위 대신 협력이다. 상하관계를 강조하기보다는 동료 또는 협력자로서 관계를 맺고, '지시'가 아닌 '제안'의 형태로 전환해서 말하는 습관을 들이자. 넷째, 자기반성으로 자신의 말과 행동이 권위적이거나 강압적이지 않은지 꾸준히 점검하고, 열린 마음으로 피드백을 받아들이고 문제점을 개선해야 한다. 다섯째, 진정한 리더십이다. 시대가 바뀌었다. 지금은 '수직적 리더십'보다 '수평적 리더십'이 요구된다. 권위로 군림하는 리더가 아니라 모범을 보이고 존경을 받는 지도자가 되어야 한다.

요즘 젊은이들은 잘못을 인정하거나 사과하지 않고, 변명과 해명만 늘어놓는 사람, "원래 그래"라며 상대방의 감정을 고려하지 않는 사람, 거기다가 덧붙이는 말이 "기분 나쁘게 듣지 마"라고 충고 아닌 충고를 하는 사람, 그리고 책임을 전가하는 말과 공(로)을 가로채는 행위를 제일 싫어한다. 이런 모습은 젊은이뿐만 아니라 그 누구라도 싫어할 거다. 같이 일을 할 때는 "너밖에 없어"라고 하다가 중요한 순간에는 "넌 나가 있어"라면서 태도를 바꾸는 사람이 최악이다. 이런 사람은 절대 상대하지 말라.

이제는 꼰대를 단순히 부정적인 존재로만 볼 것이 아니라, 경험과 지혜를 가진 '멘토'로 재정의할 필요가 있다. 자신의 경험을 타인에게 강요하는 대신, 지혜를 공유하고 조언자로서 역할을 하는 방향으로 나아가야 한다. "내가 경험해봤는데, 도움이 될까 싶어서 이야기해보려고 해"라고 말하는 것이 더 바람직하다. 과거와 현재의 가치를 균형 있게 조화시키고, 새로운 세대와의 공존을 모색해야 한다. "내 경험은 이렇게 다르지만, 네 관점도 맞는 것 같아"라고 인정하는 태도가 필요하다.

결국, 꼰대라는 개념은 세대 간 차이와 권위주의적 태도에서 비롯된 현상이다. 하지만 이러한 역할 갈등을 이해하고, 열린 마음으로 경청하며, 공감과 협력을 중심으로 한 태도를 보인다면 지금의 부정적인 이미지에서 벗어나 긍정적인 멘토로 변모할 수 있다고 확신한다. 아니 그래야만 한다.

착각
I

> 🔍 | **주관과 객관 & 당신의 착각**

"사실이라는 것은 없다. 다만 해석만 있을 뿐이다."

-프리드리히 니체

인간은 과연 객관적일 수 있을까? 이 문제는 수많은 철학자, 심리학자, 사회 이론가들이 오랫동안 논의해온 주제다. 특히, 인간의 사고와 인식이 본질적으로 주관적일 수밖에 없다는 주장이 많다. 그렇다면, '객관'은 무엇이고, '주관'은 무엇일까?

객관(Objective)이란 개인의 감정, 편견, 선호 등과 독립적으로 존재하는 사실이나 실재를 의미한다. '객관적인 상태'란 개인의 관점이나 의견에 영향을 받지 않는 것으로, 보편성과 공정성을 특징으로 한다. 관찰자나 개인의 주관적 경험과 독립되어 존재하는 외부 세계의 사실에 초점을 맞춘다. 과학적 탐구나 연구에 주로 사용되며, '지구는 태양 주위를 돈다'와 같은 명제는 객관적 사실에 속한다.

반면, 주관(Subjective)은 개인의 경험, 감정, 생각, 관점에 따라 달라지는 현실 또는 인식을 뜻한다. '주관적인 상태'란 각자의 문화, 경험, 감정에 따라 다르게 나타나는 것으로, 개인적이고 상대적인 시각을 특징으로 한다. 예술, 문학, 철학 등의 분야에서 중요한 역할을 하는데, 예를 들어, '이 그림은 아름답다'라는 판단은 주관적인 해석이다.

이러한 차이에도 불구하고 사람들은 왜 자신을 객관적이라고 착각할까? 첫째, 인지 편향(Cognitive Bias) 때문이다. 인간은 자신의 판단과 경험이 객관적이라고 믿는 경향이 있으며, 확증 편향(confirmation bias)을 통해 기존 신념을 강화하는 정보만 받아들이고, 반대되는 정보를 무시한다. 둘째, 자기중심적 사고(Egocentric Thinking)로 인해 사람들은 자기가 세상을 있는 그대로 인식한다고 믿으며, 자기 경험과 시각이 유일하고 올바른 해석이라고 생각한다. 셋째, 사회적 비교와 합리화(Social Comparison and Rationalization)로 자신의 판단이 다른 사람보다 더 논리적이고 합리적이라고 느끼는 심리적 경향이다. 이는 자기방어 메커니즘으로 작용해 불확실성을 줄인다. 넷째, 지식의 착각(Illusion of Knowledge) 때문이다. 사람들은 자신이 알고 있는 정보가 충분히 근거가 있다고 믿어 주관적 판단을 객관적 사실로 오인하는 경우가 많다.

스위스의 철학자이자 발달 심리학자인 장 피아제(Jean Piaget)는 자신의 '인지발달 이론'에서 인간이 세계를 인식할 때 자신의 사고 구조를 기반으로 현실을 재구성한다고 주장했다. 즉, 인간은 자신의 인지 틀을 통해서만 세계를 이해하며, 이는 객관적 현실을 왜곡할 가능성을 내포한다고 했다. 또한, 실존주의 철학자인 장 폴 사르트르(Jean-Paul Sartre)는 인간이 세계를 바라보는 방식은 본질적으로 자신의 주체성과 자유에 기초한다고 보았다. 따라서 모든 판단은 개인적 선택과 주관적 자유의 표현이므로 절대 객관적일 수 없다고 말했다.

이렇듯 객관과 주관은 대립하는 개념처럼 보이지만, 실상 서로 영향을 주고받는다. 예를 들어, 과학적 객관성을 지향하는 연구조차도 가설 설정, 자료 선택 등 연구자의 주관적 선택에 따라 결과가 달라질 수 있다. 따라서 완전한 객관성은 불가능하며, 오히려 자신의 주관성을 자각하는 태도가 더 중요하다.

그렇다면 우리가 어떻게 하면 보다 객관적인 사고에 가까워질 수 있을까? 무엇보다도 먼저 자신의 편향과 감정을 인정해야 한다. 그리고 주어진 정보에 의문을 제기하며 다양한 시각에서 문제를 분석하는 비판적 사고를 길러야 한다. 또한 다른 사람의 의견과 경험을 적극적으로 경청하고 받아들이는 자세가 필요하다. 마지막으로, 개인적 감정보다 데이터와 명확한 증거를 중심으로 결론을 내리는 연습을 해야 한다.

물론, 이런 과정이 말처럼 쉽지는 않다. 하지만 안테나를 높게 세우고, 끊임없이 고민하고, 의문을 제기하는 태도만이 이러한 '착각'에서 벗어나는 유일한 길이다. 다른 방법은 없다.

착각
II

> 🔍　**착각의 첫 번째 조건은 '자기중심성'이다**

"인간은 착각하며 살 수밖에 없다"라는 말은 인간이 인지와 사고 과정에서 필연적으로 왜곡을 겪을 수밖에 없다는 점을 지적한다. 그리고 그 중심에는 '자기중심성'이라는 문제가 자리 잡고 있다. 그렇다면 '자기중심성'이란 무엇일까? 자기중심성은 자신의 관점, 감정, 경험을 중심으로 세상을 해석하려는 경향을 의미한다. 이는 인간이 본능적으로 자신을 기준으로 세상을 이해하려는 심리적 특성에서 비롯된다. 이러한 성향은 어린 시절에는 자연스러운 발달 과정의 일부로 나타난다. 피아제(Jean Piaget)의 인지발달 이론에서도 '자기중심적 사고'가 유아기에 뚜렷하게 나타난다고 설명한다. 하지만 성인이 되어서도 완전히 사라지지는 않는다. 그렇다고 해서 '자기중심성'이 반드시 부정적인 것만도 아니다. '자기중심성'은 인간의 생존과 번식을 위해 필수적인 요소이며, 자신의 욕구와 안전을 최우선으로 고려하는 것은 생물학적 본능이다. 또한, 세상을 이해하고 빠르게 의사결정을 내리는 데 있어 중요한 역할을 한다.

그렇다면 자기중심성에서 비롯되는 착각에는 어떤 것들이 있을까? 대표적으로 다음의 3가지가 있다. 첫째, 우리가 잘 알고 있는 대로 자기의 능력, 판단, 역할을 실제보다 더 중요하거나 뛰어나다고 믿는 '과대평가'다. 이는 자신을 객관적으로 바라보지 못하게 만들 수 있다. 둘째, 타인의 관점, 감정, 행동의 영향을 축소하거나 무시하는 '과소평가'가 있다. 이는 타인의 의견을 사소하게 여기거나 무시하게 만든다. 셋째, 자신의 신념을 지지하는 정보만 선택적으로 받아들이고, 반대되는 정보는 무시하는 '확증 편향'이다. 이는 편협한 사고방식을 고착시키는 요인이 된다.

이러한 자기중심성으로 인해 발생하는 착각은 여러 가지 문제를 일으킨다. 먼저 모든 대인관계에서 일어나는 갈등의 원인이 된다. 자기중심적으로 생각하고 행동하면 타인의 감정을 이해하거나 공감하는 능력이 떨어져 갈등이 잦아질 수밖에 없다. 그리고 객관적 판단이 어려워진다. 자기 입장에만 치우쳐 결정을 내릴 경우, 잘못된 판단을 내리기 쉽다. 거기다가 자기중심성이 강할 경우, 자신만의 세계에 갇혀 다른 사람과 정서적 교류가 줄어들어 심리적 고립에 빠진다. 또한 사회적 상호작용에서 타인의 관점을 무시하면 협력과 집단적 문제 해결이 어려워지고, 이러한 개인의 자기중심성이 집단으로 확장되면 집단 간 갈등이나 사회적 불평등이 심해질 수 있다.

그렇다면 우리는 이러한 자기중심성의 문제를 어떻게 해결할 수 있을까? 문제 해결의 최대 열쇠는 '자기 객관화'다. 자기 생각과 행동을 객관적으로 돌아보는 습관을 길러야 한다. 이를 위해 일기를 쓴다든지, 중요한 결정을 내린 후 그 결과를 평가하는 방법이 도움이 될 수 있다. 또한, 인간은 필연적으로 편향성(bias)을 가질 수밖에 없다는 사실을 인정하는 것이 중요하다. 자신에 대한 과대평가나 타인을 과소평가하는 문제가 반복적으로 일어나는지 점검하고 수정해야 한다. 더불어 의사결정을 내릴 때 "내가 아니라 상대방은 어떻게 느낄까?" 혹은 "상대방은 어떤 결정을 내렸을까?"를 끊임없이 자문하는 타인의 관점에서 생각하기가 필요하다. 그리고 자신의 감정이나 주관에만 의존하지 말고, 객관적인 데이터를 바탕으로 판단하려는 노력을 기울여라. 마지막으로, 타인의 의견을 적극적으로 경청하고, 이를 자기 행동에 반영하려는 태도를 가져야 한다.

거듭 말하지만 '자기중심성'은 없애려고 노력한다고 사라지는 문제가 아니다. 없애려는 노력보다는 이를 건강한 자존감으로 전환해 자신과 타인을 조화롭게 이해할 수 있는 방식으로 활용하는 것이 현실적이고 효과적이다. 즉, 자기중심성을 자연스러운 인간의 본능으로 인정하되, 이를 조정하고 극복하려는 자세가 중요하다. 결국 자기중심성을 어떻게 관리하느냐에 따라 더 넓고 조화로운 삶으로 나아가는 새로운 문이 열린다. 절대 포기하지 말고 계속 두드려라.

뭘 해도 불만인
사람들의 특징

🔍 | 불만이 많은 사람과 적은 사람은 어떤 차이가 있을까?

세상에는 참 다양한 사람이 있다. 내가 보기엔 정말 가진 것도 많지 않고, 특별한 성공을 거둔 것도 아닌데, 항상 밝은 모습으로 즐겁게 살아가는 사람이 있는가 하면, 모든 면에서 충분히 많은 걸 가졌고, 이룰 만큼 이뤘음에도 늘 불만인 사람이 있다. 도대체 왜 그런 걸까? 지금부터 매사에 불만이 많은 사람들의 특징을 살펴보자.

그들의 가장 큰 심리적 특징은 '부정적 사고 패턴'이다. 실수하지 않는 것에 집착하고, 새로운 것을 시도하기보다 실패를 피하려 한다. 문제가 해결되더라도 또 다른 불만을 찾아 헤매고, 만족을 모르는 '결핍의 사고방식'이 강하다. 또한 그들은 통제할 수 없는 상황에 대해 극도의 불안감을 느낀다. 다른 사람의 행동이나 말이 예상과 다르면 불안해하고 부정적으로 해석한다. 자신의 모든 감정과 삶을 철저히 통제하고 싶어 하지만, 현실적으로 불가능하므로 불만만 쌓인다. 그리고 과거에 받은 상처나 억울함을 현재까지 끌어와서 사소한 문제마저도 과거의 부정적 경험과 연결해 생각한다. 누군가 배려를 해줘도 "어차피 나를 이해 못해"라며 만족하지 않는다. 이들은 이처럼 자신의 감정을 스스로 갉아먹는 경향이 있다.

이렇듯 매사에 불만인 사람은 행동에서도 그런 특징이 드러난다. 왜곡된 해석과 더불어 과민 반응을 보이는 경우가 많다. 작은 실수나 사소한 일에도 지나치게 반응하며, 다른 사람의 말을 부정적으로 해석한다. 칭찬을 받아도 "그냥 듣고 좋아하라고 하는 말이겠지"라고 의심한다. 또한 남들에게 지적받거나 비판받는 걸 극도로 싫어하고, 견디질 못한다. 자신의 감정을 솔직히 표현하기보다 억누르거나 삭힌다. 때로는 대화 중에 감정을 여과 없이 표출하거나 반대로 극도로 자신의 감정을 숨긴다. 그리고 피해의식이 심해 자신의 문제를 남 탓으로 돌리고, 불만족을 외부에 투사하거나 타인에게서 찾는다. 항상 스스로 '나는 피해자'라는 인식이 강하다.

혹시 자신이 불만이 많은 사람이라고 느껴진다면, 다음과 같은 방법을 시도해보자. 첫째, 스스로 사고 패턴을 점검해본다. 먼저, 자신이 어떤 상황에서 불만을 느끼는지 관찰하고, 불만을 느낄 때마다 "이 불만이 정말 현실적인가?"라고 자문하라. 모든 것을 부정적으로 해석하려는 경향을 인식하고 조절하려 노력해야 한다. 둘째, 감정을 솔직하게 인정하고 표현해보는 거다. 감정을 억누르지 말고 건강하게 표현하는 방법을 배워야 한다. "나는 이런 감정을 느낀다"라고 스스로 인정하고, 부정적 감정을 일기나 메모로 기록하는 것도 좋은 방법이다. 셋째, 완벽주의에서 벗어난다. 실패를 두려워하기보다는 성장의 과정으로 받아들이고, 완벽하지 않아도 괜찮다는 점을 반복적으로 자신에게 말해주도록 하자. 그리고 작은 성공과 만족을 경험하다 보면 긍정적인 강화 학습이 이루어진다. 넷째, 과거의 상처와 화해하라. 과거의 경험이 현재에 어떤 영향을 미치는지 객관적으로 살펴보고, 미해결된 감정을 치유할 수 있는 상담, 글쓰기, 명상과 같은 다양한 방법을 찾아보자. 과거를 탓하기보다 "지금 내가 할 수 있는 것, 그리고 바꿀 수 있는 것"에 집중해야 한다. 다섯째, 매사에 감사하는 태도를 가져보자. 매일 감사한 일을 적어보며 긍정적인 시각을 기르는 연습을 해라. 스스로 "이 정도면 충분해"라고 말하는 습관을 들이면 불만을 줄이는 데 도움이 된다. 큰 틀에서 불만보다는 해결책을 찾는 방향으로 사고를 전환해야 한다.

그렇다면 주변에 그런 불만이 많은 사람이 있을 때, 그런 사람을 어떻게 대해야 하나? 무엇보다도 그들의 감정에 휘둘리지 않아야 한다. 그들의 부정적인 에너지를 그대로 받아들이지 말고, 감정적으로 휩쓸리지 않아야 한다. "저 사람의 불만은 내 문제가 아니라, 그의 사고방식이 문제다"라는 점을 분명히 해야 한다. 다음은 논쟁을 피하고 경청하기다. 그들의 불만을 반박하려고 하기보다는 "그렇구나, 그렇게 생각할 수도 있겠네"라는 정도로 넘어가도록 하자. 논쟁하려 들면 오히려 더 큰 불만이 폭발할 수 있으므로 적절한 수준에서 공감해주고 넘어가면 된다. 또한 직접적인 해결책을 제시하기보다는 스스로 깨닫도록 유도해야 한다. "그렇다면 네가 원하는 해결책은 뭐야?"라고 질문하거나 스스로 해결 방법을 찾게끔 유도하면서 책임감을 키워주면 된다. 논리적으로 설득하기보다 감정을 가라앉힐 시간을 주는 것이 더 효과적일 수 있다. 마지막으로 필요하다면 적당한 거리 두기를 해야 한다. 상대방이 지속적으로 불만을 표출하고, 그것이 나에게 부정적인 영향을 미친다고 생각되면, 거리 두기를 고려하라. 정서적으로 건강한 관계 유지가 어렵다면 즉시 피해야 한다.

정리하자면, 그들의 불만은 단순히 성격 탓이 아니라 대부분 과거의 상처, 불안, 부정적인 사고방식 등에서 비롯된 문제와 관련 있다. 그들은 만족할 줄 모르고 항상 새로운 불만을 찾으며, 대인관계에서도 부정적인 영향을 준다. 무엇보다도 그들은 당신을 지치게 한다. 그런 사람을 대할 때는 감정적으로 휘둘리지 않도록 최대한 논쟁을 피하고, 스스로 해결책을 찾게 유도하는 것이 효과적이다. 그리고 그러한 노력이 잘 먹히지 않는다고 판단되면 곧바로 그 사람을 멀리하도록 하자. 그래야만 당신의 정신 건강을 지킬 수 있다. 당신은 소중하니까.

사기를 잘 당하는
사람의 특징

🔍 | 왜 우리는 그렇게 매번 사기를 당할까?

당신은 '세상에서 선생님, 군인, 목사를 비롯한 성직자가 사기를 제일 잘 당한다'라는 이야기를 들어본 적 있는가? 곰곰이 생각해보면, 이들의 공통점 중 하나는 (물론, 예전과 다르지만) 사회적으로 '존경받고 신뢰받는 직업'이라는 점이다. 이러한 환경에서 오래 생활하다 보면 자신이 속한 세상 밖에서도 같은 대우를 받을 것이라 착각하기 쉽다. 즉, '사람들이 나에게 잘해주는 것은 당연하다'라는 인식이 자리 잡게 된다. 하지만 이러한 믿음은 때때로 사기를 당하는 원인이 되기도 한다.

나는 늘 이렇게 말한다. "나에게 이유 없이 잘해주는 사람은 없다." 누군가가 나에게 특별한 친절을 베풀거나 대접할 때는 반드시 그에 대한 이유가 있다. 하지만 선생님, 군인, 성직자와 같은 직업을 가진 사람들은 이러한 호의를 의심 없이 받아들이는 경향이 있다. 이는 그들이 평소 신뢰받고 존경받는 환경에서 생활하면서 '의심의 안테나'를 세우는 습관이 부족하기 때문이다. 상황을 객관적으로 바라보면 허점이 보이지만,

정작 그 안에 있을 때는 알아차리기 어렵다.

그렇다면 사기꾼이 노리는 우리의 심리적 허점은 무엇인가? 첫째, 권위와 신뢰의 함정이다. 사기꾼들은 권위가 있는 사람들 속이기를 선호한다. 한 사람만 속이면 그 사람의 신뢰를 이용해 주변까지 쉽게 속일 수 있기 때문이다. "○○ 선생님이 투자했다더라", "목사님이 추천했으니 믿을 만하다" 같은 말이 좋은 예이다. 둘째, '나는 사기당하지 않을 거야'라는 착각이다. 그 누구도 예외는 없다. 특히, 사회적으로 존경받는 직업을 가진 사람들은 스스로 판단력이 뛰어나다고 믿는 경우가 많아서 더욱 쉽게 사기를 당한다. 셋째, '이 사람만큼은 나를 속이지 않을 거야'라는 믿음이다. 사기꾼들은 피해자가 믿는 사람을 이용해 접근한다. "군대 동기들도 다 하고 있어요", "우리 교회 장로님도 투자했어요"와 같은 방식이다.

그럼에도 그런 사기꾼을 구별하고, 사기를 예방하는 방법은 없을까? 첫째, 너무 좋은 제안은 의심하라. 사기꾼들은 "이건 절대 실패하지 않아요", "남들한테는 말하지 마세요. 아는 사람만 하는 겁니다" 같은 말로 항상 '고수익, 무위험'을 강조한다. 그런 제안일수록 사기일 가능성이 높다. 둘째, 급하게 결정을 내리게 하는 사람을 피하라. "지금 당장 결정해야 합니다!", "오늘이 마지막 기회입니다!"처럼 충분히 고민할 시간을 주지 않는다면 의심해야 한다. 셋째, 신뢰하는 사람을 이용하는 경우 주의하라. 사기꾼들은 절대 혼자 움직이지 않는다. "우리 목사님도 하셨대요", "학교 선배도 투자했어요"라고 말하며 피해자의 경계를 허문다. 주변 사람들이 한다고 해서 무조건 믿으면 안 된다. 넷째, 공식적인 문서를 요구하라. 정식 계약서 없이 돈을 보내지 말고, 만일 사업 제안이 있다면 회사 등록 여부, 사업자 번호 등을 꼭 확인해야 한다. 다섯째, 모든 일을 감정이 아니라 '팩트'로 판단하라. "이 사람, 정말 좋은 사람 같아"가 아니라 "이 사업, 공정거래위원회에 등록이 되어 있나?"처럼 객관적 사실을 기준으로 판단해야 한다.

물론 나에게 친절한 모든 사람이 사기꾼은 아니다. 하지만 적어도 중요한 결정이나 재정적인 문제를 다룰 때는 경계심을 갖고 한 번 더 생각해볼 필요가 있다. 세상에는 진정한 호의도 있지만, 이를 악용하려는 사람도 분명히 존재한다. 따라서 나에게 이유 없이 잘해주는 사람이 있다면, 그 이유가 무엇인지 생각해보는 습관이야말로 사기를 피하는 중요한 첫걸음이 될 것이다. 솔직히 말하지만, 사기꾼을 구별하기가 정말 어렵다.

'쪽팔리다'에 대한 다양한 해석

> 🔍 | 우리네 인생이 쪽팔리지 않아야 할 텐데…

'쪽팔리다'는 속된 표현으로, '부끄러워 체면이 깎이는 상황'을 뜻한다. 이를 분석하면 다음과 같이 해석할 수 있다. '쪽'은 얼굴을 뜻하는 말이며, '팔리다'는 값을 받고 넘긴다는 의미로, '쪽팔리다'는 얼굴이 남에게 넘어가 버려, 스스로 어찌할 수 없는 상태, 즉 '낯이 뜨겁고, 부끄러운 상황'을 칭한다.

또한, '쪽'은 다양한 의미로 사용된다. 예를 들어, '감쪽같다'에서처럼 감쪽같이 감춘다는 의미가 있으며, '한쪽, 두 쪽'과 같이 특정 부분을 나타내기도 한다. 1980년대 이후 본격적으로 유행한 표현이지만, 그 뿌리는 더욱 깊다. 그뿐만 아니라 '쪽'은 전통적으로 시집간 여성이 머리를 뒤로 틀어 올린 것을 '쪽'이라 했다. 이는 여성이 결혼과 함께 집안을 떠나며 신체적·사회적으로 새로운 소속으로 '넘겨지는' 상태를 의미할 수도 있다. 그리고 남성의 성기와 관련하여 '불알쪽'이라는 표현이 있는데, 이것이 노출되었을 때의 창피함과 연관될 수 있다. 즉, '쪽팔리다'는 본능적으로 민감한 부분이 노출될 때 느끼는 수치심과도 연결된다.

　이러한 쪽팔림에 대해 철학적 관점에서 접근해보자면, '쪽팔림'은 인간이 스스로에 대해 갖는 존재적 인식과 연결된다. 먼저, 사르트르(Sartre)의 '시선(The look) 이론'에 따르면, 그는 타인의 시선이 우리를 어떻게 규정하는지 분석했다. 사람이 혼자 있을 때는 자유롭게 행동할 수 있지만, 다른 사람에게 '보인다'는 순간 스스로 의식하게 되고 행동을 조심하게 된다. '쪽팔림'은 바로 이런 순간에서 발생한다. 우리가 타인의 평가 속에서 객체화될 때 수치심을 느낀다는 것이다. 공자(孔子)의 '체면(體面)-(面子)' 사상과도 연결지어 생각해볼 수 있다. 유교 문화에서는 '체면'을 중시한다. 체면이 깎이는 것을 극도로 피하려 하며, 이를 유지하기 위해 행동을 조심하는 태도를 보인다. '쪽팔리다'라는 개념은 바로 이러한 체면의 상실과 직결된다.

　다음은 심리학적 관점으로, 심리학에서는 '쪽팔림'을 사회적 불안(Social Anxiety) 혹은 인지 부조화(Cognitive Dissonance)와 관련지어 해석할 수 있다. 사회적 불안이란, 사람들은 타인의 평가를 의식할 때 불안을 느끼는 것이다. 인간은 사회적 동물로서 집단 내에서의 평가가 생존과 직결되는 존재였다. 그래서 공개적인 실수나 망신은 심리적으로 큰 스트레스를 유발한다. 그리고 인지 부조화는 자신이 원하는 모습과 실제 모습이 불일치할 때 심리적 불편함이 발생하는 것이다. 예를 들어, 어떤 사람이 '나는 능력 있는 사람이다'라고 생각하는데, 공개적으로 실수를 한다면 '쪽팔림'을 느낀다.

　진화론적 관점에서도 생각해볼 수 있는데, 인간의 '쪽팔림'은 진화적으로 생존과 번식에 영향을 주었을 가능성이 크다. '집단 내 지위 유지'와 관련지어 보자면, 인류는 집단생활을 하며 협력해야 생존할 수 있었다. '쪽팔리는' 행동을 하면 신뢰를 잃거나 그룹 내 지위를 잃을 위험이 커졌다. 따라서 우리는 자연스럽게 쪽팔림을 피하려고 진화했다. '성 선택(sexual selection) 이론'으로 보더라도 이성에게 어필하기 위해 인간은 사회적 신뢰도를 높이려 했고, 체면과 명예를 중요하게 여겼다. 수치스러운 행동을 하는 것은 번식 가능성을 낮췄을 것이다.

그렇다면 우리는 어떻게 하면 '쪽팔리지 않는' 삶을 살 수 있을까? 다음의 4가지를 제안한다. 첫째, 자기 수용(Self-Acceptance)이다. 사람은 누구나 실수할 수 있으며, 타인의 시선에 지나치게 얽매이지 않는 것이 중요하다. 둘째, 성장 마인드셋(Growth Mindset)으로 실수를 학습의 기회로 보고, 부끄러움을 성장의 계기로 삼는 자세가 필요하다. 셋째, 유머 감각이다. '쪽팔림'을 너무 심각하게 받아들이지 말고, 유머로 넘기는 능력을 키우면 심리적 부담이 줄어든다. 넷째, 사회적 기준으로부터 자유로워지기다. 남들이 정한 체면이 아니라 자기만의 가치를 기준으로 삼아야 한다.

'쪽팔리다'는 단순한 속어가 아니라 인간의 사회적 본성과 깊이 연결된 개념이다. 우리는 타인의 평가를 의식하며 살아가지만, 결국 중요한 것은 스스로 무엇을 가치 있게 여기는가다. '쪽팔림'을 피하려고 지나치게 위축될 필요는 없으며, 때로는 이를 받아들이고 유연하게 대처하는 것이 더욱 멋진 삶을 만드는 길일 수 있다. 결국, 우리 인생이 '쪽팔리지 않기 위해' 필요한 것은 남의 시선보다 자신의 신념을 지키는 것이 아닐까? 한마디로 'My Way' 정신이 필요하다.

세상에서 '변해야 할 것'과 '변하지 말아야 할 것'에 대하여

> 🔍 세상에 변하지 않는 것은 아무것도 없다

　세상은 끊임없이 변화하지만, 어떤 것은 변해야 하고, 어떤 것은 변하지 말아야 한다. 변화는 필연적이지만, 모든 변화가 긍정적인 것은 아니며, 어떤 가치들은 시대가 바뀌어도 지켜야 한다. 이를 철학적, 사회적, 과학적, 역사적, 윤리적 관점에서 살펴보자.

　먼저, 변해야 할 것들이 무엇인지부터 알아보자. 첫째, 불평등과 차별이다. 인종, 성별, 계급, 장애, 성적 지향 등으로 인한 차별은 시대가 변할수록 사라져야 한다. 역사적으로 보면 노예제 폐지, 여성 참정권 운동, 인권운동 등이 변화를 이끌었다. 하지만 여전히 존재하는 소득 불평등, 노동 착취, 성차별 등의 문제는 남아있으며, 이는 지속적으로 개선해야 할 과제다. 둘째, 비합리적인 전통과 편견이다. 모든 전통이 옳은 것은 아니다. 과학과 윤리적 기준에 어긋나는 전통은 바뀌어야 한다. 예를 들어, 일부 지역에서 행해지는 여성 할례(FGM)[24], 명예살인, 마녀사냥, 과학적 근거 없는 미신 등은 현대 사회에서 더 이상 용인될 수 없다. '전통'이라는 이유만으로 유지되기보다는 그 전통이 사람들에게 긍정적인 영향을 미치는지 고민해야 한다. 셋째, 환경 파괴적인 생활 방식이다. 기후 변화, 생태계 파괴, 자원 남용 등의 문제는 인류가 반드시 해결해야 한다. 플라스틱 사용 줄이기, 친환경 에너지로 전환, 지속 가능한 발전이 여기에 속하며, 과거에는 산업 발전이 우선이었다면, 이제는 지속 가능성(Sustainability)이 핵심 가치가 되어야 한다. 넷째, 권위주의적 정치와 부패다. 과거에는 왕권이나 독재가 당연하게 받아들여졌지만, 민주주의가 발전하면서 정치의 개혁이 이루어졌다. 하지만 아직도 일부 국가에서는 독재, 부패, 언론 탄압이 존재한다. 공정한 선거, 표현의 자유, 권력 분립 등 민주적 가치를 더욱 강화해야 한다. 다섯째, 교육 방식이다. 과거의 교육은 주입식 학습이 중심이었지만, 현대 사회에서는 창의력과 비판적 사고가 중요해졌다. 인터넷과 AI 발전으로 인해 지식 전달보다는 문제 해결 능력, 협업, 소통 능력이 핵심이 되었다. 교육 방식도 시대에 맞게 변화해야 한다.

그렇다면 변하지 말아야 할 것은 무엇일까? 첫째, 인간의 보편적 가치다. 아무리 시대가 변해도 정의, 자유, 인권, 평등은 변해서는 안 된다. 인류는 여러 변화를 겪었지만, 기본적인 윤리적 가치들은 유지되어야 한다. 앞으로 우리에게 나치 독일의 홀로코스트(Holocaust), 남아공의 아파르트헤이트(Apartheid)―인종 차별 정책― 같은 반인권적 사례가 더 이상 있어서는 안 된다. 둘째, 가족과 공동체의 의미다. 사회 구조는 변하

---

24 여성 성기 절제(Female Genital Mutilation) 또는 여성 할례(女性割禮, Female Circumcision)는 여성의 성년 의식 중 하나로 여성 성기의 음핵 포피만을 제거하는 시술에서 포피, 음핵, 소음순을 모두 제거하는 시술까지 방식은 다양하다. 여성 성기 절제에 대한 정확한 기원은 알려지지 않았지만, 대략 4천 년 전부터 시작되었다고 한다.

지만, 사람 간의 유대감은 사라져서는 안 된다. 핵가족화, 개인주의 확산으로 인간관계가 약해지고 있지만, 사람과 사람 간의 정(情)은 유지되어야 한다. 셋째, 진실과 양심이다. 시대가 변해도, 거짓과 속임수는 사회를 혼란스럽게 만든다. 가짜 뉴스, 조작된 정보 등이 확산되고 있지만, 진실을 추구하고 양심적으로 행동하는 태도는 변하지 않아야 한다. 넷째, 예술과 문화의 감동이다. 기술이 발전하고 사회가 변해도, 예술과 문화가 주는 감동은 변하지 않는다. 고전 음악, 문학, 그림 등이 여전히 사람들에게 감동을 주는 이유는 인간의 감성과 본질이 크게 변하지 않았기 때문이다. 다섯째, 사랑과 연대다. 시대가 바뀌어도, 사람들이 서로 사랑하고 연대하는 마음은 변하지 않아야 한다. 경쟁이 심화되는 현대 사회에서도, 타인을 배려하고 공감하는 태도는 유지되어야 한다.

지금까지 우리는 세상에서 '변화가 필요한 것'과 '변하지 말아야 할 것'에 대해 살펴보았다. 변해야 할 것들은 불평등, 차별, 환경 파괴, 비효율적 제도 등 사회 발전을 저해하는 요소들이다. 반면, 변하지 말아야 할 것들은 보편적 가치, 인간성, 도덕적 기준, 사랑과 연대의 정신이다.

그러나 변화와 보존 사이의 균형이 필요하다. 무조건 변화를 추구하다 보면, 우리가 소중히 여겨야 할 가치들마저 잃어버릴 위험이 있다. 반대로, 변화를 거부하면 시대의 흐름을 따라가지 못하고 발전이 정체될 것이다.

결국 중요한 것은 변화의 방향성과 그 속도이다. 변화는 필요하지만, 그것이 인간의 존엄성과 행복을 해치지 않는 방식으로 이루어져야 한다. 우리는 '변화'를 도구로 삼아 더 나은 세상을 만들되, 시대를 초월하는 가치는 반드시 지켜야 한다. 그리고 가끔은 첫사랑에 대한 기억처럼 아름다운 것들은 그대로 간직하는 것도 나쁘지 않다.

항상 걱정이 많은
사람들의 특징

🔍 | **왜 그들은 끊임없이 걱정하면서 살까?**

    우리말에서 걱정, 근심, 불안, 염려는 모두 부정적인 감정을 나타내지만, 미묘한 차이가 있다. 먼저, 걱정(Concern, Worry)은 미래에 발생할 가능성이 있는 부정적인 상황을 예상하며 신경 쓰는 마음이다. "내일 중요한 발표가 있는데 걱정이 되네"라는 식으로 쓰인다. 근심(Anxiety, Distress)은 해결책이 명확하지 않거나 불확실성이 클 때 생기는 지속적인 심리적 부담이다. "부모님 건강이 나빠서 근심돼"처럼 사용한다. 불안(Anxiety, Nervousness)은 특별한 이유 없이 막연한 초조함과 긴장을 의미하며, 생존 본능과 관련이 깊다. "이유 없이 불안해서 잠을 못 자겠어"라는 식이다. 염려(Concern, Preoccupation)는 걱정과 비슷하지만, 타인을 향한 배려의 감정이 포함된다. "아이들이 밤늦게까지 안 들어와서 염려돼"처럼 말한다.

    이처럼 항상 걱정이 많은 사람들은 대체로 아직 일어나지 않은 일을 미리 걱정하는 경향이 있다. 예를 들어, "내년에 이직할 계획인데 경제 상황이 나빠지면 어떡하지?" 혹은 "건강에 이상이 없지만, 나중에 병이 생길까 봐 걱정돼"라는 식이다. 이러한 습관은 현재를 온전히 즐기지 못하게 만들고, 필요 이상의 스트레스를 유발한다. 그렇다면 그들은 왜 이렇게 끊임없이 걱정하는 걸까?

그들의 심리적 특징부터 알아보자. 첫째, 불확실성에 대한 통제 욕구다. 걱정이 많은 사람들은 미래의 불확실성을 견디기 어려워한다. 그들은 모든 변수를 예측하고 대비하려는 경향이 강하다. 둘째, 과거의 부정적 경험 때문이다. 예전에 실패를 겪었던 사람들은 같은 실수를 반복하지 않기 위해 미리 걱정하는 습관이 형성될 수 있다. 셋째, 완벽주의 성향으로 작은 실수도 용납하지 않으려는 성향이 강할수록 사소한 부분까지 신경을 곤두세운다. 넷째, 인지적 반추(Cognitive Rumination)로 같은 생각을 계속 반복하며 스스로 괴로워하는 경향이 있다. 다섯째, 부정적 자동 사고(Negative Automatic Thoughts)를 한다. 모든 상황을 최악으로 가정하는 경향이 있다. "프레젠테이션을 망치면 내 커리어는 끝날 거야" 처럼 말이다.

이제부터는 이러한 걱정을 다양한 관점에서 생각해보자. 먼저 유전적 관점으로 연구에 따르면, 불안 성향의 약 30~40%는 유전적인 영향을 받는다. 특히 세로토닌(Serotonin)과 같은 신경전달물질의 작용이 걱정과 관련이 있으며, 불안 장애 환자들은 세로토닌 수치가 낮은 경우가 많다. 다음은 진화론적 관점으로, 걱정은 원시 인류에게 생존을 위한 필수적인 도구였다. 예를 들어, "저기 있는 수풀에 맹수가 있을지도 몰라"라는 걱정 덕분에 대비하고 생존할 수 있었다. 하지만 현대 사회에서는 이러한 본능이 불필요한 걱정으로 변형된 경우가 많다. "회의 발표를 망치면 내 인생이 끝날 거야"라고 걱정하지만, 실제로는 그렇지 않은 경우가 대부분이다. 또한, 철학적 관점에서 보자면, 스토아 철학(Stoicism)에서는 "통제할 수 있는 것과 없는 것을 구별하라"고 가르친다. 불교에서도 "현재에 집중하라"는 가르침을 통해 미래에 대한 불필요한 걱정을 줄이는 방법을 강조한다. 결국, 철학적으로 보면 걱정이란 불확실한 미래를 미리 감당하려는 헛된 노력일 수 있다.

그렇다면 이런 걱정으로부터 자유로워지는 방법은 없을까? 첫째, '진짜 문제'와 '가상의 문제'를 구별해야 한다. 걱정이 생길 때 '이 문제가 실제로 지금 당장 해결해야 할 문제인가?'를 자문해보라. "다음 달 면접이 걱정돼"보다는 지금 할 수 있는 건 면접 준비뿐이라는 점이다. 둘째, '최악의 경우'를 상상해보고 받아들이기다. 스토아 철학에서 "최악의 시나리오를 상상하고 받아들이라"라고 말한다. "프레젠테이션을 망치면?"을 "그러면 다음에 더 잘하면 되지"로 생각을 바꾸면 된다. 셋째, 걱정을 기록하는 습관도 좋은 방법이다. 걱정이 생길 때, 노트에 적어보면 생각이 정리되면서 불안이 줄어든다. 그리고 시간이 지나면서 대부분의 걱정이 불필요했음을 깨닫게 된다. 넷째, 행동으로 걱정을 줄여보자. 걱정할 시간에 실질적인 해결 방법을 찾아보는 것이 중요하다. "시험이 걱정돼" 그렇다면 "당장 공부를 시작하자!"처럼 하면 된다. 다섯째, 현재에 집중하라. 걱정은 대부분 미래에 대한 것이다. "지금 내가 할 수 있는 것은 무엇인가?"를 스스로 질문해보라.

걱정은 인간이 진화하면서 갖게 된 생존 전략이지만, 현대 사회에서 과도한 걱정이 오히려 우리의 삶의 질을 떨어뜨리고 있다. 특히, 항상 걱정이 많은 사람들은 대부분 당장 해결할 필요가 없는 문제를 미리 당겨와 고민하는 경향이 있다. 그렇다면 해결책은 무엇일까? "통제할 수 없는 것에 대해 걱정하지 말고, 통제할 수 있는 것에 집중하라." 당신이 걱정한다고 어차피 결과가 바뀌지는 않는다. 괜한 헛수고일 뿐이다. 걱정은 적절한 수준에서는 도움이 되지만, 과하면 삶을 갉아먹는다. 이제는 걱정에서 한 발짝 벗어나 더 나은 삶을 살기 위해 지금 할 수 있는 일에 집중하는 것이 어떨까? 그게 현명한 선택이다.

수집하는
사람들의 심리

🔍 | **수집, 그 속에 숨겨진 의미와 희열**

어린 시절, 나는 우표를 모으는 데 몰두했다. 당시 우표는 단순한 종잇조각 이상의 의미를 지녔다. 각국의 우표는 그 나라의 문화와 역사, 그리고 당시의 흐름을 고스란히 담고 있었다. 수집이라는 과정 자체가 마치 세계를 여행하는 듯한 느낌을 주었고, 나만의 작은 세계를 만드는 듯한 기분이 들었다. 그때의 나는 모으는 행위가 단순한 취미 이상의 것이었다. 수집을 통해 나는 세상과 연결된 느낌을 받았다.

그리고 대학 시절, 우표에서 벗어나 'LP판'에 빠지게 되었다. 'LP판'은 단순히 음악을 듣는 매체가 아니라, 그 음악을 둘러싼 문화와 역사, 그리고 '아티스트'의 정신을 고스란히 담고 있었다. 한 장 한 장을 모은다는 것은 그 시대를 아는 것이었고, 나만의 음악적 역사 속으로 들어가는 일이었다. 그렇게 수집한 'LP판'은 1,000여 장이 넘었다. 그중에서도 특히 기억에 남는 에피소드가 있다.

바로, 세계적인 락그룹(Rock Group) Led Zeppelin의 앨범을 모두 갖추게 된 순간이다. Led Zeppelin의 앨범은 총 10장이었고, 그중에서 2집만 없었다. 2집을 구하는 일이 쉽지 않았다. 당시에는 구할 수 있는 곳이 많지 않았고, 구할 때마다 가격이 상당히 비쌌다. 그럼에도 나는 끈질기게 찾아다녔다. 그러던 어느 날, 드디어 2집을 손에 넣게 되었다. 그 순간의 희열은 말로 표현하기 어려웠다. 마치 오래된 퍼즐의 마지막 조각을 맞춘 것 같은 만족감, 그리고 그 앨범을 손에 쥐었을 때의 감동은 아직도 잊을 수 없다.

이렇게 수집은 단순한 물건의 모음이 아니다. 그것은 나의 이야기이고, 삶의 일부였다. 수집을 통해 나만의 세계를 만들었고, 그 속에서 나만의 의미를 찾았다. 그리고 그 과정을 통해 얻은 감정적 연결과 성취감은 무엇과도 바꿀 수 없는 가치였다. 수집이란, 단순히 물건을 모으는 행위가 아니라, 그 속에 숨겨진 감정과 기억을 되살리는 과정인 것이다. 사람들은 왜 특정 물건을 모으는 것에 열정을 쏟을까? 희귀한 우표, 피규어, 빈티지 가구, 예술품 등 다양한 아이템을 수집하는 사람들의 심리에는 여러 가지 요인이 작용한다. 이러한 행동은 단순한 취미를 넘어 개인의 정체성과 감정, 심리적 만족, 사회적 관계 형성 등과도 밀접한 관련이 있다.

먼저 수집의 심리를 다양한 관점에서 바라보자. 철학적 관점에서 수집은 존재의 의미와 소유라고 말할 수 있다. 수집 행위는 인간이 세상과 관계를 맺는 방식 중 하나다. 실존주의적 관점에서는 수집이 '나만의 의미를 창조하는 행위'로 해석된다. 인간은 본래 무의미한 세상 속에서 스스로 의미를 만들어가는 존재이며, 특정 물건을 모으는 것은 자기 정체성을 찾고 형성하는 과정이 될 수 있다. 소유와 존재의 철학에서는 인간이 소유를 통해 자신의 존재를 확인하려는 경향을 설명한다. 에리히 프롬(Erich Fromm)은 저서 『소유냐 존재냐』에서 "소유 중심적인 삶은 물건을 통해 자기 가치를 확인하려 한다"라고 보았다. 즉, 수집은 단순한 물건 모으기가 아니라 자신의 존재를 확인하고자 하는 본능적인 행동일 수 있다.

다음은 심리학적 관점으로 정체성, 감정 연결, 통제 욕구와 관련이 있다. 정체성 형성은 특정 아이템을 수집함으로써 자신의 개성과 관심사를 표현할 수 있다. 예를 들어, 특정 시대의 예술품을 모으는 사람은 그 시대에 대한 동경이나 애착이 있을 가능성이 크다. 또한, 감정적 연결은 어떤 수집품은 개인적인 추억이나 감정과 연결되어 있다. 어린 시절의 장난감을 모으는 것은 과거의 행복했던 순간을 다시 느끼려는 무의식적인 욕구일 수 있다. 그리고 통제 욕구는 정리하고 배열하는 과정에서 질서를 부여하고 통제감을 얻을 수 있다. 이는 불안감을 해소하는 역할을 하기도 한다.

진화론적으로 보면, 수집 행위는 생존과 번식을 위한 전략의 일환으로 볼 수 있다. 먼저, 자원의 축적으로 인간은 원시 시대부터 자원을 모으는 습성이 있었다. 먹을 것을 저장하거나 도구를 보관하는 것은 생존을 위한 필수적인 행동이었다. 현대에 와서도 이러한 본능이 남아 물질적인 물건을 모으는 행동으로 나타난다. 다음은 사회적 지위 확보라는 측면으로, 희귀한 물건을 소유하는 것은 집단 내에서 높은 지위를 차지하는 수단이 될 수 있다. 예를 들어, 예술품이나 명품 컬렉션을 소유하는 것은 부와 권력을 과시하는 방식이 되기도 한다.

이러한 수집 행위에는 긍정적인 측면과 부정적인 측면을 모두 가지고 있다. 긍정적인 측면에서 수집은 성취감과 만족감을 준다. 원하는 아이템을 찾아내고 수집하는 과정에서 큰 성취감을 느낄 수 있다. 또한, 창의성과 집중력 향상이다. 수집 과정에서 연구하고 정보를 탐색하는 과정이 창의적 사고를 자극한다. 그뿐만 아니라 정서적 안정도 준다. 정리하고 정돈하는 과정에서 심리적 안정을 얻을 수 있다. 그리고 사회적 연결로 같은 관심사를 가진 사람들과 교류하며 소속감을 느낄 수 있다.

하지만 부정적인 측면도 존재한다. 무엇보다도 강박적 집착이다. 특정 물건을 소유하지 않으면 불안해하는 집착으로 이어질 수 있다. 다음은 공간과 경제적 부담이다. 물건이 과도하게 많아져 생활 공간을 침범하거나 경제적인 부담을 초래할 수 있다. 또한, 관계 단절로 이어질 수 있다. 수집에 몰두하느라 인간관계를 소홀히 하게 될 위험이 있다. 더불어 심리적 불안을 일으킬 수 있다. 목표한 물건을 얻지 못했을 때 심리적 불안이나 박탈감을 느낄 수도 있다.

그렇다면 건강한 수집 습관을 기르는 방법은 무엇일까? 첫째, 수집 목적을 명확히 하기다. 단순한 소유욕이 아니라 자신에게 의미 있는 가치를 중심으로 수집하는 것이 중요하다. "왜 이 물건을 모으는가?"라는 질문을 스스로 던져보자. 둘째, 감정적 집착 줄이기다. 물건 자체보다 그것이 주는 경험과 의미에 집중하자. 지나치게 집착하지 않도록 일정한 기준(예: 컬렉션 개수 제한)을 설정하는 것도 좋다. 셋째, 수집을 통해 성장하기다. 단순한 소유에서 벗어나, 그 물건에 대한 지식을 쌓거나 전시회를 여는 등의 활동을 해보자. 같은 관심사를 가진 사람들과 교류하며 새로운 인사이트를 얻을 수도 있다. 넷째, 필요 없는 것은 정리하기다. 수집품이 쌓이면서 불필요한 것들이 많아질 수 있다. 정기적으로 점검하여 정리하는 습관을 들이자. "이것이 지금 내 삶에 도움이 되는가?"를 생각하며 정리하는 것이 중요하다.

수집은 단순한 취미가 아니라, 정체성을 형성하고 감정을 안정시키며 사회적 관계를 형성하는 중요한 활동이다. 철학적, 심리학적, 진화론적 관점에서 볼 때, 인간의 수집 행위는 본능적이면서도 의미 있는 행동이다. 하지만 과도한 집착이나 강박적인 태도는 오히려 심리적 불안을 초래할 수 있다. 따라서 수집을 통해 즐거움을 얻되, 물건에 대한 집착이 아니라 그 과정에서 얻는 경험과 의미에 집중하는 것이 중요하다. 건강한 수집 습관을 통해 자신의 삶을 더욱 풍요롭게 만들어보자.

PART 05

우리를 괴롭히는 감정

학습된 무력감

> 🔍　무력감(무기력)은 진짜로 학습되는가?

인간은 슬픔, 공포, 분노, 지루함, 우울 같은 감정을 모두 싫어한다. 그런데 그중에서 가장 싫어하는 감정이 불안이다. 불안은 이후에 느끼는 모든 감정을 증폭시켜 더욱 크게 다가오게 만든다. 그렇다면 우리는 어떤 상황에서 불안을 더 강하게 느낄까? 무엇보다도 모호하고, 불확실한 상황에서 인간은 더 큰 불안을 경험한다. 왜냐하면 인간은 본능적으로 확실한 것을 선호하기 때문이다. 그런데 이런 불안과는 또 다른 차원의 통제가 더 안 되는 감정이 있다. 그게 바로 무력감이다. 왜 그럴까? 무력감은 불안을 넘어 완전히 통제권을 상실했을 때 느끼는 감정이다. 불안한 상태에서는 '어떻게든 해볼 수 있을지도 모른다'라는 가능성이 남아 있지만, 무력감은 '아무리 해도 소용이 없다'라는 확신 속에서 발생한다.

사전에서 무력감을 찾아보면 '스스로 힘이 없음을 알았을 때 드는 허탈하고 맥 빠진 듯한 느낌'이라고 나와 있다. 미국의 심리학자 마틴 셀리그먼(Martin Seligman)은 실험을 통해 무기력이 학습될 수 있다는 사실을 밝혀냈다. 그는 이를 '학습된 무력감'이라고 명명했다. 피할 수도, 극복할 수도 없는 환경에 반복적으로 노출되면 자신이 충분히 해결할 수 있는 상황에서도 회피하거나 극복하려 하지 않고 자포자기하는 현상을 뜻한다. 그렇다면 무력감이 실제로 학습될 수 있다는 것은 어떻게 증명되었을까?

셀리그먼의 '학습된 무력감 실험'은 개를 대상으로 두 단계에 걸쳐 진행되었다. 그는 개에게 가해하는 쇼크 그 자체보다, 그것이 통제 가능한지가 더 중요하다고 생각했다. 개들은 세 그룹으로 나뉘었다. 먼저 그룹 A는 전기 충격을 받을 때 버튼을 누르면 충격이 멈춘다. 즉, 쇼크를 통제할 수 있는 집단이다. 그룹 B는 버튼이 있지만, 아무리 눌러도 충격을 멈출 수 없는, 쇼크를 통제할 수 없는 집단이다. 그룹 C는 전기 충격 자체를 하지 않아 아예 쇼크를 통제할 필요가 없는 집단으로 나누었다. 두 번째 단계에서는 모든 그룹의 개들이 벽을 넘어 건너편으로 옮겨가기만 하면 쇼크를 피할 수 있도록 설계되었다. 그 결과 그룹 A와 C는 장애물을 넘어서 도망쳤다. 하지만 그룹 B는 달랐다. 충격을 피하는 방법이 있음에도 불구하고, 도망치지 않고 그대로 앉아 있었다. 실험자들이 전기 충격을 꺼줄 때까지 그저 기다리기만 했다. 결국, 그룹 B의 개들은 "아무리 노력해도 소용없다"라는 경험을 학습했고, 탈출할 기회가 주어졌음에도 행동을 포기했다. 이 실험이 보여주는 핵심은 분명하다. 인간도 지속적인 실패를 경험하면 "나는 할 수 없다"는 신념을 형성하고, 비슷한 상황에서 아무리 기회가 주어져도 행동하지 않게 된다.

왜 무력감은 학습되는가? 무엇보다도, 인간은 통제할 수 없는 상황을 극도로 싫어한다. 삶을 스스로 통제하고 싶어 하지만, 반복적인 실패를 경험하면 "나는 할 수 없다"라는 무력한 신념이 자리 잡는다. 그러나 실패 자체가 문제가 아니다. 어떻게 해석하느냐에 따라 결과는 달라진다. 어떤 사람은 "다음엔 다르게 시도해보자"라고 생각하지만, 어떤 사람은 "역시 나는 안 되는구나"라고 생각하며 무기력을 학습한다. 셀리그먼은 무력감이 신념이 되는 과정에는 '영속성', '전반성', '개인화'라는 3가지 핵심 요소가 있다고 했다. 먼저 영속성(Permanence)은 "이번엔 못했지만, 다음엔 할 수 있어"가 아니라 "나는 원래 안 되는 사람이야"를 거쳐 "나는 영원히 무능할 거야"로 이어진다. 다음으로 전반성(Pervasiveness)은 "이 시험은 어려웠지만, 다른 과목은 잘할 수 있어"가 아니라 "나는 원래 공부를 못하는 사람이야"에서 "나는 모든 면에서 무능해"로 된다. 그리고 개인화(Personalization)는 "이건 환경 관련 문제였어"가 아니라 "나는 원래 능력이 부족해"로 돌아와 "모든 게 내 잘못이야"로 바뀐다. 이처럼 무력감은 단순한 감정이 아니라 '나는 무능하다'라는 신념으로 자리 잡는다.

그렇다면 무력감에서 벗어날 방법은 없을까? 있다. 그리고 반드시 벗어나야 한다. 먼저 통제감을 회복해라. "이번에도 실패하면 어떡하지?"가 아니라 "일단 해보자. 작게라도 성공하면 기분이 달라질 거야"처럼 할 수 있는 작은 목표부터 시도해 성공 경험을 쌓아야 한다. 그리고 부정적인 신념을 버려라. "나는 무능하다"가 아니라 "이건 어려운 문제였다. 하지만 다음번엔 다르게 해볼 수 있다"로, "나는 원래 안 돼"가 아니라 "이 환경이 문제였을 뿐, 다른 방법을 찾으면 된다"라고 바꾸어야 한다. 그리고 무조건 움직이고 행동하라. 무력감은 가만히 있을수록 더 심해진다. 책 한 페이지 읽기, 5분간 운동하기, 짧은 산책하기 같은 작은 행동부터 해야 한다. '내가 통제할 수 있는 것이 있다'라는 경험을 만드는 것이 중요하다.

프랑스 실존주의 철학자 장 폴 사르트르(Jean Paul Sartre)는 "인간은 자유를 두려워한다"라는 말과 함께 인간은 자신의 운명을 스스로 결정할 수 있지만, 오히려 그 자유를 피하려 한다고 했다. 즉, 무력감은 자신이 선택한 결과일 수도 있다. 로마 황제이자 스토아 학파 철학자이기도 한 마르쿠스 아우렐리우스(Marcus Aurelius)는 그의 저서 『명상록』에서 "너의 힘으로 바꿀 수 없는 일이라면, 그것에 대해 불평하지 말라. 오직 네가 통제할 수 있는 것에 집중하라"고 했다. 당신이 무력감을 느낀다면, '지금 나는 무엇을 바꿀 수 있는가?'를 먼저 생각하라.

많은 연구와 실험이 증명하듯, 무력감은 실제로 학습된다. 하지만 한 번 학습되었다고 영원히 벗어날 수 없는 것은 아니다. "나는 어차피 안 돼"라는 생각을 멈추고, 지금 당장 할 수 있는 작은 행동부터 시작하라. 그것을 통해 작은 성공 경험을 쌓고, 해석 방식을 바꾸면 무력감을 극복할 수 있다. 무력감은 결국 통제감을 되찾는 과정에서 극복된다. 그 사실만큼은 절대 잊지 말자.

번아웃(소진) &
번아웃 증후군

🔍 | '번아웃'에 빠지지 않으려면 어떻게 해야 할까?

며칠 전 미술 관련 대학에 다니는 조카에게서 전화가 왔다. 학교생활이 너무 힘들어 '번아웃'이 온 것 같다면서 이번 학기를 마치면 다음 학기는 휴학할 생각이라고 했다. 우선 '혹시 우울하거나 무기력한 건 아닌가?'부터 확인했다. '번아웃'과 '우울증'의 증상은 비슷하지만, 대처 방법이 조금 다르기 때문이다.

번아웃은 1974년, 프로이덴버거(Freudenberger) 박사가 처음 정의한 개념으로, 장기간의 과도한 스트레스와 과중한 업무 부담으로 인해 신체적, 정신적, 정서적 에너지가 고갈된 상태를 의미한다. '번아웃'은 그 상황에서 벗어나는 것이 하나의 치료 방법인 경우가 많지만, '우울증'은 환경과 무관하게 지속되며, 삶의 전반적인 영역에 영향을 미친다는 점에서 차이가 있다.

번아웃 증후군의 주요 증상은 크게 정서적 탈진(Emotional Exhaustion), 개인적 성취감 저하(Lack of Personal Accomplishment), 탈인격화

(Depersonalization) 이렇게 세가지로 나뉜다. 먼저 '정서적 탈진'은 지속적인 피로감과 에너지 고갈, 흥미와 동기 상실, 과도한 스트레스 경험을 포함한다. 다음으로 '개인적 성취감 저하'는 자기효능감 저하와 함께 성취감이나 만족감을 느끼지 못하고, 하는 일이 무의미하게 느껴지는 상태를 말한다. 그리고 '탈인격화'는 타인에 대한 냉소적 태도, 감정적 거리 두기, 무관심이 증가하면서 공감 능력까지 저하되는 현상이다.

번아웃의 원인은 업무 환경과 개인적 요인으로 나눌 수 있다. 업무 관련 요인으로는 과도한 업무량, 역할 갈등과 모호성, 업무처리 방식이나 스케줄에 대한 통제권 부족, 업무 성과에 대한 인정이나 보상 결여, 동료 및 상사와의 갈등 등이 있다. 개인적 요인으로는 높은 성취 지향성, 사소한 실수에도 과도한 스트레스를 받는 성향, 스트레스 상황에서 적절히 대응하지 못하는 경우 등이 포함된다.

이러한 '번아웃'이나 '번아웃 증후군'은 갑자기 나타나는 것이 아니라 점진적으로 진행된다. 초기에는 열정적으로 일에 몰두하며 과로가 시작된다. 중기에는 스트레스가 증가하면서 피로감과 효율 저하가 두드러지고, 말기에 이르면 심리적, 신체적 소진이 극심해져 일상생활까지 영향을 미치게 된다.

이제 번아웃의 치료 및 대처 방법에 관해 이야기해보자. 크게 개인적인 접근법과 조직적인 접근법으로 나뉜다. 개인적 접근법으로는 첫째, 명상, 요가 등의 이완 요법과 적절한 운동 및 충분한 수면을 통한 스트레스 관리가 있다. 둘째, 업무의 우선순위를 정하고, 일정에 휴식 시간을 꼭 포함하는 시간 관리가 중요하다. 셋째, 건강한 식습관과 취미 생활, 여가 활동을 통한 자기 돌봄이 필요하다. 조직적 접근법으로는 첫째, 업무량 조정과 역할을 명확히 하는 업무 환경 개선, 적절한 보상 시스템도 여기에 포함된다. 둘째, 직원들에게 스트레스와 번아웃의 징후에 대한 예방 교육도 필요하다. 셋째, 상담 및 멘토링 프로그램을 운영하거나 유연 근무제 도입 등이 있다.

무엇보다도 중요한 것은 '번아웃'이 꼭 일을 많이 해서만 오는 것이 아니라, 일만 해서 오는 것이라는 점이다. 즉, 삶에서 일이 유일한 의미가 될 때 '번아웃'은 더욱 심각해진다. 예방이 중요한 이유다. 첫째, 일과 삶의 균형을 찾고 지나친 몰입을 피하는 균형 잡힌 삶을 살 것. 요즘 말로 '워라밸'을 뜻한다. 둘째, 과도한 책임을 지지 않도록 스스로 한계를 설정할 것. 그리고 셋째, 자신의 정서적, 신체적 상태를 주기적으로 점검할 것.

한병철 교수는 『피로사회』에서 과도한 경쟁, 정보 과부하, 사회적 고립, 일과 삶의 불균형이 현대인을 피로하게 만들고, 결국 '번아웃'으로 이어진다고 지적했다. 지금 번아웃이 걱정된다면 지금 당장 건물 밖으로 나가 하늘 한번 쳐다보고 심호흡부터 해보는 건 어떨까?

결정장애

> 🔍　결정장애는 꼭 나쁜 것인가?

　요즘 스스로 '결정장애'가 있다고 말하는 사람들이 많다. 가장 큰 원인은 선택에 따른 실패의 두려움이다. 과거의 결정이 불만족스러운 결과로 이어졌거나 실패에 대한 책임을 지는 것이 부담스럽기 때문이다. 결정 이후 주변의 비난과 원망을 감당할 자신이 없어 망설이게 되는 경우도 많다. '결정장애'라는 말은 선택의 순간에 쉽게 결정을 내리지 못하는 성향을 표현하는 신조어다. 하지만 이는 의학적으로 '질병'으로 인정되지 않는다. 따라서 '햄릿 증후군', '선택 불가 증후군' 또는 '우유부단한 성향'이라고 표현하는 것이 더 적절하다.
　그런데 '결정장애'는 정말로 장애일까? '장애'라는 단어는 다양한 의미를 지니지만, '결정장애'는 그 어느 경우에도 해당하지 않는다. 영어에서 신체적 손상이나 사회적 제약을 의미하는 handicap, disability가 있다. 하지만 결정을 내리는 어려움과는 관련이 없다. 다음은 기계나 시스템의 오류를 뜻하는 failure가 있는데, 인간의 의사결정과는 무관하다.

또한 불리한 환경을 의미하는 stress는 농작물이 비정상적인 환경에서 자랄 때 겪는 압박을 의미하지만, 결정 과정에서의 심리적 부담과는 다른 개념이다. 간섭을 의미하는 interference는 통신망에서 자원이 차단되는 현상을 뜻하며, 이것 또한 선택의 어려움과 연결되지 않는다. 마지막으로 질병을 의미하는 disorder는 불안 장애(Anxiety Disorder)처럼 의학적으로 분류되는 정신 질환을 의미하는데, 결정장애는 이에 해당하지 않는다.

그럼에도 '결정장애'라는 용어가 널리 쓰이는 이유는 현대 사회가 냉소적이고 사람들을 놀림의 대상으로 삼는 분위기를 가지고 있기 때문이다. 상대를 조롱하거나 가볍게 깎아내리며 재미를 느끼는 문화가 자리 잡으면서 이 표현이 하나의 유행어처럼 굳어졌다. 현대인들은 왜 결정을 어려워할까? 결정을 어렵게 만드는 이유는 다양하다. 가장 흔한 이유는 과거의 실패 경험이다. 잘못된 선택으로 후회했던 경험이 있다면, 새로운 결정을 내리는 것이 부담스러워진다. 다음은 책임을 회피하려는 심리로 선택에는 책임이 따른다. 만약 결과가 좋지 않으면 비난을 받을 수도 있기 때문에 차라리 결정을 미루려 한다. 또한 어릴 때부터의 과잉 보호도 또 다른 이유이다. 부모가 모든 결정을 대신해주면서 자란 경우, 스스로 결정하는 능력이 발달하지 못할 가능성이 크다. 오늘날 선택지가 너무 많은 것도 문제다. 현대 사회에서는 정보가 넘쳐난다. 쇼핑 하나를 하더라도 수십, 수백 가지 선택지가 주어지다 보니, 오히려 결정이 더 어려워지는 결정 피로(Decision Fatigue)가 발생한다. 더불어 완벽한 결정을 하려는 강박도 한몫한다. "이 선택이 최선일까?"라는 생각이 강할수록 결정이 어려워진다. 하지만 완벽한 선택이란 애초에 존재하지 않는다.

결정의 순간에서 주저하지 않으려면 어떻게 해야 할까? 첫째, 회피하지 말고 정면으로 맞닥뜨리기. 체념, 무기력, 포기는 문제 해결에 도움이 되지 않는다. 선택의 순간이 왔을 때 도망치지 말고 직접 마주해야 한다. 둘째, 우선순위를 정하기. 해야 할 일들을 나열하고 중요도를 평가한 후, 순서를 정하면 결정이 한결 쉬워진다. 셋째, 자신의 선택을 신뢰하기. 결정을 내린 후에는 "내가 잘못된 선택을 한 건 아닐까?"라는 생각을 줄이고, 현재에 집중하는 것이 중요하다. 넷째, 선택지를 줄이는 것이다. 쇼핑할 때 세 군데 매장만 방문하고 결정하거나 소개팅을 몇 번만 만나고 판단하는 식으로 기준을 정하면 선택이 훨씬 수월해진다. 다섯째, 결정 시간을 미리 정해두기. "이 문제는 10분 안에 결정한다"처럼 시간을 제한하면 불필요한 고민을 줄일 수 있다. 마지막 여섯째, 타인의 의견에 지나치게 의존하지 않기. 조언은 참고하는 것이지 정답이 아니다. 주변 사람이 항상 옳은 결정을 내려주는 것도 아니므로 결국엔 자신의 판단이 가장 중요하다.

결정 속도가 느리거나 신중한 성향이 꼭 단점인 것만은 아니다. 오히려 깊이 생각하는 사려 깊은 사람일 가능성이 높다. 빠른 선택을 강요하는 사회 분위기 속에서도, 자신만의 속도를 유지하는 것이 더 나은 결과를 가져올 수도 있다. 하지만 한 가지 기억해야 할 점이 있다. "고민만 하다가 아무것도 결정하지 않는 것, 이것이 최악의 결정장애다." 아무것도 선택하지 않으면 아무것도 얻을 수 없다. 완벽한 선택은 없지만, 아무 선택도 하지 않는 것만큼 나쁜 선택도 없다.

버림받음에 대한
불안

🔍 | 인간의 가장 원초적인 불안이 아닐까?

　주변에서 보면 겉으로는 별다른 문제가 없어 보이는데도, 깊은(적절한) 관계를 오래 유지하지 못하는 사람들이 있다. 특히, 연인 관계에서 그런 특징이 두드러진다. 이들은 짧은 주기로 끊임없이 상대가 바뀌고 변덕스러워 마치 바람둥이처럼 보인다. 처음에는 상대방을 한없이 높게 평가하며 입에 침이 마르도록 칭찬을 아끼지 않았다가도, 상대에게 조금이라도 서운한 점을 발견하거나 실망하는 순간 급격히 태도가 변한다. 그때부터 상대방을 깎아내리거나 크게 분노를 표현한다. 이처럼 때로는 극도로 집착하는 모습을 보이다가 어느 순간 차갑게 돌변하는 이들의 심리는 무엇일까?

　진화론적으로 보면 이런 특성은 인류사의 2가지 중요한 사건과 연관이 있다. 바로 '두 발로 걷기(직립 보행)'와 '뇌 크기의 확대(대뇌화)'다. 인간이 두 발로 걷기 위해서는 골반이 작아야 하지만, 반대로 큰 뇌를 가진 아이를 출산하려면 골반이 커야 한다. 이 2가지 요구가 충돌하면서 인간은 가능한 한 임신 기간을 유지하다가 가장 빠듯한 시점에서 출산하게 되었다. 조금만 엄마 배 속에서 미적거리다가는 세상에 나오지도 못한다. 이런 이유로 제왕절개가 시행되기 전에는 수많은 엄마와 아이가 죽었다. 웬다 트레바탄(Wenda Trevathan)의 저서 『여성의 진화』에 따르면 인간의 모든 신생아는 사실상 미숙아 상태로 태어난다. 수렵-채집 사회에서는 보통 3~4년 동안 수유했으며, 지금도 인간은 스스로 걷기까지 2년 가까운 시간이 걸린다. 반면, 송아지의 경우 태어난 지 1시간 정도 지나면 스스로 서서 걷기 시작한다. 실로 엄청난 차이다. 이런 이유로 인간에게는 버림받음에 대한 불안(유기 불안)이 본능적으로 자리 잡을 수밖에 없었다.

유기 불안이란, '홀로 남겨지거나 버림받을 것에 대한 불안'을 의미하며, 주관적 감정 상태로 어느 정도는 정상적인 발달 과정에서 나타날 수 있다. 어떤 형태로든 부모나 양육자로부터 물리적·심리적 이별을 경험하는 것은 불가피하기 때문이다. 따라서 유기 불안이 있느냐 없느냐보다는 그것을 얼마나 적절하게 극복하고 다룰 수 있느냐가 더 중요하다. 만약 이런 유기 불안을 적절하게 해소하지 못하면 우울, 관계 회피, 지나친 의존 등 부적응적인 사고와 행동으로 이어지기 쉽다. 이는 일상생활에서 자연스러운 인간관계를 맺고 유지하는 데 큰 어려움을 초래할 수 있다.

심한 유기 불안은 우울장애, 불안장애와 같은 많은 정신 질환의 발병과 악화에 영향을 줄 수 있다. 그중에서도 극단적인 유기 불안을 특징으로 하는 가장 대표적인 것이 바로 경계성 인격장애(Borderline personality disorder)다. 이 장애가 있는 사람들은 대인관계에서 극심한 불안정성(unstability)을 보이며, 상대의 정상적인 반응도 자신에 대한 거부로 왜곡하여 해석하는 경향이 있다. 그들은 '무슨 일이 있더라도 나를 버리지 않는 사람'을 찾는다. 상대가 정말 그런 사람인지 확인하려는 과정에서 끊임없이 상대를 시험하며, 조금이라도 불안이 느껴지면 강한 집착과 분노를 번갈아 보인다. 결국 상대가 지쳐 떠나면 '역시 너도 똑같구나'라고 단정짓고 상대를 비난하며 또 다른 관계로 이동하는 패턴을 반복한다.

하지만 유기 불안은 경계성 인격장애 환자만의 문제가 아니다. 누구나 크고 작은 형태로 유기 불안을 경험한다. 이런 불안이 지속되면 외로움과 고립감이 심해지고, 자신감이 떨어지며, 대인관계에서 신뢰를 잃게 된다. 그러므로 이 불안을 감추거나 억누르지 말고, 신뢰할 수 있는 사람과의 소통을 통해 이해받고, 지지받고 있음을 스스로 느끼는 경험을 쌓는 것이 중요하다.

유기 불안을 완화하기 위해서는 다음의 몇 가지 방법이 도움이 될 수 있다. 첫째, 스스로 불안을 인식하기다. 자신이 유기 불안을 느낄 때 어떤 감정이 드는지 솔직하게 인정하는 것이 중요하다. 불안이 생길 때마다 그 원인을 탐색하고 기록해보는 것도 좋은 방법이다. 둘째, 안정적인 관계 형성으로, 믿을 수 있는 사람과 꾸준히 교류하며, 급작스럽고 감정적인 관계 변화보다는 신뢰를 쌓아가는 과정에 집중해야 한다. 셋째, 자기 돌봄(Self-care)이다. 신체적, 정신적 건강을 챙기는 것도 중요하다. 충분한 휴식과 건강한 생활 습관은 감정 조절 능력을 높이는 데 도움을 준다. 넷째, 전문가의 도움 받기다. 심한 유기 불안을 겪는다면 심리 상담이나 정신과 치료를 통해 감정을 조절하는 법을 배우는 것이 필요할 수도 있다.

'버림받음에 대한 불안'은 인간이라면 누구나 어느 정도는 가지고 있는 감정이다. 중요한 건 그것의 존재 여부가 아니라 어떻게 다루느냐이다. 유기 불안을 극복하고 안정적인 관계를 형성할 수 있다면, 우리는 더 건강하고 행복한 삶을 살아갈 수 있다. 나는 그렇게 믿고 있다.

DSM-5 경계성 인격장애의 진단 기준(이전의 DSM-IV과 동일)

A. 자기상, 정동에서의 불안정성과 심한 충동성이 광범위하게 나타나며 이러한 특징적 양상은 성인기 초기에 시작하여 여러 가지 상황에서 일어난다. 다음 중 5가지 이상의 항목을 충족시킨다.

1. 실제적이거나 가상적인 유기를 피하기 위한 필사적인 노력: 5번 기준에서 말하는 자살 또는 자해 행위는 포함되지 않는다.
2. 극단적인 이상화와 평가절하가 교차하여 반복되는 불안정하고 강렬한 대인관계 양식
3. 정체감 혼란: 심각하게 지속적으로 불안정한 자기상 또는 자기 지각
4. 자신에게 손상을 줄 수 있는 충동성이 적어도 2가지 영역에서 나타남
   (예: 낭비, 성관계, 물질 남용, 무모한 운전, 폭식)
5. 반복적인 자살 행동, 자살 시늉, 자살하겠다는 위협 혹은 자해 행동
6. 현저한 기분 변화에 따른 정동의 불안정성 (예: 대체로 수시간 지속되며 드물게는 수일간 지속되기도 하는 간헐적인 심한 불쾌감, 성마름, 불안)
7. 만성적인 공허감
8. 부적절하고 심한 분노 혹은 분노 조절의 어려움
9. 스트레스에 따른 일시적인 망상적 사고 혹은 심한 해리 증상

불안이란?
I

> 🔍 **왜 인간은 불안할까?**

　인간은 슬픔, 공포, 분노, 지루함, 우울 같은 감정을 모두 싫어한다. 그런데 그중에서 가장 싫어하는 감정이 불안이다. 불안한 상태에서는 이후에 느끼는 모든 감정이 더욱 크게 증폭된다. 심지어 불안할 때는 매를 맞아도 더 아프다. 이렇듯 불안은 스트레스가 예상되거나 주관적으로 위험하다고 느껴지는 상황에서 경험하는 긴장감과 두려움 같은 감정이다. 그렇다면 우리는 어떤 상황에서 불안을 더 느낄까? 무엇보다도 모호하고 불확실할 때 인간은 더 불안하다. 왜냐하면 인간은 본능적으로 확실한 것을 선호하기 때문이다.

　먼저 이러한 불안을 진화론적 관점에서 살펴보면, 불안은 생존과 적응에 중요한 역할을 해왔다. 첫째, 위험에 대한 인식이다. 불안은 위험을 감지하는 기능을 하는데, 잠재적인 위협을 빠르게 인식하고 대처할 수 있도록 돕는다. 이를 통해 위험한 상황에서 빠르게 반응할 수 있게 된다. 둘째, 대처 행동을 유도해 상황에서 회피하거나 방어적인 행동을 취하도록 하여 생존 확률을 높인다. 셋째, 불안한 상황에서는 사람들끼리 서로 의지하고 협력하게 되는데, 이에 따라 사회적 유대감이 강화되고, 집단의 생존 가능성을 높이는 요소가 된다. 넷째, 불안은 문제 해결 능력을 향상하고, 동기 부여의 원천이 되어 적응과 진화를 촉진한다. 다섯째, 예측 능력 향상으로, 불안은 미래의 위험을 예측하고 대비하여 전략적 사고와 계획 수립에 도움이 된다. 즉, 불안은 단순히 부정적인 감정이 아니라 인류의 생존과 진화에 필수적인 역할을 해온 감정이다.

알랭 드 보통(Alain de Botton)은 그의 저서 『불안』에서 불안을 주로 사회적 지위, 사랑, 성공과 같은 인간의 근본적인 욕구와 연결 지어 설명한다. 그는 현대인이 느끼는 불안의 주요 원인을 몇 가지로 정리했다. 첫째, 인간은 타인의 인정을 갈구하며, 자신의 가치를 돈, 명예, 지위와 같은 외부적 성공에서 찾으려 한다. 그래서 '내가 충분히 그럴만한 가치가 있는 존재인가?'라는 질문이 끊임없는 불안을 만든다. 둘째, 비교에 대한 압박으로 현대 사회는 끊임없는 비교를 부추긴다. 특히, 소셜 미디어와 같은 플랫폼은 성공한 사람들의 이미지로 가득 차 있어 개인의 불안을 더욱 증폭시킨다. 셋째, 사랑에 대한 갈구나 두려움으로 사랑받지 못할까 봐 혹은 사랑을 잃을까 봐 두려워하는 감정도 불안의 주요 원인이다. 넷째, 죽음의 불가피성과 '삶이 충분히 의미 있는가?'에 대한 의문이 궁극적인 불안을 유발한다.

알랭 드 보통은 이러한 불안을 다스리고 극복하는 방법으로 철학적, 심리학적 접근을 제안한다. 먼저, 에픽테토스와 같은 철학자들의 가르침을 인용하면서 타인의 평가나 운명 같은 우리가 통제할 수 없는 것에 집착하지 말고, 자신의 태도나 선택처럼 통제할 수 있는 것에 집중하라고 조언한다. 다음은 삶을 장기적이고 넓은 관점에서 바라보는 연습을 권장한다. 순간적인 실패나 어려움이 전체적인 삶의 흐름 속에서 큰 영향을 미치지 않는다는 점을 깨달아야 한다. 또한, 불안을 있는 그대로 받아들이고, 그 원인을 분석하는 과정이 필요하다. 더불어 불안을 억누르기보다는 그것이 왜 생겼는지 이해하는 과정이 핵심이다. 더불어 성공과 행복의 정의도 남이 정해준 기준이 아니라, 자신만의 기준으로 재정립하라고 말한다. 마지막으로 그는 철학적 통찰뿐만 아니라 예술과 문학, 건축 등의 아름다움 속에서 위안을 찾아보라고 권한다. 예술은 불안을 극복하고 더 넓은 시각으로 세상을 바라보는 데 도움을 줄 수 있다.

 결국 불안은 완전히 없앨 수 없는 감정이며, 이를 삶의 일부로 받아들이고 다루는 방법을 배워야 한다. 암에 걸린 어느 노 의사가 했던 말이 떠오른다. "암 덩어리, 너도 나 같은 사람을 주인으로 만나서 참 고생이 많다. 우리 한번 잘 지내보자." 병(암)의 중증도를 떠나서 암을 대하는 자세가 이렇다면 적어도 불안이 삶을 지배하지는 않을 것이다.

불안이란?
II

> 🔍 　 불안의 양면성, 불안은 정말 안 좋은 건가?

　불안으로부터 자유로운 사람은 아무도 없다. "피할 수 없으면 즐겨라"라는 말처럼 불안에서 벗어날 수 없다면 이를 다르게 바라보고, 대처하는 연습을 해보는 것도 좋은 방법이다. 물론 "불안을 즐긴다"라는 말이 단순히 무시하거나 억제하라는 뜻은 아니다. 오히려 이를 생산적이고 의미 있는 방식으로 활용해보라는 의미다.
　이렇듯 불안은 명(明)과 암(暗)-양면성, 즉 밝은 면과 어두운 면을 모두 가지고 있다. 우선 불안의 명(明), 긍정적인 측면부터 살펴보자. 첫째, 불안은 목표를 향한 동기를 부여한다. 예를 들어, 시험이나 중요한 발표를 앞두고 느끼는 불안은 준비를 더 철저히 하도록 만든다. 둘째, 위험에 대한 감지다. 불안은 하나의 경고 신호로써 위험한 상황을 빠르게 인식하고, 신속한 대응을 가능하게 한다. 예를 들어, 건강 문제에 대한 불안이 건강 검진을 받게 만들어 질병을 조기에 발견할 수 있도록 돕는다. 셋째, 문제 해결 능력 향상으로 불안은 문제를 인식하고 해결하려는 노력을 강화한다. 그 결과 더 나은 선택을 하고 신중한 결정을 내릴 가능성이 높아진다. 넷째, 사회적 유대 강화다. 불안한 상황에서 사람들은 서로 의지하게 된다. 이는 집단의 결속력을 높이고 협력을 촉진하는 역할을 한다. 다섯째, 자기 성찰과 성장으로 불안은 내면을 돌아보게 만들고, 이를 통해 더 나은 자신으로 성장할 수 있도록 한다. 또한 이렇게 불안을 극복하는 과정에서 자신감을 얻을 수 있다.

이제는 불안의 어두운 측면, 암(暗)에 대해서 알아보자. 지속적이고 과도한 불안은 스트레스를 유발하고, 신체적 및 정신적 건강에 부정적인 영향을 미친다. 이는 피로, 불면증, 우울증 등으로 이어질 수 있다. 불안이 심하면 마치 '결정장애'처럼 의사결정이 어려워지고, 상황을 분석하거나 선택하는 데 어려움을 겪는다. 또한 심한 불안은 사람을 사회적으로 고립시킨다. 대인관계에서의 불안이 두려움으로 작용해 타인과의 상호작용을 회피하게 된다. 그리고 불안은 과도한 걱정과 비합리적인 결정을 유발하여 합리적인 판단을 저해한다. 결국, 이러한 문제들이 지속되면 삶의 질이 떨어지는 것을 피할 수 없다.

지금까지 우리는 불안의 밝은 면과 어두운 면을 알아보았다. 그렇다면 이러한 불안을 긍정적인 방향으로 전환하는 방법은 없을까? 가장 좋은 방법은 불안과 친해지는 것이다. 이를 '감정 수용'이라고 부르는데, 불안을 억누르기보다 이를 있는 그대로 받아들이고, 나를 보호하려는 신호라고 재해석할 수 있다. 구체적인 방법으로 '마음챙김(Mindfulness) 명상'이 있다. 불안이 들 때 호흡에 집중하는 마음챙김 명상은 불안을 가라앉히는 데 효과적이다. 이는 불교의 전통 수행법에서 유래해 현대 심리학과 결합된 치료법이기도 하다. '일기 쓰기'는 불안의 원인을 기록하고, 거기서 배울 점을 찾는 것이 도움이 된다. 또한 불안은 아드레날린과 같은 신체적 반응을 촉진하므로, 이를 창의적 활동이나 운동으로 변환할 수 있다. 불안이 심할 때 산책, 요가, 달리기와 같은 운동은 신체 긴장을 완화하며, 그림 그리기, 글쓰기, 음악을 통해 감정을 표현하는 것도 도움이 된다. 그리고 불안의 상황을 과장하거나 유머러스하게 받아들이는 연습을 통해 스트레스를 완화된다. 어려운 상황을 '새로운 모험'으로 재해석하며 "지금 느끼는 이 불안은 나를 살아있게 하는 에너지야!"라는 식의 긍정적 자기 대화를 시도해보는 것도 좋다. 봉사활동이나 팀 프로젝트에 참여하여 소속감을 증진하는 공동체 활동도 불안을 감소시킬 수 있는 좋은 방법이다.

하지만 이런 방법들로도 불안이 잘 해결되지 않는다면 더 이상 혼자 감당하려 하지 말고, 친구나 가족과 공유해야 한다. 인간관계는 불안을 완화하는 강력한 도구이다. 그리고 필요하다면 전문가 상담을 통한 심리치료나 정신과 진료를 주저하지 말아야 한다. 불안은 반드시 해소하거나 제거해야 할 부정적인 감정이 아니다. 중요한 것은 불안의 양면성을 이해하고 스스로 해결할 수 있는 수준인지에 대한 냉철한 판단이다. 불안을 '적'이 아니라 '동반자'로 받아들이면 삶의 도전과 불확실성을 더 의미 있고 즐겁게 경험할 수 있다. 결국, 그게 인생이다.

'우울'에
잘 대처하는 방법

> 🔍 | **우울증은 우울, 우울감과는 무엇이 다른가?**

　사람은 왜 우울할까? 우울하다는 감정은 정말로 나쁘기만 한 걸까? 우리는 일이 잘 풀리지 않거나, 시험을 망쳤거나, 미래에 대한 걱정으로 잠을 이루지 못할 때 우울감을 느낀다. 하지만 어떤 사람들은 특별한 이유 없이도 우울하다고 말한다. 물론 자세히 들여다보면 그들에게도 나름의 이유가 있을 가능성이 크다.

　우울, 우울감, 우울증은 서로 관련이 있지만 미묘한 차이가 있다. 우울은 단순히 '마음이 답답하고 근심스러워 활기가 없는 상태'로, 이는 일상적인 감정의 변화를 의미한다. 우울감은 이런 감정이 심화된 상태로, 지속적인 불쾌감이나 불안감이 동반될 수 있다. 반면 우울증은 보다 심각한 정신적 질환으로, 단순한 기분 변화가 아니라 일상생활에 지장을 줄 정도로 지속되며, 치료가 필요할 수 있다.

　우울증의 진단 기준은 다음과 같다. 다음 9가지 증상 중 5가지 이상이 2주 이상 지속될 경우, 우울증으로 진단할 수 있다.

① 지속적인 슬픔이나 우울한 기분
② 흥미나 즐거움 상실
③ 식욕의 변화(감소 또는 증가) 및 체중의 변화
④ 불면 또는 과다수면
⑤ 정신운동 지연 혹은 초조
⑥ 피로감이나 활력의 상실
⑦ 자기 비하 또는 부적절한 죄책감
⑧ 집중력 저하 및 우유부단
⑨ 반복적인 자살 생각이나 행동

쉽게 날씨로 비유하자면 그냥 가끔 내리는 비는 우울(감)이고, 이런 비가 지속해서 내리는 장마가 우울증에 해당한다고 볼 수 있다.

이렇듯 우리를 힘들게 하는 '우울'은 진화적 관점에서 어떤 의미를 가질까? 우울은 단순히 부정적인 감정이 아니라, 생존과 적응에 중요한 역할을 하는 복잡한 감정으로 볼 수도 있다. 첫째, 사회적 신호로서의 우울이다. 우울한 감정은 타인에게 도움이나 지지를 요청하는 방식으로 작용할 수 있다. 이는 인간이 사회적 동물로서 협력과 연대를 강화하는 데 기여한다. 둘째, 위험 회피 기제로서의 우울이다. 스트레스 상황에서 신중하게 상황을 재평가하고, 보다 안전한 선택을 하도록 유도하는 역할을 한다. 셋째, 깊이 있는 사고와 문제 해결 유도로, 우울한 감정은 단순한 즉각적 해결책이 아니라 장기적인 해결책을 모색하도록 만드는 심리적 기제로 작용할 수 있다. 넷째, 방어 메커니즘으로서의 우울이다. 감정적으로 힘든 상황에서 에너지를 절약하고, 무리한 시도를 줄이며 회복할 시간을 확보하는 역할을 한다. 다섯째, 정신적 회복력 강화로, 우울한 경험을 극복하는 과정은 개인의 내면을 단단하게 만들고, 향후 유사한 상황에서 더 잘 대처할 수 있도록 돕는다.

이렇듯 우울은 단순한 감정적 상태를 넘어서 인간 존재, 심리적 조건, 사회적 환경과 밀접하게 관련된 복합적인 현상으로, 미국의 정신과 의사이자 인지치료 창시자인 아론 벡(Aaron Beck)은 『우울증의 인지치료』에서 우울증이 주로 부정적인 사고 패턴에서 비롯된다고 설명한다. 우울증을 겪는 사람들은 자기 자신, 세상, 미래에 대해 비관적이고 왜곡된 시각을 가지며, 이러한 생각들이 우울을 더욱 심화시키는 악순환을 만든다. 따라서 인지치료에서는 이러한 왜곡된 사고를 교정하는 것이 핵심 목표가 된다.

그렇다면 우리는 우울할 때 어떻게 해야 할까? 가끔 찾아오는 우울(감)은 지극히 자연스럽고 정상적인 감정으로, 스트레스나 슬픈 사건에 대한 반응일 수 있다. 이런 감정이 들 때 너무 조급해하지 말고, 먼저 자신이 느끼는 감정의 원인을 차분히 들여다보는 것이 중요하다. 첫째, 스스로 해결할 수 있는지 생각해보기다. 우울한 감정이 특정한 원인(예: 시험 실패, 인간관계 문제)에서 비롯되었다면 문제 해결을 위한 실질적인 방법을 고민해볼 수 있다. 둘째, 우울한 감정을 자연스럽게 받아들이기다. 감정은 흐르는 것이므로 우울하다는 사실 자체를 부정하지 않고 자연스럽게 인정하는 것도 필요하다. 셋째, 주변에 도움 요청하기다. 가족, 친구, 전문가와 대화를 나누는 것만으로도 심리적 부담이 줄어들 수 있다. 넷째, 전문가의 도움받기다. 만약 우울한 감정이 2주 이상 지속되거나 일상생활에 심각한 영향을 미친다면 전문가의 상담이나 치료를 고려하는 것이 바람직하다.

우울은 인간의 자연스러운 감정 중 하나이며, 반드시 부정적으로만 볼 필요는 없다. 때로는 우리에게 필요한 휴식과 성찰의 기회를 제공하기도 한다. 그러나 그 감정이 장기적으로 지속되거나 일상에 지장을 줄 정도라면 적극적으로 해결하려는 노력이 필요하다. 무엇보다 자신의 감정을 부정하거나 억누르기보다 이해하고 관리하는 태도가 중요하다. 그리고 필요한 경우, 주저하지 말고 전문가를 찾아 도움을 받는 것이 우울을 극복하는 가장 현명한 방법이다.

가면성 우울증

> 🔍 | 엄마 마음을 아프게 할 수 있는 방법이 뭘까?

 10년 전쯤, 엄마 손에 이끌려 진료실에 들어온 중3 여학생이 문득 떠오른다. 사람을 외모로 평가해서는 안 되지만, 그 친구는 키도 크고 얼굴도 예뻤다. 하지만 본인의 의지와는 무관하게 억지로 끌려온 듯한 모습이었고, 단호하게 학교에 가지 않겠다고 선언하며 진료 자체를 거부했다. 한참을 달래 겨우 대화를 시작하면서 처음 던진 질문이 "왜 학교에 가기 싫니?"였다. 그 친구의 대답은 의외로 간단했다. "엄마를 속상하게 하려고요." 그 말을 듣고, 나는 이렇게 되물었다. "그래. 네 말대로 네가 학교에 가지 않으면 분명히 엄마 마음이 아프고 속상할 거야. 그런데 엄마가 힘들어지는 손해와 중학교도 졸업하지 못하고 이 세상을 살아가야 하는 네 손해 중에서 뭐가 더 클까?" 그 말을 듣고 한참을 고민하다가 내뱉은 말이 "그래도 학교엔 가지 않을 거예요"였다. 나는 다시 "그래. 그럴 수 있어. 지금 당장 어떻게 하라는 말은 아니니까. 어쨌든 오늘 집에 가서 곰곰이 한번 더 생각해 보고, 다시 만나자"라는 말로 첫 진료를 마무리지었다.

　가면성 우울증(Masked Depression)은 전형적인 우울 증상이 아닌 신체적 증상이나 다른 방식으로 나타나는 우울증의 한 형태이다. 이는 우울증의 정서적 고통이 가면(mask) 뒤에 숨어 있어, 본인조차 우울증을 인식하지 못하는 경우가 많다. 그래서 진단과 치료가 어려워진다. 일반적인 우울증은 슬픔, 무기력, 자책감 같은 감정적 변화가 뚜렷하지만, 가면성 우울증은 이런 감정이 겉으로 드러나지 않는다. 대신 두통, 소화불량, 근육통 같은 신체적 불편함을 호소하거나 불면증, 식욕 변화, 만성 피로 등의 증상이 나타난다. 때로는 과도한 알코올 소비, 약물 남용, 충동적인 소비 같은 행동 변화로도 표현된다. 일중독(workaholism)도 가면성 우울증의 한 형태일 수 있으며, 청소년기에는 무단결석, 비행, 게임중독 등의 모습으로 드러나기도 한다.

　왜 '가면성 우울증'이 문제인가? 가면성 우울증의 가장 큰 문제는 우울증을 인식하지 못해 적절한 치료 시기를 놓치기 쉽다는 점이다. 즉, 진단의 어려움으로 많은 경우 사회적 압력이나 개인적인 방어 기제가 우울을 숨기는 역할을 한다. '항상 밝아야 한다'라는 기대감, '나는 괜찮아야 한다'라는 자기 암시가 감정을 억누르고, 결국 신체적 증상으로 표출되는 것이다.

　일상 속 실제 사례 하나를 들어보자. 30대 회사원 박 씨는 평소 성격도 활발하고 회사 업무에 대한 만족도도 높은 사람이었다. 동료들 앞에서는 늘 유쾌했지만, 최근 만성 두통과 소화불량으로 여러 병원을 전전했다. 하지만 신체적으로는 별다른 이상이 없다는 진단만 받을 뿐이었다. 사실, 그는 몇 달 전부터 극심한 스트레스를 받고 있었지만, 이를 인정하지 않으며 더 열심히 일에 매달렸다. 그러다가 결국, 지인의 권유로 정신건강의학과를 찾았고, '가면성 우울증' 진단을 받고 치료를 시작했다.

미국의 정신과 의사이자 PTSD 연구의 권위자인 베셀 반 데어 콜크(Bessel van der Kolk)는 그의 저서 『몸은 기억한다』에서 심리적 트라우마가 어떻게 신체적 증상으로 표현될 수 있는지를 설명하며, 가면성 우울증의 이해를 도왔다. 또한 미국의 정신과 의사이자 의료 인류학자인 아서 클라인만(Arthur Kleinman)은 그의 저서 『신체화와 우울증』에서 문화적, 사회적 요인이 우울증을 신체 증상으로 변형시킬 수 있음을 연구했다. 이 책은 가면성 우울증이 문화적 맥락에서 어떻게 다르게 표현되고 이해되는지를 다루었다.

이처럼 가면성 우울증은 단순히 '기분 문제'가 아니라, 개인과 사회의 상호작용 속에서 발생하는 복합적인 현상이다. 특히, 청소년들의 무단결석, 비행, 게임중독 같은 행동의 이면에는 그들이 표현하지 못하는 내면의 외침, 즉 '소리 없는 아우성'이 숨겨져 있을 수 있다. 그 신호를 놓치지 않고, 진짜 목소리를 들을 수 있도록 우리 모두 더 세심한 관심을 기울여야 한다.

자살의 심리학

🔍 | 절망보다 무서운 무망에서 벗어나려면…

"두려움은 너를 죄수로 가두고, 희망은 너를 자유롭게 하리라!"
- 스티븐 킹의 원작, 프랭크 다라본트 감독의 《쇼생크 탈출》 중에서

이 대사는 영화에서 '레드(모건 프리먼)'가 '앤디(팀 로빈스)'에게 두려움과 희망을 대조하며, 절망적인 상황에서도 희망을 품고 살아가야 한다는 메시지를 전하는 장면에서 나온다. 이 영화를 인생 영화로 꼽는 사람이 많다고 하는데, 혹시 아직 보지 못했다면 꼭 한번 보길 추천한다.

얼마 전, 내가 일을 그만둔 병원으로부터 연락이 왔다. 한동안 소식이 없던 환자가 병원에 찾아와서 나를 꼭 만나고 싶다고 한단다. 이름을 확인한 후 내 연락처를 알려주라고 했더니 얼마 지나지 않아 문자가 왔다. 그는 내 도움 덕분에 상태가 좋아져서 얼마 전부터 '알바'를 하고 있다며, 꼭 식사 대접을 하고 싶다고 했다. 그를 마지막으로 만났을 때도 아

직 치료가 필요한 상태였던 게 기억나서 그의 근황이 궁금했다. 그래서 식사는 조금 부담스럽고 커피 한잔하자며 약속을 잡았다.

만나서 이야기를 나누다 보니, 상태가 심했을 때 곧바로 병원에 오지 못했던 이유는 너무나 무기력하고 자살 충동이 심해서 그랬단다. 그래서 거의 두 달 동안 집에서만 지냈다고 한다. 나는 "도대체 무엇 때문에 그렇게 죽고 싶냐?"라고 물었다. 그는 "죽고 싶었던 게 아니라 살기가 싫은 것"이라고 답했다. 그의 이야기를 다 이해할 수는 없었지만, 적어도 '죽고 싶은 것'과 '살기 싫은 것'이 다르다는 것만큼은 어렴풋이 느낄 수 있었다. 그리고 '절망'보다 무서운 것이 '무망'이라는 사실도.

절망(絶望)은 어떤 상황이나 상태에 대해 희망이 없다고 느끼는 감정이다. 하지만 절망은 '희망을 품고 가다가 꺾인 상태'이기에, 여전히 길을 찾으려는 에너지가 남아있다. 반면 무망(無望)은 새로운 '희망을 만들어낼 동력조차 없는 상태'다. 견디고 견디다가 어느 순간 무너져버려, 아무런 삶의 욕망도 남지 않고 가고 싶은 방향조차 없는 것이다. 그래서 자살은 절망의 순간에 일어나는 게 아니라, 무망의 상태에서 일어난다. 절망보다 무망이 더 무서운 이유다.

예를 들어, 군복무 중인 병사가 곧 제대를 앞두고 있다가 다음 주 예정인 휴가가 갑자기 한 달 뒤로 미뤄졌다면, 그때 느끼는 감정은 '절망'일 것이다. 하지만 갑자기 사태가 안 좋아져 제대가 기약 없이 연기되고, 평생 군복무를 해야 할지도 모른다는 소식을 들었다면? 이때 느끼는 감정이 바로 '무망'이다.

솔직히 말해, 정신과 의사로 25년간 일했지만, 여전히 자살하는 사람의 마음을 온전히 이해하지는 못한다. 나도 지금까지 살아오면서 힘든 순간이 많았지만, '죽고 싶다'는 생각을 깊이 해본 적은 없다. 힘들 때마다 '어떻게 해야 내가 이 상황에서 벗어날 수 있을까?'를 고민했을 뿐이다. 곰곰이 생각해 보니, 그것은 내가 강해서가 아니라 내가 경험한 것은 '무망'이 아닌 '절망'이었기 때문이다.

그렇다면 '무망(감)'에 빠진 사람을 만났을 때, 우리는 무엇을 할 수 있을까? 첫째, 그들의 이야기를 들어주는 것이다. 그들의 감정을 인정하고 공감하며, 진심으로 경청하는 태도가 중요하다. 둘째, 단순한 경청이 아니라 그러한 감정(무망)을 절대 비난하지 말고, 무조건적인 지지가 필요하다. 그들의 감정을 가볍게 여기거나 평가하지 말고, 있는 그대로 받아들여야 한다. 마치 그 순간만큼은 당신이 엄마인 것처럼 말이다. 셋째, 당신 혼자서 모든 문제를 해결하려고 하지 말고, 상담이나 치료와 같은 전문가의 도움을 적극적으로 권해야 한다.

하지만 '무망'에서 벗어나는 일은 생각보다 오랜 시간이 걸릴 수도 있다. 그래서 절대 포기하지 않고, 인내심을 갖고 버티는 것이 중요하다. '자살은 살고 싶은 몸부림의 또 다른 선택, 즉 살고 싶어서 죽는 것'이다. 그렇기에 우리는 그 몸부림을 희망으로 바꿀 방법을 함께 고민해야 한다. 마지막으로 자살하려는 사람들에게 꼭 전하고 싶은 말이 있다. 적어도 혼자라는 생각만은 하지 말기를.

PART 06

역설의 심리학

깻잎 논쟁

> 🔍 오묘한 인간의 마음

여러분은 지금도 끊임없이 논의되면서 심지어는 난제(?)라는 평가까지 받는 깻잎 논쟁에 대해서 어떻게 생각하는가. 이 논쟁의 원조는 노사연-이무송 부부의 실제 사건에서 시작되었다. 어느 날, 두 사람이 여자 후배와 함께 식사하던 중이었다. 후배가 깻잎 절임을 낱장으로 떼어내지 못하자, 이무송이 아래 깻잎을 눌러 도와줬다. 이를 본 노사연이 화를 냈고, 이 일화가 예능에 공개되면서 논쟁이 시작되었다. 함께 출연한 패널들의 의견이 엇갈렸고, 이후 깻잎 문제를 넘어서 남녀 사이 허용 범위라는 주제로까지 번졌다. 결국, 대한민국 예능인들이 모두 해당 논쟁에 뛰어들어도 결론이 나지 않아 결국 "이건 답이 없는 난제다"라는 평가까지 받게 되었다.

먼저 상관없다, 즉 "별거 아니잖아?"라는 입장의 사람들은 이 논란 자체가 의아하다고 말한다. "그냥 반찬일 뿐인데? 깻잎 절임이 원래 잘 안 떨어지잖아"라면서 누군가 불편해할 때 잠깐 도와주는 건 너무도 자연스러운 일이라고 주장한다. 상대가 이성이든, 어린아이나 노인이든, 누구라도 할 수 있는 단순한 배려에 불과하다는 주장이다. 또한, 자신의 파트너가 깻잎을 떼어준다고 해도 "그건 그저 찰나의 순간일 뿐, 기억조차 할 필요 없는 사소한 행동이다"라고 말한다.

반면, "말도 안 된다"라고 외치는 사람들은 격하게 반응한다. 무엇보다도 젓가락이 문제다. 지극히 개인적이고 너무나 친밀감(?) 넘치는 도구인 젓가락이라는 것부터 불만이다. 파트너의 입으로 들어가는 젓가락이 굳이 '다른 이성'을 도와주는 일에 쓰인다는 거 자체가 불쾌하다. 두 사람의 젓가락이 같은 그릇에서 부드럽게 움직이는 모습이 거슬린다. 의도치 않게 은근한 친밀감이 형성될 수도 있기 때문이다. 더욱 화가 나는 포인트는 따로 있다. 내 파트너가 깻잎을 떼지 못하는 다른 이성을 지켜보고 있었다는 사실이다. 자기 반쪽이 바로 옆에 있는데도 굳이 다른 사람의 불편함을 신경 썼다는 점이 거슬린다. 결국 "굳이 그 깻잎을 내 파트너가 떼어줘야 했을까?"라는 의문으로 이어진다.

이렇게 의견이 갈리는 이유는 크게 4가지로 정리할 수 있다. 첫째, 사람 사이, 즉 연인 관계에서의 경계 차이에서 비롯된다. 어떤 사람은 연인 간에 명확한 경계가 있어야 한다고 생각한다. 반면, 어떤 사람은 이 정도 행동은 허용 범위라고 본다. 연인이 다른 사람의 깻잎을 떼어주는 행위가 경계를 넘는 것으로 보는 사람도 있고, 단순히 친구로서의 배려라고 여기는 사람도 있기 때문이다. 둘째, 질투에 대한 민감도 차이 때문이다. 누군가는 깻잎 떼어주기 같은 행동에도 감정적으로 반응한다. 반면, 어떤 사람은 전혀 신경 쓰지 않는다. 셋째, 문화적 배경에 따른 차이로, 특히 우리나라에서 사회적 이슈가 더 되는 이유는 한국에서 개인적인 신체 접촉이 상대적으로 더 의미 있게 받아들여지는 경향이 있어서다. 마지막으로 넷째, 신뢰의 기준에 대한 차이 때문이다. 사람마다 신뢰를 정의하는 기준이 다르다. 작은 행동에서도 불안함을 느끼는 사람이 있는가 하면, 오히려 신뢰를 강화하는 행동으로 보는 사람도 있다.

그런데 나는 이 논쟁이 문제의 본질을 조금은 비껴간다고 생각한다. 그런 행동에 대한 객관적인 기준을 정한다는 게 난센스(Nonsense)다. "깻잎을 떼어주는 게 괜찮은가?"라는 객관적인 기준을 정하는 것 자체가 무의미하기 때문이다. 진짜 중요한 건 "어디까지가 가능하냐?"가 아니라 "내 파트너는 이 행동을 어떻게 느끼는가?"다. 신뢰가 있는 관계라면 이런 문제로 다툴 이유가 없다. 반면, 파트너가 이런 부분에 예민하다면 굳이 깻잎 하나 때문에 감정 상할 필요 없이 조심하면 된다. 그게 정답이다. 아내는 가끔 나에게 이런 말을 한다. "다른 사람들한테는 그렇게 친절하면서 왜 나한테는 안 그래?", "제발, 환자 대하듯이 나를 좀 대해줘!"라고…. 일단, 오늘은 나부터 반성해야겠다.

참과 거짓

> 🔍 　거짓이 거짓이라는 것을 증명하기는 생각보다 어렵다

　우리말에서 참(眞)은 '사실이나 이치(理致)에 조금도 어긋남이 없는 것' 혹은 '이치(二値)²⁵ 논리에서 명제가 진리인 것'을 뜻한다. 즉, 겉과 속이 분리되지 않고, 속이 꽉 찬 상태를 의미한다. 반면 거짓(假)은 '사실과 어긋난 것 또는 사실이 아닌 것을 사실처럼 꾸민 것'이다. 논리적으로 보면 참이 아닌 명제는 거짓이 된다. 흥미로운 점은 한자로 거짓 가(假)는 겉, 가죽에서 유래했다는 점이다. 이는 곧 겉만 번지르르하고 속이 비어 있는 상태를 의미한다. 진짜와 가짜를 가려내려면 그 말에 빈틈이 있는지, 없는지를 살펴야 한다. 거짓은 본질적으로 속이 비어 있는 만큼, 논리적 구멍이 있기 마련이다. 하지만 거짓말이 거짓말임을 입증하는 일은 생각보다 쉽지 않다.

　그렇다면 왜 거짓(말)이 거짓(말)이라는 것을 증명하기가 생각보다 어려울까? 거짓말은 본질적으로 사실처럼 보이도록 설계된 것이다. 따라

---
25 '참'과 '거짓'으로만 나누는 이분법적 논리(사고)

서 진위를 구별하기 위해서는 추가적인 정보와 맥락이 필요하다. 예를 들어, 누군가가 "나는 어제 집에 있었다"라고 말했을 때, 이를 거짓이라 증명하려면 그 사람이 집에 없었다는 확실한 자료가 필요하다. 하지만 단순한 사실 왜곡을 넘어 거짓말이 복잡한 감정이나 상황을 포함할 경우, 이를 객관적으로 거짓이라 단정하기는 더욱 어려워진다. "나는 너를 사랑해"라는 말을 생각해보자. 이 말이 참인지 거짓인지 판단하려면, 말한 사람의 의도와 감정을 측정할 방법이 있어야 한다. 하지만 감정이란 본래 유동적이고 주관적인 것이므로, 이를 증명하기란 거의 불가능하다.

다음은 진리와 거짓의 경계가 모호한 경우다. 거짓이 반드시 객관적인 사실과 관련된 것은 아니다. 때로는 거짓말이 의도적이라기보다는 해석의 차이에서 발생하기도 한다. "그는 나에게 소리쳤다"라는 말을 보자. 말하는 사람에게는 사실일지 몰라도, 상대방은 단순히 단호한 어조로 말했을 뿐일 수도 있다. 같은 경험도 사람에 따라 다르게 기억되고 해석되기에 이를 거짓이라 단정하기 어렵다. 또한, 일부 사실을 포함한 거짓말은 더욱 애매해진다. "내가 늦은 이유는 교통 체증 때문이야"라고 했을 때, 실제로 교통 체증이 있었지만 정작 늦은 결정적 이유가 늦잠 때문이었다면? 이 말은 완전히 거짓이라 할 수 있을까? 부분적으로는 사실이므로 이를 전적으로 거짓이라 단정하기는 어렵다.

때로는 거짓의 증거가 부족할 때도 있다. 거짓말을 증명하려면 진술과 모순되는 명확한 증거가 필요하다. 하지만 증거가 항상 존재하는 것은 아니다. "나는 저녁에 책을 읽었다"라는 말을 거짓이라 입증하려면 그 사람이 책을 읽지 않았다는 결정적인 증거가 있어야 한다. 하지만 개인적인 행위는 증거를 남기기 어려운 경우가 많다. 게다가 증거가 있다고 해도 그 증거 자체가 조작되었거나 다른 방식으로 해석될 가능성이 있다. 이런 이유로 거짓을 증명하는 일은 쉽지 않다.

다음은 거짓말을 한 사람이 스스로 그것을 진실이라 믿는 경우로, 우리는 이를 자기기만(self-deception)이라 한다. "나는 시험 준비를 정말 열심히 했어"라는 말을 보자. 하지만 실제로는 집중력이 흐트러져 딴짓을 한 시간이 많았다면? 이는 거짓일까, 아닐까? 말한 사람은 스스로 열심히 했다고 믿고 있기 때문에 이를 거짓이라 증명하기는 더욱 어렵다. 또한, 하얀 거짓말(White Lie)처럼 사회적으로 용인되는 거짓도 있다. "당신은 오늘 정말 멋져 보여"라는 말이 거짓일 가능성이 크더라도, 우리는 이를 긍정적인 말로 받아들인다. 상대가 이 말을 거짓이라 지적한다고 해서 큰 문제가 되지는 않는다.

거짓말이 거짓말이라는 것을 증명하려면 이를 판단할 절대적 기준이 필요하다. 하지만 모든 기준은 또 다른 증명을 요구하며, 이는 끝없는 논쟁으로 이어질 수밖에 없다. "그가 거짓말을 했다는 증거는 신뢰할 수 있는가?", "그 증거를 증명할 또 다른 증거는 있는가?" 이런 질문이 계속 이어지는 순간, 우리는 진실 논쟁의 늪에 빠진다. 결국 참과 거짓을 판단하려면 현실과의 일치성, 논리적 타당성, 말하는 사람의 의도, 그리고 사회적 합의를 종합적으로 고려해야 한다. 궁극적으로, 참과 거짓의 기준은 철학적 사유, 사회적 환경, 그리고 과학적 검증의 교차점에서 형성된다.

지금까지 우리는 '거짓(말)이 거짓(말)이라는 것을 증명하기는 생각보다 어렵다'라는 논제에 관해서 이야기했다. 너무나 당연(거짓)하다고 여겼던 것들이 전혀 당연(거짓)하지 않다는 사실에 놀랐을지도 모른다. 우리 인생이 그렇다. 세상에 당연한 것은 아무것도 없다.

선택의 역설

> 🔍 선택은 권리일까, 의무일까?

 우리는 매일, 그리고 매 순간 선택하며 살아간다. 아침을 먹을지 말지, 점심 메뉴는 무엇으로 할지, 저녁에 친구를 만날지 말지. 단 하루도 선택에서 벗어날 수 없다. 그런데 문득 이런 의문이 든다. 우리의 선택은 권리일까, 의무일까?

 미국의 심리학자 배리 슈워츠(Barry Schwartz)는 그의 저서 『선택의 패러독스』에서 선택이 곧 자유라는 일반적인 믿음과는 달리, 선택지가 많을수록 오히려 사람들을 무력하게 만들고 좌절시킬 수 있다는 역설을 이야기한다. 그가 말하는 선택은 단순히 상품 구매에만 국한되지 않는다. 우리는 사는 동네와 다닐 학교를 선택하고, 고심 끝에 배우자, 친구, 지도자를 선택한다. 직업과 취미를 결정하고, 심지어 어떤 신을 믿을지조차 비교한 끝에 선택한다. 그리고 선택이 마음에 들지 않으면 쉽게 바꿔버리기도 한다. 배우자를 바꾸고, 직업을 바꾸고, 종교를 바꾸는 것처럼 말이다. 요즘은 자신의 외모나 성별까지도 선택의 영역에 포함되는 시대가 되었다.

그렇다면 선택이 많을수록 행복할까? 슈워츠는 선택지가 많아질수록 오히려 사람들을 불행하게 만드는 몇 가지 이유를 제시한다. 첫째, 선택의 압박으로 선택지가 많을수록 결정에 대한 부담이 커지고, 잘못된 선택을 할까 봐 두려워진다. 이에 따라 '결정 피로(Decision Fatigue)'가 발생하며, 점점 결정을 내리기가 어려워진다. 둘째, 비교와 후회다. 다양한 선택지를 비교하다 보면, 어떤 선택을 해도 다른 옵션이 더 나았을 것 같은 후회가 남는다. 결국 선택의 만족도가 떨어진다. 셋째, 과도한 기대로 선택지가 많으면 사람들은 더 큰 기대를 하게 된다. 하지만 현실이 그 기대를 충족시키지 못하면 실망감만 커질 뿐이다. 넷째, 결정 회피와 무기력이다. 선택지가 너무 많으면 오히려 아무것도 선택하지 못하는 경우가 발생한다. 선택할수록 불행해지는 아이러니한 상황이 펼쳐지는 것이다.

슈워츠는 진정한 자유란 제한 없는 선택이 아니라 불필요한 선택을 줄이고 중요한 것에 집중하는 것이라고 강조한다. 선택의 자유가 곧 행복을 보장하지 않으며, 오히려 과한 선택은 심리적 피로와 불행을 초래할 수 있다는 점을 지적한다.

우리의 조상들은 태어날 때부터 많은 것들이 정해진 삶을 살았다. 어디에서 살고, 어떤 일을 하고, 어떤 종교를 믿을지조차 고민할 필요가 없었다. 거꾸로 말하면 책임질 일이 적었다는 뜻이다. 선택의 부담이 적었던 만큼 삶에서 고민할 문제도 상대적으로 적었다. 하지만 현대 사회에서는 모든 것이 선택 가능해지면서 사람들은 중심을 잡기 어려워졌다. 과거에는 고민할 필요조차 없었던 삶의 철학, 가치관, 심지어 종교까지도 스스로 선택해야 하는 시대가 되었다. 그 결과, 기댈 곳을 잃은 사람들이 많아졌고, 한 가지 선택에 대한 헌신 역시 사라졌다. 배우자조차 '잘못 선택했다'고 생각되면 쉽게 바꿀 수 있는 존재가 되어버린 것이다. 이러한 현상은 단순한 심리적 피로를 넘어 현대인의 방황과 가치관의 혼란으로 이어진다. 선택이 자유로울수록 우리는 더 행복해야 할 것 같지만, 정작 무엇을 선택해야 할지 몰라 방황하는 사람이 늘어나는 것이 오늘날 우리가 마주한 현실이다.

'선택의 주체가 누구인가'와 관련된 한 가지 흥미로운 연구가 있다. 건강한 사람들에게 "만약 암에 걸린다면, 치료 방법을 스스로 선택하고 싶습니까?"라고 물었다. 대부분은 당연히 "그렇다"라고 답했다. 하지만 실제로 암을 진단받고 투병 중인 환자들에게 같은 질문을 했을 때, 대부분은 "의사가 대신 선택해주길 바란다"라고 대답했다. 선택의 순간이 닥치면, 우리는 종종 스스로 선택하는 것보다 누군가 대신 선택해주길 바라는 심리를 가지게 된다. 선택이 곧 자유라고 생각하지만, 때로는 선택이 짐이 되기도 하는 것이다.

다시 처음의 질문으로 돌아가보자. 선택은 권리일까, 의무일까? 정답은 상황과 생각에 따라 다르다. 선택할 수 있는 자유가 있다는 것은 권리일 수 있지만, 그 선택을 반드시 해야 한다면 의무가 되기도 한다. 그러나 중요한 것은 선택에는 언제나 책임이 따른다는 점이다. 뭔가를 선택하면 그 결과를 감당해야 한다. 반대로 아무것도 선택하지 않으면, 그 책임조차도 스스로 감당해야 한다. 우리는 완벽한 선택을 할 수 없을지 모른다. 하지만 선택하지 않으면 아무것도 얻을 수 없다는 사실만큼은 변하지 않는다. 선택은 피할 수 없는 삶의 일부다. 그렇다면, 최소한 불필요한 선택의 고민에서 벗어나 정말 중요한 것에 집중하는 태도가 필요하지 않을까?

기억의 오류

> 🔍 당신의 기억이 사실(진실)이 아닐 수도 있다

"당신의 첫사랑을 지금 만날 수 있다면 만나고 싶나요?"

누군가 이런 질문을 한다면, 머릿속이 복잡해질 거다. '첫사랑이 지금 어떻게 변했을까?' 하는 궁금증과 '아름답게 남아있는 기억이 망가지는 건 아닐까?' 하는 걱정 사이에서 갈등하게 된다. 그런데 여기서 한 가지 의문이 든다. 우리가 기억하는 첫사랑의 모습은 과연 진짜일까? 우리의 기억과 실제 사실 사이에는 꽤 큰 간격이 존재하는데, 그 이유는 무엇일까?

또한, '사람은 보고 싶은 것만 보고, 기억하고 싶은 것만 기억한다.' 이런 현상을 심리학에서는 인지 편향(Cognitive Bias)이라고 한다. 이는 인간의 뇌가 정보를 처리하는 방식에서 나타나는 자연스러운 경향으로 이런 현상이 발생하는 이유는 자기 보호, 정서적 안정, 효율적인 정보 처리 등을 위해 발생한다. 지금부터 하나씩 살펴보자.

첫 번째는 인지적 일관성(Cognitive Consistency)으로, 사람은 자신의 신념과 감정 상태를 일정하게 유지하려는 경향이 있다. 이를 자기 보호 본능 혹은 자기 보호 기제(Self-Protection Mechanism)라고도 한다. 예를 들어, 자신을 긍정적이고 유능한 사람으로 여기고 싶다면 긍정적인 경험을 더 잘 기억하고, 실패나 부정적인 경험은 무시하거나 왜곡할 가능성이 높다. 이는 자기 존중감을 지키고 불안이나 스트레스를 피하려는 자연스러운 반응이다.

두 번째는 확증 편향(Confirmation Bias)이다. 사람은 자신이 이미 가지고 있는 신념이나 의견을 뒷받침하는 정보만 집중해서 보고, 반대되는 정보는 무시하려는 경향이 있다. 예를 들어, 특정 정치적 성향을 가진 사람은 자신과 같은 입장을 가진 사람들의 주장만 더 신뢰하고 기억하는 반면, 반대되는 의견은 가볍게 흘려보낸다. 결국, 기억은 기존 믿음을 강화하는 방향으로 필터링된다.

세 번째는 선택적 기억 (Selective Memory) 때문인데, 사람은 자신에게 중요한 정보만을 기억하는 경향이 있다. 특히 감정적 가치가 큰 경험이 더 강하게 남는다. 기쁨이나 성취감을 줬던 순간은 오래 기억되지만, 고통스러운 경험은 쉽게 잊거나 미화된다. 도박 중독자들이 돈을 잃었던 순간보다는 땄던 기억을 더 강하게 간직하는 것도 이런 이유다.

네 번째는 감정에 의한 왜곡(Emotional Distortion)으로, 감정은 기억 형성에 중요한 역할을 한다. 즐겁거나 충격적인 사건은 뇌가 강하게 각인하지만, 부정적인 감정을 유발하는 경험은 무의식적으로 회피하려 한다. 그래서 같은 사건이라도 당시 감정 상태에 따라 기억이 달라질 수 있다. 예를 들어, 헤어진 연인을 떠올릴 때 감정이 좋았던 시점과 나빴던 시점에 따라 기억이 완전히 다르게 남는다.

다섯 번째는 인지적 효율성(Cognitive Efficiency), 즉 인지적 부담을 줄이기 위한 전략 때문이다. 우리 뇌는 지나치게 많은 정보를 처리하는 걸 싫어한다. 그래서 핵심적인 정보만 남기고 불필요한 건 과감히 삭제하거나 단순화한다. 이 과정에서 기억이 왜곡되거나 일부만 선택적으로 남게 된다. 즉, 뇌는 효율적인 정보 처리를 위해 스스로 기억을 편집하는 셈이다.

마지막 여섯 번째는 사람들이 서로 모순되는 생각이나 신념을 동시에 가질 때 발생하는 불편한 심리적 상태, 즉 인지 부조화(Cognitive Dissonance) 때문이다. 사람은 서로 상충되는 신념이나 행동을 동시에 가질 때 심리적 불편함을 느낀다. 이를 해결하기 위해 기억을 재구성하거나 불편한 정보를 무시하는 경향이 있다. 예를 들어, 환경 보호를 중요하게 여긴다고 말하면서도 일회용품을 자주 사용한다면, 자신을 정당화하기 위해 '나는 다른 부분에서 환경을 보호하고 있으니까 괜찮아'라고 기억을 조작할 가능성이 크다.

결론적으로 우리의 뇌는 편안한 상태를 유지하려고 불편한 정보나 자신과 맞지 않는 사실을 무의식적으로 배제하거나 왜곡한다. 그렇기 때문에 우리가 믿는 기억이 반드시 사실일 거라는 확신은 위험할 수 있다. 다른 사람들과의 갈등을 줄이고, 더 객관적인 시각을 가지려면 "내 기억이 틀릴 수도 있다"라는 가능성을 인정하는 태도가 필요하다. 마지막으로, 만약 첫사랑을 다시 만나게 된다면? 당신의 기억 속 그 사람이 실제와 얼마나 다를지, 당신의 첫사랑은 당신을 어떻게 기억하고 있을지 궁금하지 않은가?

장자의
무용지용(無用之用)

> 🔍 우리는 꼭 쓸모 있는 사람이 되어야만 하는가?

어느 날 장자는 나무꾼이 큰 나무를 베지 않고 그냥 지나치는 걸 보고, 그 이유를 물었다. 나무꾼은 그 나무가 뒤틀려서 목재로 쓰기 적합하지 않아서 베지 않았다고 답했다. 장자는 이를 보고 '겉보기에 쓸모없어 보이는 나무라서 오히려 오래 살아남을 수 있다'라는 깨달음을 얻는다. 즉, 나무는 쓸모없어 보여서 생존할 수 있었다.

-장자의 저서《장자(莊子)》중 「인간세(人間世)」편에서

현대 사회는 능률과 성과를 강조하며, 사람의 가치를 경제적, 실용적 '쓸모'로 평가하는 경향이 강하다. 우리는 흔히 직업이나 연봉 같은 기준으로 사람을 판단하고, 심지어 친구나 가족조차도 무의식적으로 자신의 '이익'과 연결해 바라본다. 쓸모없다고 여겨지는 것은 쉽게 저버린다. 그러나 이런 '쓸모' 중심의 사고는 인간을 피로하게 만들고, 끊임없는 자기 비하와 경쟁으로 몰아넣는다.

장자의 이야기처럼 어떤 나무는 쓸모없어서 베이지 않고 남아있었지만, 바로 그 덕분에 오래 살아남아 그늘을 제공할 수 있었다. 장자는 이를 통해 '쓸모없어 보이는 것이 오히려 더 큰 가치를 지닌다'라는 역설을 강조한다. 또한 쓸모를 잃을 때 비로소 진정한 자유를 얻을 수 있다고 말한다. 쓸모에 대한 집착에서 벗어나야만 인간다운 삶이 가능해진다는 것이다.

현대인은 자신의 가치를 끊임없이 증명하려고 애쓴다. 하지만 장자의 가르침대로 완벽한 쓸모는 오히려 구속이 된다. 쓸모 있는 나무는 결국 베여서 사라지지만, 쓸모없다고 여겨지는 것들은 오히려 더 오래 남아 더 큰 역할을 하게 된다. 친구와 나누는 소소한 대화, 깊은 산속에서의 고요한 산책, 바쁜 하루 속 짧은 멍때리기 같은 것들은 즉각적인 생산성을 제공하지는 않지만, 인간다운 삶을 가능하게 만드는 중요한 요소다.

심리학자 미하이 칙센트미하이(Mihaly Csikszentmihalyi)는 자신의 저서 『몰입의 즐거움』에서 몰입이란 하나의 활동에 완전히 빠져들어 시간과 공간을 잊는 상태라고 정의했다. 몰입은 결과보다 과정에서 즐거움을 느끼는 경험이며, 외부의 압력이나 실용성에서 벗어나 스스로 선택한 활동에 집중할 때 얻는 자유로운 상태다. 무언가를 만들어내야 한다는 강박이 아니라, 그 순간의 경험 자체에 완전히 빠져드는 것에 의미가 있다.

무용지용과 몰입은 '실용성을 벗어난 자유로운 경험'이라는 점에서 서로 연결된다. 단순한 그림 그리기나 산책처럼 쓸모없어 보이는 활동이 오히려 사람을 몰입 상태로 이끌기도 한다. 어린아이가 모래성을 쌓을 때처럼 몰입의 순간에는 실용성과 결과를 잊게 되고, 그 과정에서 순수한 즐거움과 의미를 발견할 수 있다.

장자가 '무용지용'을 통해 우리에게 주는 교훈은 명확하다. 첫째, "쓸모없음을 두려워하지 말라." 쓸모없다고 여겨지는 시간, 활동, 존재들이라고 여기는 것들이 오히려 삶의 균형과 깊이를 만들어낸다. 둘째, "진정한 가치는 자유에 있다." 쓸모에 집착하는 삶은 자유를 잃고, 자신이 가진 고유한 가치를 보지 못하게 된다. 셋째, "너 자신을 쓸모로 정의하지 말라." 인간은 단순히 '쓸모' 이상의 존재이며, 쓸모로 환산될 수 없는 존재이며, 쓸모와 관계없이 충분히 소중한 존재다.

결국 무용지용의 핵심은 쓸모에 대한 쓸모없음의 가치다. 이제부터라도 '쓸모'에 대한 강박에서 벗어나 조급해하지 말고, 결과와 무관한 행동이나 사물에도 편견 없는 시선을 두는 연습을 해보자.

"오른쪽 뺨을 치거든, 왼쪽 뺨마저…"에 대한 다양한 해석

🔍 왜 예수는 우리에게 이렇게 말했을까?

이 유명한 구절은 마태복음 5장 38~39절에 등장한다. "또 눈은 눈으로, 이는 이로 갚으라 하였다는 것을 너희가 들었으나, 나는 너희에게 이르노니, 악한 자를 대적하지 말라. 누구든지 네 오른쪽 뺨을 치거든, 왼쪽도 돌려 대며…."

이는 산상수훈(Sermon on the Mount)의 일부로, 예수는 당시의 법적·윤리적 원칙을 넘어서는 새로운 도덕적 기준을 제시했다. 하지만 이를 단순히 "폭력을 묵묵히 참아라"라는 의미로 받아들이면 오해가 생길 수 있다. 이 구절을 이해하기 위해서는 당시의 역사적·법적·철학적 배경을 고려할 필요가 있다.

구약성경(출애굽기 21:24, 레위기 24:20, 신명기 19:21)과 고대 법전들(함무라비 법전 등)에는 동해보복법(同害報復法, lex talionis), 즉 "눈에는 눈, 이에는 이"의 원칙이 등장한다. 이는 보복을 제한하는 법적 원칙으로, 사적 복수가 무제한으로 확대되는 것을 방지하는 역할을 했다.

주요 법전 속 내용을 구체적으로 살펴보면, 기원전 18세기, 바빌로니아에서 만들어진 〈함무라비 법전〉에는, "귀족이 다른 귀족의 눈을 멀게 하면, 그의 눈도 멀게 한다"(제196조), "누군가가 남의 뼈를 부러뜨리면, 그의 뼈도 부러뜨린다"(제197조)라고 나와 있다. 또한, 기원전 5세기 이후 발전된 〈로마법〉에 따르더라도 피해에 대한 엄격한 보상 원칙을 명시했으며, 다만, 시간이 지나면서 경제적 배상으로 대체되었다. 이처럼 "눈에는 눈" 원칙은 단순한 복수의 법이 아니라, 과잉 보복을 방지하기 위한 제도였다. 하지만 예수는 이 법을 더욱 뛰어넘는 새로운 방식의 대응을 제안했다.

그렇다면 예수는 왜 '왼쪽 뺨마저 돌려 대라'고 했을까? 예수가 살던 시대는 로마의 지배하에 있던 유대 사회였다. 당시 사회에서 뺨을 때린다는 것은 단순한 폭력이 아니라 명백한 모욕 행위였다. 먼저, 오른쪽 뺨을 친다는 것은 어떤 의미인가? 대부분의 사람이 오른손잡이임을 감안하면, 상대의 오른쪽 뺨을 치려면 등 뒤로 손을 휘두르거나 손등으로 때려야 한다. 당시 유대 문화에서는 손등으로 때리는 것은 상대를 사회적으로 낮추는 모욕적인 행위였다. 이는 하인이나 노예를 때릴 때 주로 사용된 방식이다. 따라서 "오른쪽 뺨을 맞았을 때 왼쪽 뺨을 돌려 대라"는 것은 단순히 폭력을 묵묵히 견디라는 의미가 아니라, 모욕을 당한 자가 능동적으로 반응하라는 메시지일 수 있다. 즉, 이것은 수동적 희생이 아니라 도덕적 우위를 통해 상대를 부끄럽게 만드는 방식으로 읽힐 수도 있다.

이를 철학적 관점에서 살펴보면, 고대 로마의 스토아 철학(Stoicism)에서는 "내면의 평정을 유지하는 것이야말로 최고의 덕목"이라 보았다. 에픽테토스(Epictetus)는 "다른 사람이 너를 모욕했을 때, 그 모욕이 네게 영향을 주는 것은 네가 그것을 받아들이기 때문이다"라고 말했다. 또한, 마르쿠스 아우렐리우스(Marcus Aurelius)는 "자신을 다스릴 수 없는 자는 남을 지배할 수 없다"라고 했다. 예수의 가르침 역시 비슷한 맥락에서 해석할 수 있다. 즉, 폭력에 대한 즉각적인 반응보다 자신을 지키면서도 상대를 무력화하는 방식을 선택하라는 것이다.

심리학적으로 보면, 즉각적인 보복이 아니라 비폭력적인 대응을 선택하는 것은 감정 조절과 관련이 있다. '분노 조절 이론(Anger Management Theory)'에 따르면, 즉각적인 반응보다 인지적 재구성을 통해 상황을 다르게 바라보면 더 나은 결과를 얻을 수 있다.

오늘날 우리는 "오른쪽 뺨을 맞았을 때 왼쪽 뺨을 내밀라"라는 말을 어떻게 이해할 수 있을까? 먼저, 불필요한 갈등 피하기로 일상에서 감정적으로 대응하는 것이 아니라, 한 걸음 물러서서 상황을 지혜롭게 해결하는 태도를 배울 수 있다. 또한 이 가르침은 단순히 수동적인 희생이 아니라 폭력과 억압에 맞서는 능동적인 저항 방식으로도 해석된다. 간디(M. Gandhi)는 "비폭력은 비겁함이 아니라 가장 강력한 무기다"라고 말했다. 마틴 루터 킹(Martin Luther King Jr.) 목사도 "비폭력은 가장 강한 도덕적 무기다"라는 말로 예수의 가르침은 비폭력 저항 운동으로 연결되어 자리 잡았다. 우리는 법과 제도를 통해 공정성을 유지하면서도 불필요한 폭력과 갈등을 줄이는 방법을 고민해야 한다.

예수의 "왼쪽 뺨마저 돌려 대라"는 가르침은 단순한 수동적 인내가 아니라, 적극적인 평화와 도덕적 우위를 강조하는 메시지라고 볼 수 있다. 이는 현실적으로 불가능한 희생을 강요하는 것이 아니라, 폭력의 악순환을 끊고 더 나은 해결책을 찾으라는 의미일 수도 있다. 또한, 이는 비폭력 저항과 연결되며 스토아 철학, 심리학, 현대 법과 사회 윤리와도 맞닿아 있다.

    결국 이 구절은 단순히 "맞고도 가만히 있으라"는 의미가 아니라, 정당한 방식으로 폭력을 극복하는 방법을 고민하라는 가르침이라 할 수 있다. 우리가 이 가르침을 어떻게 현실에서 적용할 수 있을지 고민해보아야 한다. 솔직히 말처럼 쉽지는 않지만.

사람들은 사실 다른 사람 인생에 별로 관심이 없다

🔍 | **이런 '모순'에 대한 다양한 고찰**

　우리는 종종 타인의 시선을 지나치게 의식하며 살아간다. 하지만 역설적으로 대부분의 사람은 다른 사람의 인생에 깊은 관심을 두지 않는다. 하루에도 수많은 사람이 스쳐 지나가고, 우리는 그들의 옷차림, 말투, 행동을 잠시 인식할지라도 금세 잊어버린다. 심지어 가까운 지인들의 삶조차도 겉으로 보이는 일부분만을 알 뿐, 그들의 내면 깊숙한 고민과 감정을 제대로 들여다보려 하지 않는다. 이는 인간이 본능적으로 자기 자신에게 집중하는 존재이기 때문이다.

　그런데도 왜 우리는 다른 사람을 비난하는가? 인간은 타인의 삶에 무관심한 동시에, 사람들은 또 놀랍도록 타인을 평가하고 비난하기를 좋아한다. 이는 단순한 모순이라기보다는 인간 본성에서 기인한 복잡한 심리적, 사회적 요인이 작용하는 결과다.

　먼저 심리적 요인부터 살펴보자. 이는 '자아 방어 기제로서의 비난'으로 볼 수 있다. 프로이트(S. Freud)는 인간이 자신의 불안을 해소하기 위해 투사(projection)라는 방어 기제를 사용한다고 설명했다. 즉, 자신의 단점이나 불안한 감정을 인정하기 어려운 사람들은 타인을 비난함으로써 자신의 결함을 덮거나 스스로 우월감을 느끼려 한다. 예를 들어, 자신의 직장 생활이 불만족스러운 사람이 타인의 경력을 비판하면서 상대적인 안도감을 얻는 경우가 이에 해당한다.

다음은 '사회적 요인'으로 '집단 내 위계 형성과 규범 강제'이다. 사회 심리학에서는 사람들이 타인을 비난함으로써 자신이 속한 집단 내에서 상대적 위치를 확인하고, 집단의 규범을 강화하는 역할을 한다고 본다. 특정한 행동이나 태도를 비난하는 것은 그 사회의 가치 기준을 공고히 하는 기능을 한다. SNS에서 벌어지는 집단적 비난(온라인 폭력, '취소 문화' 등)이 그 대표적인 예다. 익명의 공간에서는 더욱 가혹한 평가와 비난이 이루어지는데, 이는 사람들이 타인의 삶에는 실제로 관심이 없으면서도 특정한 기준을 내세워 비난하는 이중성을 잘 보여준다.

또한 이런 현상을 철학적으로 고찰해보면, 니체(F. Nietzsche)가 말한 '도덕적 허위'와 관련이 있다. 니체는 도덕적 비난이 종종 '약자의 원한(ressentiment)'에서 비롯된다고 주장했다. 사람들은 자신이 이루지 못한 것을 가진 타인을 비난하며, 그들을 도덕적으로 낮은 위치에 두려는 경향이 있다. 예를 들어, 부자를 향한 '탐욕적이다'라는 비난은 경제적 불평등에 대한 정당한 비판일 수도 있지만, 때때로 자신의 경제적 상황에 대한 불만을 투사하는 방식이 되기도 한다. 즉, 도덕적 비난은 본인의 결핍을 보완하려는 심리적 기제로 작용할 수 있다는 것이다.

그렇다면 어떻게 해야 이런 이중성에서 벗어날 수 있을까? 인간의 이중성은 본능적으로 존재하지만, 이를 인식하고 극복할 방법도 있다. 첫째, 자기 성찰과 비판적 사고다. 우리는 타인을 쉽게 비난하면서도 정작 자신을 돌아보는 일에는 인색하다. 자신의 감정과 동기를 성찰하는 습관을 지니면 불필요한 비난을 줄이고, 더 건강한 시각을 가질 수 있다. 둘째, 공감의 확장이다. 타인의 삶에 깊은 관심을 가질 필요는 없지만, 최소한의 이해와 존중을 가질 필요는 있다. 상대방도 나와 같은 복잡한 감정을 가진 존재라는 점을 인식하면 함부로 판단하거나 비난하기 어려워진다. 셋째, 사회적 구조 개선이다. 때때로 사람들의 비난과 평가가 구조적인 불평등에서 비롯되기도 한다. 경쟁적 사회 환경은 타인을 끊임없이 비교하고 평가하게 만들며, 이런 문화 자체를 완화할 필요가 있다.

결국 인간은 타인의 삶에 무관심하면서도, 때로는 강한 관심을 가진 듯 행동하는 모순적 존재다. 이는 단순한 비난의 대상이 아니라, 우리의 본능과 환경이 만들어낸 자연스러운 결과일지도 모른다. 하지만 우리가 이러한 이중성을 인식하고 스스로 성찰하는 순간, 무의미한 비난보다는 더 깊은 이해와 존중을 선택할 수 있을 것이다. 이런 인간의 본성을 이해하는 것이 곧 더 나은 사회로 나아가는 첫걸음이 아닐까 싶다.

우리는 왜 망각을
두려워하는가?

> 🔍 그러나 망각을 꼭 두려워할 필요는 없다!

　최근 실시된 한 여론 조사에 따르면, 우리나라 50대가 가장 무서워하는 질병으로 '치매(癡呆)'가 꼽혔다. 우리는 왜 이토록 치매(Dementia)를 무서워할까? 치매의 어원을 살펴보면, 라틴어 'demence'에서 유래했는데, 'de'는 '제거하다', 'mence'는 '정신', 그리고 'tia'는 질병을 의미한다. 즉, 정신이 제거되는 질병이라는 뜻이 된다. 기억을 뜻하는 'memory'와도 어원이 같을 정도로 치매의 핵심 증상은 바로 '기억을 잃는 것'이다. 기억을 잃는다는 것은 곧 나의 정체성이 사라지고, 사랑하는 사람들과의 관계가 단절될지도 모른다는 두려움을 의미한다.

　치매까지는 아니더라도, 망각은 인간에게 필수적인 과정이면서 동시에 두려움의 대상이 되기도 한다. 하지만 망각은 단순히 기억이 사라지는 것이 아니라, 기억과 생각을 정리하고 삶을 유지하는 필수적인 과정이다. 사전에서 '망각'을 찾아보면 '어떤 사실을 잊어버림'이라고 정의된다. 그러나 망각을 단순한 기억 상실이 아니라, 삶의 균형을 위한 필수적인 요소로 바라볼 필요가 있다.

이러한 망각에 대해 다양한 각도에서 접근해보자. 먼저 망각의 반대말은 무엇일까? 보통 망각의 반대말을 '기억'이라고 생각하기 쉽지만, 사실 더 넓은 개념이 있다. 먼저 '과거의 정보를 저장하고 떠올리는 과정'을 뜻하는 기억(記憶, Memory)이 있고, '잊힌 기억을 다시 떠올리는 행위'인 상기(想起, Recall, Reminiscence), '정보를 오랫동안 유지하는 능력'으로 기억 보존(Retention), '과거의 경험을 되새기는 행위'를 뜻하는 회상(回想, Retrospection), 그리고 '강렬한 경험이 뇌에 깊이 새겨지듯 기억되는 현상'으로 각인(刻印, Engraving, Imprint) 등이 있다. 이렇듯 망각의 반대 개념이 다양하다는 건 망각이 단순한 기억 상실이 아니라, 더 큰 의미가 있는 개념이라는 걸 보여준다. 망각이 없는 상태를 가정한다면, 모든 것을 기억해야 하므로 우리의 뇌는 과부하가 걸려 정상적인 사고가 어려워진다.

망각과 기억, 그리고 생각은 밀접하게 연결되어 있다. 기억은 크게 단기 기억(Short-term Memory)과 장기 기억(Long-term Memory)으로 나뉜다. 모든 기억은 저장된 정보일 뿐이며, 우리가 이 기억을 어떻게 활용하고 떠올리느냐에 따라 사고(thought) 과정이 결정된다. 그렇다면 망각(Forgetting)이란? 불필요한 기억을 지우는 과정으로, 이는 뇌의 정보 정리(처리) 메커니즘이다.

독일의 심리학자 에빙하우스(Hermann Ebbinghaus)가 제시한 에빙하우스의 망각 곡선[26]에 따르면, 기억은 시간이 지남에 따라 자연스럽게 감

---

26 망각 곡선(forgetting curve)은 시간이 지날수록 학습한 내용을 얼마나 잊는지에 대한 그래프이다. 에빙하우스는 이것을 망각 곡선이 아니라 보유 곡선(retention curve)이라고 불렀으며, 초반에는 급격하게 잊어버리지만, 시간이 지날수록 점점 잊어먹는 속도가 느려져서 결국에는 거의 잊어먹지 않는 장기 기억이 된다.

소하지만, 반복 학습을 통해 장기 기억으로 변할 수 있다. 즉, 불필요한 정보를 걸러내지 않으면 오히려 중요한 정보를 찾아내기 어려워진다. 이러한 기억과 망각이 적절히 조화를 이뤄야 '생각(사고, Thought)'이 원활하게 이루어진다. 사소한 것까지 다 기억하는 사람은 의사결정을 내리기 어려운 것처럼 기억이 많아도 정리가 안 되면 생각만 복잡해진다. 망각이 없으면 오히려 사고가 마비될 수 있다. 모든 정보를 기억해야 한다면, 순간적인 판단이 어려워지고 의사결정 장애가 발생할 것이다. 반대로 치매처럼 망각이 너무 심하면 사고 능력이 약해진다. 즉, 기억과 망각은 함께 작용해야 올바른 사고가 가능하다.

　이러한 망각이 없다면 우리에게 어떤 문제가 생길까? 모든 기억이 남아있다면, 불필요한 정보까지 고려해야 하므로 순간적인 판단이 어려워지는 의사결정 장애가 생긴다. 나쁜 기억까지 모두 생생하게 남아 극심한 트라우마에 시달려 PTSD(외상 후 스트레스 장애)가 증가할 가능성도 크다. 또한, 무엇보다도 우리의 뇌는 평소에 불필요한 정보를 지우면서 저장 공간을 확보하는데, 망각이 없다면 뇌가 과부하 상태가 되어 스트레스가 극심해질 수밖에 없다. 실제로 과도한 기억으로 인해 힘들어하는 사람을 뜻하는 기억 과다 증후군(Hyperthymesia)이 있는데, 이 증상이 있는 사람은 자신의 과거를 거의 완벽하게 기억하지만, 너무 많은 기억으로 인해 일상생활이 어려우며, 모든 기억이 선명해서 후회와 감정적 상처에서 벗어나지 못한다. 이렇듯 망각은 우리가 심리적으로 건강한 상태를 유지하는 데 필수적인 역할을 한다.

　그렇다면 망각을 두려워하지 않고, 건강한 기억력을 유지하는 방법은 무엇일까? 우리가 잘 알고 있듯이 독서, 퍼즐, 악기 연주, 그림 그리기 등 뇌를 적절하게 자극하는 활동이 도움이 된다. 다양한 새로운 경험도 뇌를 활성화하는 데 유익하며 충분한 수면, 규칙적인 운동과 같은 생활 습관 유지도 중요하다. 만성적인 스트레스는 확실히 기억력을 떨어뜨린다. 따라서 명상, 심호흡, 취미 생활 같은 다양한 활동을 통해 스트레스를 줄이는 것이 필요하다.

결국 우리는 단순히 기억을 잃는 것이 두려운 것이 아니라, 기억을 통해 '내가 누구인지' 이해하는 능력을 잃어버릴까 봐 두려운 것이다. 그러나 망각은 삶을 살아가는 데 필수적인 과정이며, 기억과 망각이 조화를 이루어야 건강한 사고와 감정 조절이 가능하다. 망각은 때때로 우리에게 필요한 보호막이 될 수 있고 삶의 균형을 유지하는 데 꼭 필요한 요소다. 어쩌면 망각은 신이 우리에게 준 선물일지도 모른다.

인간의 이중성 (딜레마)

> 🔍 '정치적 '평등'이라는 가치와 '소유와 과시'라는 욕망 사이에서

혹자는 인류의 역사를 '인간의 자유'라는 기본권과 함께 평등을 증진하기 위한 과정으로 보기도 하고, 또 어떤 이는 끊임없는 욕망 추구를 통해 타인과 구별하려는 과정으로 보기도 한다. 정치적 평등이라는 가치와 소유와 과시라는 욕망 사이의 갈등은 이러한 인간의 이중성을 적나라하게 보여주는 흥미로운 주제다.

정치적 평등은 모든 사람이 동등한 권리와 기회를 가져야 한다는 민주주의의 기본 원칙이다. 이는 법 앞의 평등, 투표권, 기회의 균등 등을 포함하며, 이를 추구하는 이들은 계층, 인종, 성별 등의 차별을 철폐하고 공정한 사회를 만들고자 한다. 이들은 모두가 동등하게 대우받는 사회를 이상으로 삼고 더불어 사회적, 경제적 약자를 보호하며 계층 간 격차를 줄이는 데 중점을 둔다. 반면, 소유와 과시의 욕망은 인간이 본능적으로 자신의 지위를 표현하고, 타인과 차별화하려는 심리와 연결된다. 이들은 경제적 성취를 통해 사회적 지위를 얻고, 이를 통한 타인의 인정을

원하며, 과시적 소비를 통해 이를 드러내려 한다.

'정치적 평등'이 모두에게 동등한 권리와 기회를 제공하려 한다면 '소유와 과시'는 불평등한 위치를 강조하며 자신의 더 우월함을 증명하려는 동기와 맞닿아 있다. 왜 인간은 이런 이중적인 모습일까? 인간은 본능적으로 타인과 비교하며 자신의 위치를 확인하려는 경향이 있다. 이와 함께 사회적 지위를 확보하려는 욕망은 평등의 이상을 무색하게 만든다. 그리고 현대 자본주의 사회는 이러한 소비와 경쟁을 촉진하며, 과시적 소비를 부추긴다.

이러한 인간의 욕망을 설명하는 대표적인 개념이 배블런 효과(Veblen Effect)다. 1899년, 미국의 경제학자인 소스타인 배블런(Thorstein Veblen)은 그의 저서 『유한계급론』에서 상류층 소비자들이 사회적 지위를 과시하기 위해 소비[27]하는 결과, 가격이 오르는데도 수요가 줄지 않고 오히려 증가하는 현상을 정의했다. 고급 자동차, 명품 액세서리, 희귀 아이템 등은 경제 상황이 악화해도 수요가 줄어들지 않는 대표적인 사례다.

우리는 겉으로는 정치적 평등을 외치지만, 실제 소비 행태는 '배블런 효과'에 의해 움직인다. 이는 정치적 평등의 이상과 인간의 본능적 욕망 간의 모순을 보여준다. 평등을 주장하는 사회에서도 과시적 소비가 작동하면, 상류층은 이를 통해 불평등을 유지하려 한다. 이는 사회적, 경제적 계층 격차를 고착화시키며, 평등의 가치를 약화한다. 일부 정치인은 이러한 심리를 이용해 자신의 권력과 지위를 공고히 하거나 반대로 평등을 강조하며 소유 욕망을 억제하는 담론을 내세우기도 한다.

그렇다면 이러한 갈등을 해결할 방법은 없을까? 정말 너무 뻔한 이야

---

[27] 과시적 소비(Conspicuous Consumption): 상품의 가치를 본질적 효용이 아니라 가격과 희소성으로 판단하며, 이를 통해 자신의 지위를 과시하려는 소비 행태

기 같지만, 결국 중요한 것은 평등과 욕망 사이의 균형이다. '배블런 효과'와 '과시적 소비'에 대한 이해를 높이고, 가치 소비와 윤리적 소비를 장려해야 한다. 행복과 만족의 기준을 소유가 아닌 경험, 인간관계, 사회적 기여로 전환하는 인식의 변화가 필요하다. 정치적 평등을 실현하려면 부의 불평등을 완화하는 세금 정책, 복지 제도 등의 정책적 노력이 필수적이며, 명품 소비 등 과시적 소비를 조장하는 문화를 비판하고 개선하는 사회적 분위기를 조성해야 한다. 무엇보다도 각 개인이 타인과의 비교보다 내적 성장에 집중하고, 소유와 과시가 아닌 가치와 철학을 중심으로 자신의 삶을 설계해야 한다.

이렇듯 정치적 평등이라는 이상과 소유와 과시의 욕망은 인간이 가진 본질적인 모순을 잘 보여준다. 인류 역사가 지속되는 한 이 갈등은 완전히 사라지지 않을 것이다. 하지만 평등을 추구하면서도 불평등을 욕망하는 인간의 본질을 이해하고, 이를 극복하려는 노력이야말로 지속 가능한 사회로 나아가는 첫걸음이다. 포기하지 말라.

PART 07

행복의 심리학

행복의 역설

> 행복을 추구하면 더 행복해지는가?

"행복은 추구하면 사라지고, 삶의 의미를 발견할 때 저절로 따라온다."
-빅터 프랭클

매일 아침 '나는 행복하다' 혹은 '나는 행복해져야만 해'라고 다짐하는 사람이 정말 행복할까? 행복은 '특정 목표를 달성하면 자동으로 따라오는 보상이 아니다. 오히려 의미 있는 삶을 사는 과정에서 부수적으로 느껴지는 감정'에 가깝다. 현대 사회에서 행복은 타인의 삶과 비교를 통해 측정되는 경우가 많다. 소셜 미디어와 대중문화는 이상적인 행복의 이미지를 제시하며, 우리가 현재의 삶에 만족하지 못하도록 만든다. 또한 행복을 지나치게 추구하면, 삶의 자연스러운 고통이나 어려움을 부정적으로 받아들이게 된다. 하지만 인간의 삶은 고통과 성취가 공존하며, 그 과정에서 성장하는 것이 행복의 본질이다.

독일계 미국인 사회심리학자 아이리스 마우스(Iris Mauss)는 행복 추구의 부정적인 결과에 대한 연구로 유명하다. 연구에 따르면, 사람들이 행복을 위해 더 많이 노력할수록 높은 기준을 설정하고 실망할 가능성이 커진다고 한다. 그녀는 '2주간의 일일 일기 연구'에서 마우스와 동료들은 사람들에게 하루 중 가장 스트레스를 받는 순간과 외로움을 느낀 정도를 기록하도록 했다. 연구 결과, 행복을 최우선 가치로 여기는 사람들이 그렇지 않은 사람들보다 스트레스 상황에서 더 큰 외로움을 경험하는 것으로 나타났다. 마우스는 "행복을 집착적으로 추구하는 사람들은 스트레스와 불안이 높고, 실제 행복감이 낮았다"라고 밝히며, 이는 행복을 수단화할 때 현재의 긍정적인 경험을 충분히 누리지 못하기 때문이라고 설명했다.

그렇다면 왜 행복을 좇을수록 행복에서 멀어지는 걸까? 첫째, 과도한 행복 추구에 따른 역효과로 볼 수 있다. 행복을 지나치게 목표화하면, 매 순간 "내가 지금 행복한가?"를 평가하게 된다. 이 과정에서 현재의 경험에서 만족감을 느끼기보다 "충분히 행복하지 않다"라는 결핍감을 느낄 가능성이 커진다. 둘째, 이상과 현실의 격차 때문이다. 행복에 대한 기대치가 너무 높으면, 현실이 그 기대에 미치지 못할 경우 실망하게 된다. 예를 들어, "이 목표를 이루면 정말 행복할 거야"라고 믿었지만, 목표 달성 후 오히려 공허감을 느끼는 경우가 여기에 해당한다. 셋째, 내적 행복과 외적 행복의 갈등으로 돈, 지위, 물질과 같은 외부적 요인에서 행복을 찾으려 하면 내부적으로 만족감을 느끼기 어려워진다. 진정한 행복은 가치, 관계, 자기 성찰과 같은 내면적인 요인에서 비롯되지만, 이를 간과하기 쉽다.

미국의 심리학자인 마틴 셀리그먼(Martin Seligman)은 그의 저서 『긍정의 심리학』에서 Seligman's PERMA 모델을 제시하며 행복을 5가지 요소로 설명했다. 기쁨, 감사, 사랑과 같은 긍정적 감정(Positive Emotions), 의미 있는 활동에 깊이 빠져드는 상태를 의미하는 몰입(Engagement/Flow), 인간관계에서 오는 만족감을 말하는 관계(Relationships), 삶의 의미와 목적을 뜻하는 의미(Meaning), 목표 달성에서 오는 만족감을 말하는 성취(Accomplishment)를 말하며 셀리그먼은 행복이 단순한 감정 상태가 아니라 다양한 요소의 균형에서 나온다고 강조한다.

그렇다면 어떻게 행복을 추구해야 할까? 첫 번째는 행복보다는 의미를 찾는 것이다. 행복을 직접적인 목표로 삼기보다는 가족과 시간을 보내거나 타인을 돕는 등 의미 있는 가치와 목표를 설정하는 것이 더 중요하다. 두 번째는 현재를 즐기기(Mindfulness)다. 현재 순간에 집중하고, 일상에서 감사할 수 있는 것들을 찾는 연습을 한다면 순간순간 발견하는 작은 즐거움에서 행복을 찾을 수 있다. 세 번째는 타인과의 연결로 행복은 개인적인 성취보다 타인과의 관계에서 더 큰 영향을 받는다. 깊이 있는 대화, 친밀한 관계, 봉사활동 등을 통해 연결감을 느끼면 삶의 만족도가 높아진다. 네 번째는 성장에 초점 맞추기다. 실패나 고통도 삶의 일부로 받아들이고, 이를 통해 배우고 성장하려는 태도를 가지면, 행복은 자연스럽게 따라온다.

의미 있는 행복은 직접적으로 추구할 때가 아니라, 삶의 의미를 발견하고, 가치 있는 경험을 하며, 타인과 연결될 때 부수적으로 따라온다. '행복의 역설'을 이해하면, 행복을 목표로 삼는 대신, 현재를 충실히 살고 삶의 의미를 찾아가는 과정에서 자연스럽게 진정한 행복을 느낄 수 있다. 쉽게 말해서, 행복의 노예가 되지 말라는 말이다.

어떤 사람이
행복할까?

> 🔍 **뭘 해도 행복한 사람의 특징(습관)**

　주변에서 보면, 가진 것은 쥐뿔도 없는데 늘 행복해 보이는 사람이 있고, 반대로 겉으로는 걱정거리가 하나도 없어 보이는데도 늘 불안하고 어두운 사람이 있다. 왜 그러는 걸까?

　행복은 객관적인 조건보다 개인의 내적 기대와의 비교 속에서 결정된다. 가진 게 많지 않아도 감사하는 태도를 가진 사람은 행복을 느끼지만, 모든 걸 가졌음에도 끊임없이 더 많은 것을 원하면서 불만족과 불행이 따라온다. 또한 낙천적이고 긍정적인 성향의 사람은 어려운 상황에서도 희망과 만족감을 유지하는 반면, 부정적 사고 패턴이나 완벽주의 성향의 사람은 좋은 조건 속에서도 행복을 느끼기 어렵다. 이렇듯 행복은 상황보다는 우리의 삶을 대하는 태도와 습관에서 비롯된다. 행복한 사람은 일상 속 작은 즐거움에 만족할 줄 알고, 감사하는 마음을 키운다.

　실제로 내가 본 한 친구의 이야기를 해보겠다. 그 친구의 아버지가 보증을 잘못 서서 이제 며칠 후면 살던 집에서 쫓겨날 상황이었다. 그런데 어느 날, 그 친구의 어머니가 빌려주었던 돈 일부를 돌려받았다며 그날 밤 가족끼리 삼겹살 파티를 열었다. 그날 밤, 그들은 오랜만에 웃고 떠들며 행복을 만끽했다. 그러면서 그 친구는 마음속으로 "뭔가 방법이 있을 거야", "우리는 오늘도 이렇게 행복하구나", "어떻게든지 하다가 보면 되겠지" 이런 생각을 했다. 일이 잘 풀리지 않아도 그 문제를 대하는 부모님의 긍정적 태도가 몸에 배어 그 뒤로는 어떤 어려움이 오더라도 견딜 수 있었다고 했다.

뭘 해도 행복한 사람들에게는 몇 가지 특별한 언어(말) 습관이 있다. 그들은 어떤 말과 태도를 가질까? 첫째, 그들은 어떤 상황에서도 "방법이 있을 거야", "어떻게든 잘될 거야"라고 말한다. 이들은 문제 앞에서도 쉽게 포기하지 않는다. 기존 방법이 막힌다면 다른 길을 찾으며, 원하는 바를 포기하기보다 해결책을 모색한다. 둘째, "지금은 힘들어도 긍정적인 의미가 있을 거야", "이 일을 통해서 뭔가 배우는 게 있을 거야"처럼 어려운 상황에서도 배울 점을 찾는다. 힘든 일이 닥치면 "이 일을 통해 성장할 수 있겠지"라는 태도를 유지한다. 셋째, "지금은 힘들어도 이것만 끝나면 즐거운 일이 있어"로 힘든 순간에도 유쾌한 미래를 떠올린다. 이를 '긍정적 재초점'이라고 하는데, 예를 들어, "오늘 일이 끝나면 맛있는 저녁을 먹어야지", "오늘 일이 끝나면 저녁때는 데이트가 있으니까" 같은 식으로 스스로 동기를 부여한다. 넷째, "이만하길 다행이야"라고 말하는 것이다. 다른 사건과 비교해서 상대적으로 사건의 심각성을 덜어내는 방식이다. 예를 들어, "그래도 우리 가족이 건강하니 다행이야"처럼 생각하는 거다.

이런 사람들은 까다로운 상사나 늘 짜증만 내는 상대도 변화시킨다.

대부분의 사람은 화난 상사를 보면 속으로 '왜 저래', '미친 거 아냐'라고 생각하지만, 이들은 상사에게 다가가서 "왜 그러세요?", "무슨 일 있으세요?"라고 묻는다. 상대의 짜증이나 화를 내 탓으로 돌리지 않고, 먼저 상대의 감정을 이해하려 한다. 그러면 처음엔 '뭐 이런 놈이 다 있지?' 하던 상사도 결국 그 태도에 반하게 된다.

무엇보다도 행복을 저해하는 가장 큰 장애물은 끊임없는 비교다. 나는 늘 내 아이들에게 "용의 꼬리보다는 뱀의 머리가 더 낫다"라고 말한다. 주변과의 비교에서 벗어나 자신만의 기준을 세우는 게 행복의 지름길이다. 마지막으로, 전설적인 현대 무용가 마르타 그레이엄(Martha Graham)의 명언을 남긴다. '행복은 어떤 상태가 아니라, 태도다'라고. 결국, 행복은 선택이다. 어떤 환경에서도 행복할 줄 아는 사람이 진짜 행복한 사람이다.

가지면 행복해질 거라는 환상

🔍 왜 우리는 이런 환상에서 벗어나지 못하는가?

'더 많이 가지면 행복해질 거야.' 많은 사람이 이런 생각을 하면서 살아간다. 주로 외부의 물질적 소유나 성취가 개인의 행복을 보장할 것이라는 믿음에서 비롯된다. 인간은 '쾌락'과 '보상'을 추구하는 본능을 가지고 있다. 또한 진화론적으로, 우리는 생존과 번식을 위한 자원을 확보하려는 '본능적 욕구'를 지니고 있다. 이 욕구는 물질적 소유로 나타나기도 하고, 사람들이 '더 많이 가지면 행복할 것'이라고 믿는 근본적인 원동력이 된다. 그래서 많은 사람이 '더 많은 돈을 벌면, 더 좋은 집을 가지면, 더 멋진 차를 타면 행복해질 것이다'라고 믿는다. 하지만 막상 원하는 것을 손에 넣는 순간, 그 행복감은 오래가지 않고, 곧 새로운 욕망이 생겨난다. 결국 끝없는 소유의 쳇바퀴 속에서 우리는 진정한 행복을 놓치고 있는 건 아닐까?

미국의 사회심리학자 레온 페스팅어(Leon Festinger)의 사회 비교 이론(social comparison theory)에 따르면, 사람은 본능적으로 자신을 타인과 비교하며 행복을 측정한다고 한다. 문제는 대부분 자신보다 못한 사람보다는 더 많이 가진 사람과 자신을 비교하는 경향이 크다는 점이다. SNS가 보편화되면서 이런 비교는 더욱 극단적으로 나타난다. 친구가 해외여행을 가고, 새 차를 사고, 고급 레스토랑에서 식사하는 모습을 볼 때, 나도 그래야 행복할 거라는 착각에 빠진다. 하지만 이런 비교는 만족보다는 불안과 결핍을 불러일으키는 경우가 많다.

현대 사회에서 '더 가져야 행복하다'라는 메시지는 어디에서나 볼 수 있다. 광고는 새로운 제품이 더 나은 삶을 만들어줄 것처럼 포장한다. 기업은 끊임없이 소비를 유도하고, 유행을 바꾸면서 사람들에게 '지금 갖고 있는 것은 낡았다'라는 신호를 보낸다. 하지만 최신 스마트폰을 산다고, 명품 가방을 산다고 해서 그 행복이 지속될까? 물질이 주는 만족감은 시간이 지나면 금방 사라지고, 더 나은 것을 원하게 된다.

그렇다면 어떻게 해야 이런 끝없는 욕망의 굴레에서 벗어날 수 있을까? 첫째, 절대적 기준을 설정한다. 타인과 비교하는 대신, 자신의 기준을 정하는 것이 중요하다. "나는 작년보다 얼마나 성장했는가?", "내가 진짜 원하는 것은 무엇인가?" 같은 질문을 스스로에게 던져보자. 이처럼 외부의 시선이 아닌 자신만의 가치와 목표에 집중하면, 불필요한 비교에서 자유로워질 수 있다. 둘째, 소유가 아닌 경험에 집중한다. 연구에 따르면 '물질(적) 소비(material purchases)'[28]보다 '경험(적) 소비(experiential purchases)'[29]가 더 지속적인 행복을 준다고 한다. 비싼 명품 가방을 사는 것보다 여행을 가거나 의미 있는 활동을 하는 것이 더 큰 만족을 준다는

---

[28] 물질(적) 소비(Material Purchases)는 물리적 형태가 있는 제품을 금전적 대가를 지불하여, 소유를 목적으로 하는 소비
[29] 경험(적) 소비(Experiential Purchases)는 콘서트, 전시회, 영화 관람, 여행처럼 소비자가 행위를 통해 경험할 수 있는 상품을 구매하는 소비

뜻이다. 물건은 시간이 지나면 싫증나지만, 경험은 시간이 지나도 기억 속에 남아 가치를 잃지 않는다. 새로운 경험을 통해 얻는 감정과 배움은 돈으로 살 수 없는 행복을 만들어준다. 셋째, 감사하는 습관 기르기다. 행복은 '소유'의 많고 적음이 아니라, 가진 것에 대한 '만족'에서 나온다. 감사하는 습관을 들이면 지금 가진 것에 대한 만족감이 높아지고, 더 많은 것을 원해야 한다는 강박에서 벗어날 수 있다. 실제로 연구에 따르면 감사 일기를 쓰는 사람들은 그렇지 않은 사람들보다 행복감이 더 높았다. 매일 자신이 감사할 일을 기록해보자. '따뜻한 햇살을 맞이했다', '좋은 사람과 대화를 나눴다' 같은 작은 것에서도 행복을 찾을 수 있다. 넷째, 진짜(본질적인) 행복의 원천을 찾는 것이다. 결국 행복은 외부에서 주어지는 것이 아니라, 내면에서 만들어진다. 돈, 명예, 물질이 아니라 관계, 건강, 자아실현 같은 요소들이 더 깊고 지속적인 행복을 준다. 명상이나 조용히 자신을 돌아보는 시간을 가지면, 무엇이 진짜 중요한지 더욱 명확해진다.

진정한 행복은 '더 많이 갖는 것'이 아니라 '비교에서 벗어나는 것'이라는 점을 깨달아야 한다. 타인과 비교하는 습관을 줄이고, 물질이 아닌 경험을 소중히 여기며 감사하는 마음을 가진다면, 가지면 행복해질 거라는 환상에서 벗어날 수 있다. 결국, 진짜 행복은 소유의 문제가 아니라 삶을 바라보는 태도에서 비롯된다. 당신 스스로 바꾸지 않으면 평생 벗어나지 못한다.

재미와
의미 사이에서

🔍 | '재미'와 '의미'는 공존할 수 있을까?

언제부턴가 나는 세 아들에게 "한 번 사는 인생, 무엇보다 재미있게 살아라"라는 말을 입에 달고 살고 있다. 아마도 내 삶이 그렇지 못해서 그런 것 같다. 그렇다면 재미와 의미는 도대체 무엇이고, 서로 어떤 관계이며, 무엇이 다른 걸까? 재미있는 삶과 의미 있는 삶은 공존할 수 있을까?

우선, 재미와 의미의 정의와 특징부터 살펴보자. 재미는 즉각적인 즐거움이나 흥미를 느끼는 경험으로, 주로 오락이나 놀이와 관련이 있다. 순간적인 쾌감을 제공하며, 스트레스 해소에도 도움이 된다. 반면, 의미는 삶의 목적이나 가치, 깊이를 느끼는 것으로, 더 장기적이고 심오한 만족감을 추구한다. 또한, 개인의 정체성과 가치관을 형성하는 데 중요한 역할을 한다.

미국 아이비리그(Ivy League)에서 가장 유명한 3대 명강의로 예일대 셸리 케이건(Shelly Kagan) 교수의 '죽음(Death)', 하버드대 마이클 샌델

(Michael Sandel) 교수의 '정의(Justice)', 그리고 탈 벤-샤하르(Tal Ben-Shahar) 교수의 '행복(Happier)'이 있다. 그중에서 탈 벤-샤하르는 긍정심리학 및 행복 연구 분야에서 잘 알려진 학자로, 행복에 대해 실용적인 접근법을 제시하고 있다.

그는 자신의 저서 『행복이란 무엇인가』에서 행복을 현재 순간에서의 즐거움과 만족을 말하는 '쾌락(Pleasure)'과 삶에서의 목적과 가치를 느끼는 경험을 말하는 '의미(Meaning)' 이렇게 2가지로 나눈다. 그는 단순히 쾌락만 추구하면 피상적인 만족에 머물고, 의미만 추구하면 삶이 고단해질 수 있다고 말한다. 진정한 행복은 이 2가지 요소가 균형을 이루는 데 있다. 한편, 그는 "행복은 목적지가 아니라 여정이다"라는 철학을 강조한다. 행복을 특정 목표를 달성한 이후에만 느낄 수 있다고 생각하면, 정작 행복을 놓칠 수 있다고 말한다. 즉, 성공이나 성취가 행복의 전제 조건이 아니라 일상의 여정 속에서 쏠쏠한 즐거움과 성취감을 찾는 것이 중요하다는 뜻이다.

또한, 탈 벤-샤하르는 실패를 두려워하고, 이상적인 상태에 도달하려는 비현실적인 태도를 완벽주의(Perfectionism)라고 하고, 실패를 성장의 기회로 받아들이고, 현실적인 목표를 설정하는 태도를 최선주의(Optimalism)라고 정의한다. 그는 '완벽주의'의 위험성을 지적하며, '최선주의'가 긍정적인 삶의 자세를 유지하면서도 성장과 발전을 지속할 수 있을 길이라고 강조한다.

그는 행복을 증진하기 위한 실천적인 요소로 5가지를 제안했다. 현재 가진 것에 감사하는 마음을 갖도록 연습하라는 '감사(Gratitude)', 삶의 목표와 의미를 찾아 실행할 것을 제안하는 '목적(Purpose)', 긍정적인 인간관계를 형성하고, 깊이 있는 연결을 느끼기 위한 '관계(Relationships)', 신체적, 정신적 건강을 스스로 돌보는 '자기 돌봄(Self-care)', 그리고 학습과 성장을 통해 지속해서 자기를 개발하는 '성장(Growth)'을 말했다. 그는 우리에게 "행복은 완벽함이 아니라, 불완전함을 받아들이는 데 있다"라고 말하면서, 완벽한 삶을 추구하기보다는 실수를 성장의 기회로 보고, 일상에서 작은 기쁨과 의미를 찾으라고 조언한다.

재미있는 일은 즉각적이고 감각적인 즐거움을 주는 활동이며, 주로 순간적 기쁨에 중점을 둔다. 의미 있는 일은 장기적인 관점에서 삶의 가치를 더하는 활동으로 자아실현이나 사회적 기여 같은 심오한 만족감을 제공한다. 하지만 이 2가지는 결코 상호 배타적인 개념이 아니다. 오히려 재미와 의미를 동시에 충족하는 활동도 많다. 예를 들어, 취미 활동을 통해 즐거움을 느끼면서도 그 과정에서 자기 성장을 경험하면 2가지 모두 만족할 수 있다. 너무 어렵게 생각하지 말자. 재미있게 살다 보면 그 안에서 충분히 의미를 찾을 수 있다. 결국 행복한 삶이란 완벽을 추구하는 것이 아니라, 불완전한 현실 속에서 최선을 다하며 즐거움과 의미를 균형 있게 추구하는 것이 아닐까? 나는 그렇게 생각한다.

욕구와
욕망 사이에서

> 🔍 우리는 왜 욕구와 욕망을 구별해야 하는가

요즘 TV 광고나 일상 대화에서 "너의 니즈(needs)가 뭐야?"라는 말을 자주 듣는다. 원래 니즈는 '욕구(needs)'를 뜻하지만, 우리 사회에서는 '욕망(desires)'이라는 의미로도 사용되는 경우가 많다. 사전적으로 보면, 욕구(欲求/慾求)는 '무엇을 얻거나 무슨 일을 하고자 바라는 일'을 말하며, 욕망(欲望/慾望)은 '무엇을 얻거나 무슨 일을 하고자 간절하게 바라는 것 또는 그 마음' 혹은 '부족(함)을 느껴 무엇을 가지거나 누리고자 탐함. 또는 그런 마음'으로 나와 있다. 하지만 사전적 의미로도 크게 구별되지 않을뿐더러, 사람들은 종종 이 둘을 혼동한다.

'욕구'는 뭔가 결핍이 생긴 상태를 의미하고, '욕망'은 그 결핍을 해결하기 위해 어떤 수단을 갈구하는 상태를 말한다. 예를 들어, 배가 고픈 것은 욕구지만, 햄버거나 피자를 먹고 싶다는 것은 욕망이다. 배고픔을 해결하기 위해 꼭 햄버거나 피자를 먹어야 하는 것은 아니지만, 특정 음식을 원하게 되는 것이 욕망이다.

먼저 심리학적 관점에서 보자면, 욕구는 음식, 물, 수면, 안전처럼 생존과 직접적으로 관련된 필수적인 기본 요구사항을 의미하며, 이는 생존에 필수적이다. 매슬로우(Maslow)의 욕구 5단계 이론[30]에 따르면 기본적인 생리적 욕구(1단계)와 안전 욕구(2단계)를 말하며, 인간 행동의 기본 동기로 작용한다. 반면, 욕망은 부, 명예, 인정, 자기실현과 같이 사회적, 심리적, 문화적 영향을 받는 개인적 갈망이나 소망을 의미한다. 욕망은 반드시 생존에 필수적이지 않으며, 주로 외부 환경, 경험, 가치관에서 비롯된다. 스키너(Skinner)의 강화이론[31]에 따르면 욕망은 환경적 보상과 처벌을 통해 학습된다. 즉, 특정한 보상을 반복적으로 경험하면서 형성되는 것이다.

다음은 철학적 관점에서 살펴보자. 마르크스(Marx)는 인간의 욕구가 물질적 조건과 생산관계에 의해 결정된다고 보았으며, 기본적인 욕구 충족이 사회적 평등의 핵심이라고 봤다. 스피노자(Spinoza)는 욕망은 인간 존재의 본질적인 표현이며, 자기 보존 의지와 연결된다고 주장했다. 사르트르(Sartre)는 욕망은 인간의 자유와 주체성을 드러내는 방식이며, 끊임없는 결핍 상태를 반영한다고 보았다. 프로이트(Freud)는 인간의 행동은 무의식적 욕망에 크게 좌우된다고 설명했다. 이처럼 욕구는 본능적이고 필수적이지만, 욕망은 심리적이고 사회적 성격이 강하다. 무엇보다도 욕구는 충족되면 사라지는 데 반해, 욕망은 충족되어도 새로운 형태로 계속 생겨난다.

그렇다면 우리는 왜 욕구와 욕망을 구별해야 하는가? 욕구는 인간의

---

[30] 매슬로우(Maslow)는 인간의 욕구를 계층적으로 분류하여, 욕구의 위계를 '생리적 욕구', '안전 욕구', '애정 소속 욕구', '존중 욕구', '자아실현 욕구'의 5단계로 구분했다.
[31] 스키너(B.F. Skinner)의 강화이론(Reinforcement Theory)은 행동주의 심리학의 대표적인 학설 중 하나로, 인간 및 동물의 행동은 환경적 자극과 그 결과로 강화되는 경향이 있다고 한다.

생존을 위해 반드시 충족되어야 하는 기본 요건으로, 보편적이고 절대적인 특성을 가진다. 반면 욕망은 문화적, 개인적 상황에 따라 달라질 수 있으며, 인간의 독창성과 창의성을 반영한다. 인간만이 욕망 때문에 욕구를 억제할 수 있는 유일한 존재다. 쉽게 말해서, 다이어트를 위해 배고픔(욕구)을 참거나 사회적 명성을 위해 개인적인 욕망을 절제하는 행위가 이에 해당한다. 이렇듯 욕망은 인간을 성장하게 하고, 창의적 목표를 추구하게 만든다. 하지만 지나치거나 잘못된 방향으로 갈 경우, 인간을 파멸시키는 원동력이 되기도 한다. 각설하고, 욕망을 잘 통제하고 활용할 줄 아는 것이야말로 행복한 삶을 위한 핵심이다. 더욱더 중요한 것은 '욕망의 노예'가 되지 않는 것이다.

행복을 위한 불행

> 🔍 인생에서 행복과 불행의 합은 0에 수렴한다고 하던데…

불행이 없다면 행복할까? '불행하지 않다'라는 말이 곧 '행복하다'라는 뜻일까? 많은 사람이 행복을 위해서 불행을 없애야 한다고 생각한다. 이런 불행에 대한 기피는 때때로 자기 불행을 타인의 불행과 비교하며 위안을 삼는다. 다른 이의 불행을 보며 안도하고, 자기 삶이 나쁘지 않다고 스스로 위안한다. 하지만 나의 행복을 남의 행복과 비교하는 것만큼이나, 남의 불행을 나의 불행과 비교하는 일도 잘못된 삶의 방식이다. 누군가는 행복을 인생의 궁극적인 목표로 삼지 않을 때 오히려 더 행복할 수 있다고 말한다. 행복에 대한 과도한 집착이 우리를 행복에서 멀어지게 만들기 때문이다. 행복을 필사적으로 좇다 보면, 불행은 곧 행복의 실패라는 생각이 들고, 오히려 삶에 대한 불만족이 커지기 쉽다.

인생을 살다 보면 결국 행복과 불행의 합이 0에 수렴한다는 개념은 쾌락 적응 이론(Hedonic Adaptation Theory) 혹은 쾌락 러닝머신(Hedonic Treadmill)으로 알려져 있다. 이는 인간이 긍정적이거나 부정적인 사건을 경험하더라도 시간이 지나면 결국, 다시 기본적인 행복 수준으로 돌아간다는 의미이다.

1971년, 필립 브릭만(Philip Brickman)과 도널드 캠벨(Donald T. Campbell)은 "인간은 행복과 불행에 일시적으로 영향을 받지만, 시간이 지나면 기본적인 행복 수준으로 회귀하는 경향이 있다"라고 주장하면서 'Hedonic Treadmill'이라는 용어를 처음으로 사용했다. 그리고 "부(富)가 행복의 수준을 증가시키지 않는다"라고 주장했다. 또한 그들은 1978년 '복권 당첨자와 사고 피해자 연구'를 통해 외부적인 사건이 인간의 행복 수준에 영향을 미치지만, 이는 영구적이지 않다는 것을 보여준다. 연구진은 복권 당첨자, 척수 손상 사고 피해자, 그리고 일반인의 행복 수준을 비교했다. 결과가 흥미로웠다. 복권 당첨자는 초기에 행복감이 급상승했지만, 시간이 지나면서 행복 수준이 당첨 이전 상태로 돌아갔다. 반면 사고 피해자는 초기에 행복감이 크게 하락했지만, 시간이 지나며 원래 수준에 가까워졌다. 일반인은 큰 변화 없이 일정한 행복 수준을 유지했다.

이 연구는 인간이 긍정적이든 부정적이든 변화에 적응하며, 행복과 불행을 일정 수준으로 유지하려는 경향이 있다는 '쾌락 적응(Hedonic Adaptation)' 개념을 뒷받침한다. 예를 들어, 새로운 차를 사거나 직장에서 승진하면 일시적으로 행복하지만, 결국 그 행복감은 줄어든다. 반대로 실직, 이별, 질병과 같은 부정적인 사건도 시간이 지나면 충격이 완화되고 원래 상태로 복귀하게 된다.

또 다른 측면에서 봤을 때, 사람들은 자신을 주변 사람과 비교하며 행복감을 느낀다. 그래서 외부 환경이 변해도 비교 대상이 바뀌면서 적응이 이루어진다. 또한, 행복 수준은 유전적 요인이 크게 작용하며, 개인마다 고유한 '기본 행복 수준'이 있다는 연구도 있다. 러시아 태생의 미국 심리학자 소냐 류보미르스키(Sonja Lyubomirsky)는 『행복의 정석』에서 행복은 약 50%가 유전적 요인에 의해 결정되며 10%는 외부 환경, 40%는 감사 연습이나 긍정적인 사고 같은 의도적인 활동을 통해 변화할 수 있다고 주장했다. 하지만 이 이론은 지속적인 불행이 있는 경우, 예를 들어, 만성적인 질병 상태나 빈곤이 지속되는 상황에서는 쾌락 적응이 잘 일어나지 않을 수도 있다는 비판을 받고 있다.

2002년 노벨경제학상 수상자인 대니엘 카너먼(Daniel Kahneman)은 "사람들은 행복을 원하지 않는다. 행복이 아니라 만족을 원한다"라고 말했다. 그는 '행복(happiness)'과 '만족(satisfaction)'을 구분하면서 "행복은 순간적인 경험이며 곧 사라지는 감정이다. 하지만 만족은 긴 시간 동안 자신이 바라는 종류의 삶을 향해 노력하며 삶의 목적을 달성함으로써 얻어지는 감정이다"라고 말한다. 그는 "두 감정 중 하나만을 추구하는 것은 다른 하나를 누리지 못하게 만들 수 있다"라고도 말했다. 예를 들어, 일상에서 친구들과 시간을 보내는 것은 행복을 느끼는 매우 좋은 방법이기는 하지만 만족감을 느끼기 위한 장기적 목표를 추구하는 이들은 자신의 더 큰 목표를 위해 오히려 평소 친구들을 만나는 데 시간을 많이 쓰지 않는다.

카너먼은 또한 즉각적인 경험의 행복과 장기적인 삶의 만족 사이에 차이가 있음을 강조하며 '행복의 경험(Experienced Happiness)'과 '행복의 기억(Remembered Happiness)'을 구분했다. '행복의 경험'이란 글자 그대로 사람들이 현재 순간에 느끼는 행복이나 감정의 상태로써 이는 즉각적으로 경험되는 감정이다. 이에 비해 '행복의 기억'은 과거의 경험을 기억하고 평가하는 행복이다. 이는 기억을 바탕으로 한 주관적인 판단으로, 실제 경험과 다를 수 있다. 예를 들어, 육아는 순간적으로 힘들지만, 시간이 지나고 나면 많은 부모가 이를 인생에서 가장 보람 있는 경험으로 기억한다. 반대로, 순간적으로 즐겁지만, 기억 속에서는 만족스럽지 않을 수 있다. 예를 들어, 시험공부하러 카페에 갔는데 친구를 만나 즐겁게 수다를 떨었을 때, 그 순간은 즐겁고 행복하지만, 다음 날 시험을 망쳤다면 원망스러운 기억으로 남을 것이다. 이와는 달리 친구들과 맛있는 식사를 하며 즐겁게 시간을 보내고 있다면 그 순간 우리는 행복을 경험한다. 그리고 그 시간이 하루 혹은 몇 년 후에 돌이켜 봤을 때 행복한 순간으로 기억된다면 '행복의 경험'과 '행복의 기억'이 일치하는 경우다.

행복이란 결코 불행의 부재를 의미하지 않는다. 오히려 불행을 경험하지 않으면 행복의 가치를 제대로 느끼기 어렵다. "어두운 밤이 있어야 별빛이 더 빛난다"라는 말처럼, 고통과 어려움은 행복을 더 돋보이게 한다. 또한 행복했거나 불행했던 인생의 다양한 사건들은 시간이 지나면서 결국 정서적 평형을 이루는 경향이 있다. 인간의 뇌는 지속적인 행복에 적응하지 못한다. 계속해서 행복한 상태가 유지되면, 행복은 당연하게 여겨지고 그 의미는 퇴색된다. 그래서 행복을 유지하려면 때때로 불행도 필요하다. 고진감래(苦盡甘來)라는 말처럼 고통을 겪어야 그 뒤에 오는 행복이 더 값지게 느껴진다. 즉, 불행은 궁극적으로 행복을 위한 준비 과정이다.

행복과 불행의 순환은 우리의 통제 밖에 있는 경우가 많다. 정말로 행복과 불행이 0에 수렴한다면, 불행을 두려워하기보다는 그 순간을 통해 삶의 깊이를 배우는 자세가 필요하다. "피할 수 없다면 즐기라"는 말처럼 인생의 불확실성을 껴안고, 그 속에서 작은 기쁨을 발견하는 삶의 지혜를 가져보자. 그래야 당신이 행복하다.

행복한 노동이 가능할까?

🔍 | 좋아하는 일, 잘하는 일, 돈을 많이 버는 일 그리고 행복

아담과 이브가 하느님의 말씀을 어기고 지혜의 열매를 따 먹은 탓에 처벌을 받게 되었는데, 이브에게 주어진 형벌은 출산의 고통이었고, 아담에게 주어진 형벌은 노동의 고통이었다.—성경에 따르면, 인간은 이마에 땀을 흘리지 않고서는 먹을 수 없다는 이 저주 속에서 살아가야 한다. 이러한 성서적 세계관 속에서 노동을 오랫동안 고통스럽고 피할 수 없는 의무로 여겨져 왔다. 이는 고대 사회에서 노동이 생존과 직결된 고된 행위였기 때문이다. 하지만 현대 사회에서는 노동이 단순한 생계를 넘어 자아실현과 사회적 의미를 지니게 되었다.

우리가 원하지 않는 일을 억지로 해야 할 때, 의미 없이 반복되는 일에 지칠 때, 생계를 위해 하기 싫은 일을 해야 할 때 노동은 고통이고, 저주가 된다. 그러나 의미 있는 목표를 가지고 일할 때, 자신의 강점을 활용하며 성장할 때, 노동은 단순한 생계를 넘어 삶의 보람이자 행복이 된다. 버트런드 러셀(Bertrand Russel)은 "일(job)은 하루 종일 무엇을 할까를

신경 쓸 필요 없이 하루의 대부분을 메워주고, 권태를 예방하는 가장 좋은 방법이다"라고 말했다. 즉, 일 자체가 삶의 중심이 될 때 우리는 노동을 통해 행복을 찾을 수 있다.

사람들은 현재 자신이 하는 일이 좋아서 하는 일인지, 잘하는 일인지, 아니면 단지 돈을 벌기 위해서 하는 일인지조차 모르는 경우가 많다. 그리고 우리의 고민은 대부분 '좋아하는 일' vs. '잘하는 일' vs. '돈을 많이 버는 일' 사이에서 발생한다. 먼저 좋아하는 일이란, 일종의 열정(Passion)으로 내 마음이 끌리고, 재미와 보람을 느끼는 일이다. 하지만 수익성이 낮거나 실력이 부족할 수도 있다. 예를 들어, 그림 그리기를 좋아하지만, 프로가 되기에는 실력이 부족한 경우가 이에 해당한다. 다음은 잘하는 일로 재능(Talent)을 의미하며, 자연스럽게 뛰어난 능력을 발휘할 수 있는 일이다. 그러나 반드시 좋아하는 일이 아닐 수도 있고, 수익성이 낮을 가능성도 있다. 예를 들어, 노래를 잘하지만, 가수가 되고 싶지는 않은 경우를 들 수 있다. 그리고 돈을 많이 버는 일은 수익(Profit)을 극대화하는 일이다. 안정적인 직업이나 높은 연봉을 보장하는 일이지만, 흥미가 없거나 의미를 느끼지 못할 수도 있다. 높은 연봉을 받지만, 너무 힘들어서 퇴근 후 삶이 피폐해지는 직장이 에에 해당한다. 이렇듯 이 3가지 요소가 완벽하게 일치하는 경우는 드물다. 따라서 우리는 현실 속에서 타협과 조율을 하며 살아간다.

그렇다면 우리는 어떻게 하면, 행복한 노동을 할 수 있을까? 일본에는 이키가이(生き甲斐)라는 개념이 있다. 이는 '삶의 보람'을 뜻하며, 다음의 4가지 요소가 겹치는 지점에서 행복한 일을 찾을 수 있다는 개념이다. ① 좋아하는 일(What you love), ② 잘하는 일(What you are good at), ③ 세상에 필요한 일(What the world needs), ④ 돈이 되는 일(What you can be paid for). 이 요소들이 겹치는 영역(지점)이 바로 '이키가이', 즉 '행복한 노동'이다. 이를 찾기 위해서는 스스로 다음과 같은 질문을 던져야 한다. '내가 정말 좋아하는 일은 무엇인가?', '내가 남들보다 잘하는 것은 무엇인가?', '이 일이 사회적으로 의미가 있는가?', '이 일을 하면서 생계를 유지할 수 있는가?' 이러한 질문을 통해 우리는 노동을 단순한 생계 수단이 아니라 행복을 위한 과정으로 만들 수 있다.

그렇다면 돈이 많으면(많이 벌면) 행복할까? 많은 연구에 따르면, 기본적인 경제적 안정을 넘어서면 추가적인 돈은 크게 행복을 증가시키지 않는다고 한다. 삶의 의미와 보람, 건강한 인간관계, 균형 잡힌 생활 방식 등 돈보다 중요한 것들이 생각보다 많다. 통계적으로도 실업자보다는 육체노동자가, 육체노동자보다는 정신노동자가 더 행복하다는 연구 결과가 있다. 즉, 단순히 돈을 많이 버는 것만으로는 행복을 보장할 수 없다. 중요한 것은 돈을 벌면서도 의미와 가치를 찾는 것이다.

좀 더 구체적으로 생각해보자. 좋아하는 일이 돈이 안 되면? 취미로 두거나 부업으로 시작해보라. 잘하는데 좋아하지 않으면? 일의 의미를 찾아보고, 동기 부여할 요소를 만들어보라. 돈은 많이 버는데 행복하지 않다면? 중장기적으로 다른 일을 준비하거나 의미를 찾을 방법을 고민해보라. 그리고 일이 행복으로 이어지려면? 적절한 균형을 찾고, 스스로 의미를 부여해야 한다. 다시 말하지만, 최고의 직업은 놀이처럼 즐기면서도 돈을 벌 수 있는 일이다. 내가 선택한 일이 열정, 재능, 생계, 의미를 만족시킬 수 있다면, 이미 그 일은 단순한 노동이 아닌 행복의 원천이다. 물론 말처럼 쉽지는 않겠지만, 행복한 노동을 찾기 위한 노력 자체가 가치 있는 과정이 아닐까?

PART 08

관계의 심리학

무례한 사람(상사)에게
'스마트'하게 대처하는 법

> 🔍 **참는 것만이 '능사'가 아니다**

　우리는 종종 "너 초등학교 나온 거 맞냐?" 같은 무례한 말을 던지는 사람, 특히 상사를 마주할 때가 있다. 그럴 때마다 '어떻게 하면 감정적으로 대응하지 않고 성숙하고 효과적으로 대처할 수 있을까?'를 고민하지만, 막상 그런 상황이 닥치면 순간적으로 당황하여 적절히 대응하지 못하는 경우가 많다. 앞으로 무례한 사람을 만났을 때, 티 나지 않게 스마트하게 대처하는 방법을 살펴보자.

　무례한 발언에 대한 가장 기본적인 원칙은 감정적으로 반응하지 않는 것이다. 상대의 무례함에 즉각적으로 화를 내거나 흥분하면 오히려 상황이 불리하게 흘러갈 수 있다. 구체적인 첫 번째 방법은 침착하게 되묻기로, 침착함을 유지하면서 들은 내용을 확인하는 것이다. "제가 제대로 들은 게 맞다면, 초등학교를 나왔냐고 말씀하신 것 같은데요?" 이렇게 질문하면 상대방은 자신의 말을 다시 돌아보게 되고, 스스로 당황하거나 톤을 낮추는 경우가 많다. 혹은 가벼운 유머를 활용해 상황을 중화하는 것도 좋은 방법이다. "네, 초등학교 나왔습니다. 그런데 선배님께서 더 좋은 조언을 주시면 배울 게 많을 것 같습니다"처럼. 두 번째는 진짜 의도 물어보기로, 무례한 말을 들었을 때 상대방이 진짜 하고 싶은 말이 무엇인지 되묻는 것도 효과적이다. "그 말씀이 어떤 뜻인지 잘 이해하지 못했는데, 구체적으로 설명해주실 수 있을까요?", "팀장님, 그래서 진짜 하고 싶은 말씀이 무엇인지 말씀해주세요." 이렇게 질문하면 상대방이 자신의 태도를 다시 한번 점검하게 되고, 대화의 방향이 보다 건설적으로 흘러갈 가능성이 높아진다. 세 번째 방법은 무례한 발언을 제자리에서 지적하기다. 무례한 발언이 반복된다면, 즉각적으로 부적절하다는 신호를 줄 필요가 있다. 단, 이때 단호하면서도 예의를 유지하는 것이 중요하다. "그런 말씀은 저를 불편하게 만드네요. 건설적인 대화를 나누면 더 좋겠습니다." 공격적이지 않으면서도 자신의 불편함을 분명히 표현해야 한다. 네 번째는 비폭력 대화(NVC, Nonviolent Communication) 활용하기로, 무례한 말을 들었을 때 자신의 느낌과 필요를 중심으로 표현하는 방식으로 감정을 전달하는 좋은 방법이다. "방금 초등학교 나온 거냐는 질문을 들으니…"라는 식으로 상황을 객관적으로 묘사하는 방법, "조금 당황스럽고 불편하게 느껴졌습니다"라고 자신의 감정을 직접적으로 표현하는 방법도 포함된다. 그리고 "저는 서로 존중하는 대화를 중요하게 생각합니다"라거나 "앞으로는 이런 식의 표현 대신, 구체적인 피드백을 주시면 좋겠습니다"라고 요청하는 방법도 있다. 이런 방식은 상대방의 방어적인 태도를 줄이면서도, 무례함을 인지하도록 만든다.

무례한 행동이 반복된다면 단기적인 대처뿐만 아니라 장기적인 접근도 필요하다. 상사의 무례함이 스트레스, 권위 과시 혹은 자신감 부족에서 비롯된 것일 수 있다. 그 말을 개인적인 공격으로 받아들이기보다, 그

이면의 이유를 분석하는 것이 유리하다. 필요하다면 직접 대화를 요청해 관계를 개선할 수도 있다. "가끔 선배님의 말씀에 제가 오해하거나 불편함을 느낄 때가 있어요. 제가 더 잘 이해할 수 있도록 앞으로 어떤 점을 개선하면 좋을지 말씀해주시기를 바랍니다." 이렇게 하면 상대방에게 개선의 책임을 전가하지 않으면서도, 존중받고 싶다는 의사를 전달할 수 있다. 모든 노력이 무색할 정도로 무례함이 지속되고 악의적인 경우라면, 공식적인 절차를 밟아야 한다. 무례한 발언과 상황을 기록하거나 이메일, 메시지 등의 형태로 증거를 수집해 두자. 그리고 회사의 인사팀이나 감사조직이 있다면 내부 규정에 따라 신고하거나 조언을 구하는 것도 한 방법이다.

무례한 상사에게 효과적으로 대응하는 것은 쉽지 않다. 하지만 "호의가 반복되면 권리인 줄 안다"라는 말처럼, 참기만 하는 것이 최선은 아니다. 자신의 존엄성과 전문성을 지키면서도 상대방이 자신의 행동을 돌아보게 만드는 태도를 유지하는 것이 중요하다. 때로는 유머, 단호함 혹은 도움 요청이 필요할 수도 있다. 무엇보다 내가 표현하지 않으면 상대방은 결코 알지 못한다. 적어도 상대방이 내 존재를 의식하고 존중하게 만드는 것, 그것이야말로 자존감을 지키며 살아가는 방법이다.

편애의 심리학

🔍 **기억하고 싶지 않은 편애에 대한 쪽팔린(?) 추억**

환자들을 진료하다 보면 어린 시절 부모의 편애로 인한 트라우마를 가진 경우가 많다. 하지만 정작 부모들은 대부분 펄쩍 뛰며 자신(부모)은 절대 편애하지 않았다고 한다. 과연 환자의 기억이 잘못된 걸까? 아니면 부모의 기억이 왜곡된 걸까? 중요한 건 사실 여부가 아니라 당신의 자녀가 편애로 기억하고 있다는 점이다.

조금은 아니, 솔직히 매우 창피한 어린 시절 이야기를 하나 하려고 한다. 초등학교 4학년 때의 일이다. 3학년까지는 내가 항상 편애를 받는 쪽이었다. 그런데 4학년이 되면서 이상하게 꼬이기 시작했다. 새 학기가 되어 학급 임원을 임명[32]할 때, 일반적으로 어느 정도 성적을 반영해 반장을 뽑았다. 2, 3학년 때 반장을 했던 나는 당연히 또 반장이 될 줄 알았다. 하지만 예상과 달리, 반에서 성적이 다섯 손가락 안에도 들지 못하는 친구가 반장이 되고 나는 부반장이 되었다. 그뿐만이 아니었다. 수업 시

---

[32] 당시에는 학급 임원을 선거가 아니라 담임 선생님이 지명했다.

간에 손을 들고 발표를 해도 왠지 잘 선택되지 않는다는 느낌이 들었고, 교내 글짓기 대회에서도 선생님은 그 친구의 글만 손봐주고 내 글은 도와주지 않았다. 그래도 내가 더 높은 상을 받았다.

그런 식으로 불만이 쌓여가던 어느 날, 그 친구와 장난을 치다가 지적을 받았다. 분명 같이 장난쳤는데, 나만 앞으로 불려 나가 손바닥을 맞았다. 그동안 쌓인 불만이 폭발해버렸다. 억울한 마음에 울면서 선생님께 욕을 해버렸고, 수업 도중 책가방을 싸서 그냥 집으로 가버렸다. 집에서는 난리가 났다. 엄마는 "세상에 선생님께 욕하는 학생이 어디 있냐?", "초등학교도 졸업 못 하고 앞으로 어떻게 살 거냐?"라며 겁을 잔뜩 주었다. 정말 난감했다. 48년이 지난 지금, 정확한 기억은 남아있지 않지만, 그날 집에서 느꼈던 서늘하고 암담한 기운만큼은 여전히 선명하다. 결국 다음 날, 엄마와 함께 학교에 가서 선생님께 사과하고 어떻게든 넘어갔다.

나중에 성인이 되어 당시 같은 반 친구들에게 물어보니, 대부분 선생님이 그 친구를 편애한 것은 맞다고 했다. 하지만 모두 본인의 이야기가 아니어서 그런지 '왜 그렇게 대놓고 편애했는지'는 아무도 몰랐다. 더 이상한 건 그 선생님이 엄마 친구의 여동생이었다는 점이다. 지금 생각해도 이유를 모르겠다. 부유하진 않았지만, 장남으로, 또 반장으로 사랑받으며 살던 내가 편애의 피해자로 느껴본 첫 경험이라서 그런지, 지금까지 기억에 남아있는 몇 안 되는 초등학교 시절 이야기 중 하나다.

편애(favoritism)에 관한 연구는 심리학, 사회학, 교육학, 그리고 가족 연구 등에서 다양하게 이루어져 왔다. 캐서린 콩거(Katherine Conger)는 부모의 편애가 형제자매 관계와 자녀의 정서적 발달에 미치는 영향을 연구했다. 그녀에 따르면, 부모의 편애는 형제자매 간 갈등을 증가시키고, 소외감을 느낀 자녀는 낮은 자존감과 우울증을 경험할 가능성이 높다고 한다. 특히, "부모들은 무의식적으로 첫째에게 더 애정이 보이지만, 다른 자녀들은 이를 편애로 받아들여 열등감을 느낄 수 있다"라고 했다. 프랭크 살로웨이(Frank Sulloway)는 그의 저서 『타고난 반항아』에서 가족 내 출생 순서 이론을 제안하며, 부모의 편애가 형제자매의 성격 형성에 영향을 미친다고 주장했다. 첫째는 부모의 기대를 더 많이 받고 규칙을 따르도록 권장되지만, 막내는 비교적 자유롭고 창의적인 성향을 발달시킬 가능성이 높다고 분석했다.

이런 편애는 가족뿐만 아니라 직장 등 사회 곳곳에서 벌어진다. 하지만 편애는 누구에게도 도움이 되지 않는다. 편애받은 사람이나 편애받지 못한 사람 모두에게 상처와 부정적인 영향을 준다. 편애받지 못한 사람은 자존감 저하, 우울증, 불안감 등 심리적 문제를 경험할 가능성이 높고, 편애받은 사람은 자기중심적 태도와 대인관계 문제를 겪을 수 있다.

'열 손가락 깨물어 안 아픈 손가락이 없다'라는 속담이 이제는 '덜 아픈 손가락이 있다'라는 말로 바뀌어야 할지도 모르겠다. 어쩌면 편애는 인간 사회에서 완전히 사라질 수 없는 현상일지도 모른다. 하지만 "나는 편애하지 않아"라는 고집스러운 생각에서 벗어나는 것이 편애를 줄이는 첫걸음이다.

세상에서 제일 어려운 일, 거절하기

🔍 왜 우리는 이토록 거절을 힘들어하는가?

　세상을 살다 보면 가까운 지인으로부터 돈을 빌려달라는 부탁을 받은 적이 누구나 한 번쯤은 있을 것이다. 참 곤란한 상황이 아닐 수 없다. 나는 세 아들에게 늘 강조한다. "거절을 잘하는 것이 공부를 잘하는 것 못지않게, 아니 오히려 더 중요하다." 지금의 내 처지도 부적절한 부탁을 거절하지 못해서 벌어진 일이고, 돌아보면 힘들었던 순간들 대부분이 거절을 잘하지 못해서 일어난 경우가 많았다.

　그렇다면 거절을 잘하는 방법은 뭘까? 실망할 수도 있겠지만, 가장 중요한 것은 끊임없는 연습이다. 처음부터 거절을 잘하는 사람은 없다. 정말로 연습해야지만 되는 일이다. 물론 성격적으로 소심하거나 남의 눈치를 많이 보는 사람이 있겠지만, 그 정도를 떠나 무조건 많은 연습이 필요하다. 누구나 처음에는 거절하는 말을 꺼내기가 어렵다. 하지만 한 번, 두 번 하다 보면 덜 떨리게 되고, 어느 순간 거절하는 것이 예전만큼 어렵지 않게 느껴진다.

거절을 잘하기 위한 몇 가지 중요한 기술(팁)을 알려주겠다. 첫째, 거절하는 명확한 이유를 밝혀야 한다. "돈이 없어서…", "시간이 부족해서…" 같은 식으로 분명하게 말하는 것이 좋다. 둘째, 상대방의 감정을 존중하는 태도가 중요하다. "고민하게 해서 미안해" 같은 말로 부드럽게 접근하는 것이 효과적이다. 즉, "네 부탁을 들어주지 못해 정말 미안하다"라는 태도를 유지하면 된다. 셋째, 가능하다면 대안을 제시하는 것도 방법이다. "이번에는 못 가지만, 다음에 만나면 좋겠어" 같은 식으로 거절을 덜 부담스럽게 만들 수 있다.

또한, 당장 거절하기 힘들거나 결정이 어려운 상황이라면 결정을 미루는 것도 좋은 전략이다. 즉, 시차를 두고 거절하는 것이다. 일단은 "한번 생각해볼게"라든가 "조금만 시간을 줄래?" 같은 말로 상황을 벗어난 뒤, 차분히 어떻게 거절할지를 고민하면 된다. 그런데 사실, 거절을 하기 전에 가장 먼저 고려해야 할 근본적인 문제가 있다. 바로 자신의 한계와 우선순위를 명확히 하고, 자신을 보호하는 것이 최우선이라는 점이다. 이런 상황에서는 상대방을 배려하는 것보다 나 자신부터 생각해야 한다. 조금 이기적으로, 아니 많이 이기적으로!

우리가 거절을 두려워하는 가장 큰 이유는 "이 관계가 끊어지면 어떡하지?"라는 걱정 때문이다. 하지만 그 정도 거절로 끊어질 관계라면, 어차피 오래 유지되기 어려운 인연이 아닐까? 그리고 지금 거절하지 못해서 앞으로 일어날 수 있는 일(문제)을 상상해보라. 지금 거절하는 게 훨씬 더 낫다는 '현타'[33]가 올 것이다. 거절을 두려워하지 말고, 끊임없이 연습하자. 연습만이 살길이다.

---

[33] '현실 자각 타임'을 줄여 이르는 말로, 헛된 꿈이나 망상 따위에 빠져 있다가 자기가 처한 실제 상황을 깨닫게 되는 시간

우리가 인생에서 차라리
몰랐으면 더 좋았을 것들

> 🔍 진실(현실)이 우리를 꼭 행복하게 만들지는 않는다

"아는 것이 힘이다"라는 말은 영국의 철학자 프랜시스 베이컨(Francis Bacon)이 그의 저서 『신기관』[34]에서 주장한 개념이다. 그는 "인간의 지식과 힘은 서로 다르지 않다. 자연을 지배하려면 먼저 그것을 이해해야 한다"라고 말했다. 즉, 지식은 단순히 많이 가진다고 좋은 것이 아니라, 이를 통해 통제력과 문제 해결 능력을 갖추고 자유와 독립을 얻을 수 있다는 뜻이다.

그런데 정말로 아는 것(지식)이 항상 좋기만 할까? 인생을 살다 보면 차라리 몰랐으면 더 좋았을 것들도 분명히 존재한다. 첫 번째는 인간관계에서의 씁쓸한 진실이다. 내가 좋아하는 사람이 나를 좋아하지 않는다는 사실, 그리고 친구, 가족, 연인의 속마음이 예상과는 다를 때 혹은

---

[34] 『신기관』은 아리스토텔레스의 논리학 저서인 『기관』에 대한 대항적인 의미를 담고 있다. 그는 "인간의 지식과 인간의 힘은 서로 다른 것이 아니다. 왜냐하면 원인을 모른 채로는 어떤 결과도 해석할 수 없기 때문이다. 자연을 지배하고자 한다면 그것을 먼저 이해해야 한다. 자연계가 작동하는 데에는 항상 뭔가 원인이 있다. 그것이 법칙이다"라고 말했다.

주변 사람들이 나에 대해 험담하는 걸 알게 될 때, 우리는 상처받는다. 모든 진실을 알면 우리는 인간관계를 유지하기 어렵다. 때때로 '선택적 망각'이 필요한 이유다. 두 번째는 세상의 부조리한 현실이다. 부정과 비리, 불공정한 사회 구조, 능력보다 인맥이나 운이 더 중요하게 작용하는 경우, 어린 시절 꿈꿨던 정의로운 세상과 현실의 괴리처럼 세상이 완벽하게 공정하지 않다는 것을 알게 되면, 우리는 좌절감을 느낀다. 세 번째는 건강과 죽음에 대한 냉혹한 진실로 사랑하는 사람의 질병이나 죽음을 미리 아는 것, 누구나 나이가 들수록 점점 쇠약해진다는 사실, 건강을 잃으면 모든 것이 무너진다는 현실을 깨닫게 되며 무력감을 느낄 수밖에 없다. 그럴수록 인간은 유한한 존재라는 걸 받아들이고, 현재를 소중히 살아가야 한다. 네 번째는 그동안 내가 믿었던 것이 거짓이었음을 깨닫는 순간이다. 존경했던 사람의 실망스러운 면을 알게 될 때, 내가 평생 믿어온 가치관이 틀렸다는 걸 알게 될 때, 그리고 사랑이 영원하지 않다는 점을 깨닫게 될 때처럼 어떤 믿음이 깨지는 순간, 우리는 정체성의 혼란을 겪는다. 하지만 이는 더 넓은 시야를 가지게 되는 과정이기도 하다.

그렇다면 이렇게 원치 않던 것을 알게 되었을 때 우리는 어떻게 해야 할까? 무엇보다도 있는 그대로 감정을 받아들여야 한다. 처음에는 당연히 충격, 분노, 슬픔, 실망 등의 감정이 몰려올 수밖에 없다. 하지만 현실을 억지로 외면하기보다는 감정을 있는 그대로 인정하는 과정이 필요하다. "이 사실이 내게 큰 충격을 주고 있구나"라고 인정하는 것이 시작이다. 그리고 불필요한 정보로 자신을 괴롭히지 말아야 한다. 인간은 '필요한 정보'와 '불필요한 정보'를 구분할 줄 알아야 한다. 모든 진실(사실)을 알 필요는 없다. 오히려 때로는 '모르는 게 약(Ignorance is bliss)'이 될 수도 있다. 노력하더라도 바꿀 수 없는 것에 집착하지 않는 연습이 필요하다. 또한 깨달음을 긍정적으로 전환하는 태도가 중요하다. 새롭게 알게 된 사실이 고통스럽더라도, 이를 통해 얻을 수 있는 교훈이 반드시 있다. 인간관계, 사회 현실, 인생의 무상함 등을 이해하면 더욱 성숙해질 수 있다. "이 경험을 통해 내가 배울 수 있는 것이 무엇일까?"라고 스스로에게 질문해보는 것도 좋은 방법이다. 마지막으로 삶의 의미를 새롭게 정의해보는 거다. 진실이 때로는 고통스럽지만, 그 덕분에 삶이 더 소중해진다. 우리가 모든 것을 알지 못하기 때문에 희망과 가능성이 존재하는 법이다. 결국 중요한 건 현재의 행복과 소중한 관계에 집중하는 것이다.

 '알아야 할 것'과 '알지 않아도 될 것'을 구별하는 능력이야말로 진정한 지혜다. 살아가면서 진실을 아는 것이 중요하지만, 그것이 꼭 행복을 보장하지는 않는다. 하지만 때때로 불편한 진실을 마주하더라도, 그것을 통해 성장하고 삶을 긍정적으로 바라볼 수 있다면, 우리는 충분히 의미 있는 삶을 살 수 있다. 결국, 우리가 반드시 알아야 할 것은 우리가 사랑하는 사람들과 지금, 이 순간을 충실히 살아가는 것뿐이다.

잘난 체와
험담

🔍 | **험담과 뒷담화 사이에서**

　우리는 일상에서 끊임없이 잘난 체하거나, 별다른 이유 없이 누군가에 대해 험담하는 사람을 자주 본다. 물론, 그 사람이 바로 나일 수도 있다. 어쨌든 이 두 부류의 사람을 이해하는 것부터 시작해야 할 것 같다.

　잘난 체하는 사람의 기본적인 심리는 과시욕과 주목받고 싶은 욕구, 즉 인정 욕구가 바탕에 깔려 있다. 여기에 낮은 자존감이 원인인 경우도 많다. 경쟁이 치열한 사회에서 자란 이들은 자신을 돋보이게 하려는 경향이 있고, 이는 종종 잘난 체하는 행동으로 나타난다. 때로는 특정 상황에서 이득을 얻기 위해, 예컨대 직장 내 경쟁에서 우위를 점하기 위해 잘난 체를 하기도 한다. 하지만 기억해야 할 것은 열등감이 없으면 잘난 체할 이유가 없다는 점이다.

　그렇다면 험담하는 사람의 심리는 어떨까? 예상대로, 이들 역시 낮은 자존감이 원인인 경우가 많다. 그리고 두 번째 이유는 나보다 불행한 사람을 찾아야 혹은 만들어야 내가 덜 불행해 보일 것 같아서다. 즉, 타인의 결점을 부각하거나 그들의 불행을 통해 상대적으로 자신이 더 낫다는 것을 확인받고 싶은 마음에서 비롯된다. 또한, 단순히 자신의 불만이나 스트레스를 해소하려는 의도도 있다. 더 나아가, 그룹 내에서 공동의 적을 험담하면서 소속감을 확인하고 자신의 위치를 강화하려는 목적도 있다. 하지만 어떤 이유든 타인에 대한 험담과 비난은 결국 스스로가 부족하고, 내면의 통제력이 없다는 것을 인정하는 것과 다름없다. 더 큰 문제는 험담을 통해 타인을 조종하거나 통제하려는 심리가 작용할 때다. 이런 욕구가 강할수록 조직 내 역학관계는 더 흐트러지고, 심할 경우 조직 자체가 와해되는 결과를 초래할 수도 있다.

흥미로운 점은, 잘난 체하면서 동시에 험담까지 하는 사람이 의외로 많다는 것이다. 이런 관점에서 보면, 잘난 체와 험담 사이에는 많은 공통점이 있다. 두 유형 모두 낮은 자존감이 원인이고, 타인과의 비교에 민감하며, 인정 욕구가 크다. 그리고 둘 다 잘난 체와 험담 사이에서 교묘하게 줄타기하며 주변 사람들의 마음을 어지럽힌다. 이런 상황에서 그들의 유혹(?)에 속지 않는 가장 좋은 방법은, 그들이 가리키는 손가락(비난의 대상)을 바라보지 말고, 그 말을 하는 사람의 마음을 들여다보는 것이다. 그러면 그들의 낮은 자존감과 열등감이 쉽게 보이고, 그들의 행동을 이해하는 데 도움이 될 것이다.

유발 하라리(Yuval N. Harari)는 그의 저서 『사피엔스』에서 험담이 인류 진화에 중요한 역할을 했다고 말한다. 그의 주장에 따르면, 험담은 원시 사회에서 협력을 강화하는 수단이었다. 누구를 신뢰할 수 있고, 누구를 경계해야 하는지를 알리는 역할을 했다는 것이다. 하지만 현대 사회에서 험담은 더 이상 공동체의 생존을 위한 필수 요소라기보다는, 개인적인 불안과 열등감을 반영하는 부정적인 요소로 작용하는 경우가 많다.

한편, 주변에 만나기만 하면 잘난 체하는 사람과 험담을 늘어놓는 사람이 각각 한 명씩 있다고 하자. 둘 다 피하고 싶겠지만, 만약 한 사람을 선택해야 한다면? 당연히 잘난 체하는 사람이 그나마 낫다. 잘난 체하는 사람은 그 행동이 거슬릴 수는 있어도, 당신에게 직접적인 피해를 주지는 않는다. 하지만 험담을 일삼는 사람은 당신이 없을 때 당신에 대해 험담할 가능성이 크고, 결국 당신의 이미지가 왜곡되거나 예상치 못한 유무형의 피해로 이어질 수 있다. 그런 사람은 만나서 따지기보다는 그냥 피하는 것이 상책이다. 상대할 가치도, 시간 낭비할 이유도 없다.

우리에게
진정한 위로란?

🔍 "힘내"라고 말하는 것이 아니라 "힘들지?"라고 물어보는 것이다

사전에서 위로는 '따뜻한 말이나 행동으로 괴로움을 덜어주거나 슬픔을 달래 줌'이라고 정의된다. 하지만 진정한 위로는 단순히 격려(激勵)나 동정(同情)이 아니라, 상대방의 감정을 깊이 이해하고 공감하며, 그들의 고통을 함께 나누는 과정에서 이루어진다. "힘내"라는 말도 위로의 의도가 담긴 표현이지만, 많은 경우 상대방의 고통을 충분히 이해하거나 공감하지 못한 채 형식적으로 사용되곤 한다. 반면 "힘들지?"라는 말은 상대방의 감정을 있는 그대로 인정하고 공감하는 힘을 가진다.

그런데도 우리는 왜 쉽게 "힘내"라고 말할까? 가장 큰 이유는 위로의 언어(방법)를 제대로 배우지 못했기 때문이다. 많은 사람이 공감의 언어를 학습하지 못한 채 성장한다. "힘내"라는 말은 우리가 일상적으로 사용하는 "화이팅!"처럼 익숙하고 간단한 표현이라 자주 사용되지만, 진정한 위로를 전달하기에는 부족하다. 또한 상대방의 감정과 불편함을 깊이 들여다보지 않으려는 심리도 작용한다. 상대의 고통에 공감하는

것은 에너지와 시간이 필요한 과정이기에, 이를 피하고 싶은 마음에 "힘내"라는 말로 빠르게 위로하려 한다. 게다가 우리는 기본적으로 문제 해결 중심적 사고를 한다. 문제를 해결해야 한다는 본능 때문에 "힘내"라는 말로 상대방이 고통을 극복해야 한다는 메시지를 전달하려 하지만, 이는 오히려 부담으로 작용할 수 있다.

사람들이 진정으로 원하는 위로는 공감과 인정이다. "힘내"라는 말 대신 "힘들지?"라고 묻는 것이 더 위로가 되는 이유는 상대방의 감정을 있는 그대로 인정하고 받아들이는 표현이기 때문이다. 또한 진정한 위로는 감정을 나누는 과정에서 이루어진다. "정말 힘들었겠다" 같은 말은 상대방의 감정을 부정하지 않고 그대로 받아들인다. 무엇보다 위로는 판단 없이 경청하는 데서 시작된다. 해결책을 제시하거나 충고하기보다 상대방이 스스로 감정을 표현할 수 있도록 충분한 공간을 마련해주는 것이 중요하다. 마지막으로, 상대가 원하는 방식의 위로를 해주는 것도 필요하다. 어떤 사람은 이야기를 들어주는 것을, 어떤 사람은 현실적인 조언을, 또 다른 사람은 그냥 곁에 있어 주는 것을 원하는 식으로 사람마다 원하는 위로의 방식이 다르다.

그렇다면 구체적으로 "힘내" 대신 어떤 말을 할 수 있을까? "정말 힘들었겠다", "그런 일이 있었구나. 마음이 아팠겠다"처럼 공감을 담은 표현이 효과적이다. 또한, "내가 옆에 있을게. 말하고 싶을 때 말해줘", "혼자가 아니라는 것만 알아줬으면 좋겠어"라는 말로 함께하겠다는 메시지를 전하는 것도 좋은 방법이다. 또 다른 표현으로 "그렇게 느낄 수밖에 없겠네", "너의 감정을 충분히 이해해"처럼 상대방의 감정을 그대로 수용하는 표현도 도움이 된다.

위로는 단순한 말이 아니라 상대방의 처지에서 생각하는 태도에서 비롯된다. 내가 하고 싶은 말이 아니라, 상대가 듣고 싶어 하는 말을 선택해야 한다. 형식적인 위로보다 진심을 담은 한마디가 더 큰 힘을 줄 수 있다. 때로는 아무 말 없이 곁에 있어 주는 것만으로도 큰 위로가 될 때가 있다. 상대가 자신의 감정을 정리하고 표현할 시간을 충분히 주는 것도 중요하다. 직접적인 도움보다 오히려 '혼자'라고 느끼지 않도록 하는 것이 가장 좋은 위로다.

위로란 상대방의 아픔을 덜어주기 위한 '함께 있음'이다. 이는 단순한 말의 전달이 아니라, 진정한 공감과 이해, 그리고 서로의 존재를 확인하는 과정이다. "힘내"라는 말보다 "힘들지?"라는 질문이 더 위로가 되는 이유는 그것이 상대방의 감정을 인정하고 함께 나누는 출발점이 될 수 있기 때문이다.

절대 드러내면
안 되는 것들

🔍 | 당신이 대화, 마음, 표현 중에 조심해야 하는 것들

인간관계에서 무엇을 드러내고, 무엇을 숨겨야 할지는 상대방과의 관계, 상황, 그리고 개인의 성향에 따라 다르다. 하지만 일반적으로 드러내지 않는 것이, 더 나은 것들이 있다. 이런 것들은 관계를 악화시키거나 자신에게 부정적인 영향을 미칠 수 있는 요소들이다. 이를 대화, 심리, 표현이라는 3가지 측면에서 살펴보자.

먼저 타인과의 대화에서 절대 드러내면 안 되는 것, 그 첫 번째는 타인의 비밀이다. 자신이 아는 타인의 비밀을 다른 사람에게 드러내는 것은 신뢰를 깨뜨리는 행위이다. 이는 당신의 평판에도 악영향을 미치며, 특히, 상대가 당신을 믿고 털어놓은 이야기라면 더욱 주의해야 한다. 두 번째는 부정적 편견으로 인종, 성별, 종교 등과 관련된 편견이나 고정관념을 드러내는 것은 상대방에게 불쾌감을 준다. 이러한 부정적 편견은 관계를 해치며, 의도치 않게 자신을 편협한 사람으로 보이게 만든다. 세 번째는 상대방의 약점이다. 대화 중에 상대방의 약점이나 단점을 지적

하면 관계가 악화될 가능성이 크다. 이는 상대방에게 모욕감이나 불쾌감을 줄 수 있어 주의해야 한다. 네 번째는 과도한 자기 자랑으로 자신의 성과나 능력을 자랑하는 것은 상대방을 불편하게 만든다. 특히, 상대가 비교당한다고 느낄 때, 부정적인 반응은 더욱 커진다.

이제 나의 마음에서 절대 드러내면 안 되는 것은 지나친 열등감이다. 자신의 열등감을 상대방에게 과도하게 드러내면 약한 사람으로 보일 수 있으며, 이는 타인과의 관계나 권력 구도를 불리하게 만든다. 때때로 열등감을 솔직하게 이야기하는 것이 도움이 될 때도 있지만, 반복적으로 이를 드러내면 상대방이 부담으로 받아들이기 쉽다. 다음은 삐뚤어진 질투심으로 인간관계에서 질투는 자연스러운 감정이지만, 이를 과도하게 드러내면 상대방은 관계를 부담스러워한다. 이런 질투를 효과적으로 다스리는 것이 관계를 건강하게 유지하는 핵심이다. 그리고 과도한 의존이다. 상대방에게 지나치게 의존하면 관계의 균형이 깨진다. 그럴 때 상대는 부담감을 느껴 거리두기를 원할 수 있으므로 주의해야 한다.

지금부터는 절대 표현하지 말아야 할 점들에 대해 살펴보자. 무엇보다도 즉흥적인 분노는 절대 안 된다. 화가 났을 때 즉각적으로 분노를 표현하면 상대방은 방어적이 되거나 관계가 틀어질 수 있으며, 감정을 조절하고, 차분하게 문제를 해결하는 태도가 정말 중요하다. 반대로 감정의 완전한 차단 또한 피해야 한다. 자신의 감정을 완전히 숨기면 상대방은 당신이 냉담하거나 무관심하다고 느낀다. 감정의 과도한 표현과 단절 사이에서 적절한 균형이 필요하다. 다음은 지나치게 과장된 표현으로 자신을 좋게 보이기 위해 포장하거나 거짓말을 하면 신뢰를 잃게 된다. 처음에는 이러한 표현이 약간 도움이 될 수도 있지만, 시간이 지나면서 분명히 관계를 해친다. 마지막으로 타인의 외모나 능력을 깎아내리는 표현이다. 별다른 의미 없이 농담처럼 가볍게 던진 말도 상대방에게 상처를 줄 수 있다. 특히, 타인의 외모, 능력, 성격에 대해 부정적으로 말하는 것은 피해야 한다.

왜 우리는 이러한 것들을 드러내지 말아야 할까? 인간관계는 기본적으로 신뢰와 존중을 바탕으로 이루어진다. 부적절한 말이나 행동은 상대의 감정을 해치거나 신뢰를 잃게 만들어 관계를 단절시킬 위험이 있다. 자신의 감정을 잘못 표현하면, 오히려 상대에게 약점으로 작용하거나 권력 구조의 균형이 깨진다.

그렇다면 어떻게 해야 이런 실수를 피할 수 있을까? 첫째, 자기 점검이다. 대화나 감정을 표현하기 전에, 이 말이 상대에게 어떤 영향을 미칠지 생각해 보는 거다. '이 말을 하면 상대방이 어떻게 느낄까?'라는 질문을 스스로에게 던지는 습관을 기르자. 둘째, 공감 능력 강화로 상대방의 처지에서 생각하고, 말과 행동을 조정하면 관계가 더욱 깊어진다. 공감은 상대와의 신뢰를 강화하는 가장 중요한 요소다. 셋째, 중립적이고 긍정적인 언어 사용이다. 부정적인 말 대신 중립적이고 긍정적인 표현을 사용하는 습관을 길러보자. 이는 갈등을 줄이고, 관계를 개선하는 데 정말 효과적이다. 넷째, 균형 잡힌 감정 표현이다. 자신의 감정을 완전히 억누르지도, 그렇다고 과도하게 드러내지도 말고, 상황에 맞는 수준에서 표현하는 연습이 필요하다.

지금까지 우리가 생활하면서 절대 드러내면 안 되는 것들에 대해 알아보았다. 하지만 인간관계에서 무엇을 드러내고, 무엇을 숨겨야 할지 판단하기가 생각처럼 쉽지 않다. 때에 따라서는 애매한 경우도 많다. 하지만 한 가지 절대적인 기준이 있다. 그것은 역지사지(易地思之), 즉 상대의 처지에서 생각해보는 것이다. 사람의 마음은 다 비슷하다. 내가 듣기 싫은 말은 상대도 듣기 싫고, 내가 들어서 기분이 좋은 말은 상대가 들어도 기분이 좋다. 너무 어렵게 생각할 필요 없다. 이 원칙만 잘 지켜도 관계에서 불필요한 갈등을 줄이고, 더 건강한 소통이 가능해질 거다.

인정 욕구

> 🔍 당신은 미움받을 준비가 되어 있는가?

　정신건강의학과에서 말하는 병(disease/disorder)이란 크게 2가지로 나뉜다. 본인이 불편(discomfort)한 경우와 타인이 불편한 경우다. 우울증이나 공황장애 같은 질환은 본인이 불편한 대표적인 예이고, 성격장애는 주로 타인이 불편해하는 예에 해당한다. 반대로, 본인과 타인 모두 불편하지 않다면 그것은 대부분 병이 아니다.

　현대 사회가 극심한 경쟁을 요구하는 까닭에, 타인의 인정에 집착하는 사람들이 많다. 그러다 보니 인정 욕구도 마치 병처럼 여겨지는 경우가 있다. 하지만 인정 욕구란 타인에게 자신의 존재 가치를 인정받고자 하는 욕구로, 식욕, 성욕, 수면욕처럼 인간의 생존에 필수적인 심리적 욕구이자 너무나 자연스러운 인간의 본능이다. 남에게 혹은 자기 자신에게 어떠한 능력이 뛰어나다는 것을 인정받는 일은 자기가 '생존할 이유가 충분하다'라고 확신하는 일종의 과정이다. 사람들은 이를 통해 자신감을 높이고, 삶의 목표를 설정하게 된다.

이 욕구는 타인과의 비교나 대결 혹은 투쟁을 통해 해결되거나 좌절되는데, 인정 욕구가 강한 사람들은 '승부욕'이 강한 것으로 보이기도 한다. 긍정적인 측면에서는 뛰어난 능력을 일궈내 그 능력을 발휘해서 사회 발전에 이바지할 수 있지만, 부정적인 측면에서는 타인보다 높은 위치에 올라 타인을 무시하거나 군림하는 태도를 보일 수도 있다. 심지어 인정 욕구를 충족시키기 위해 부정적인 방법을 동원하기도 한다.

일본인 저자 에노모토 히로아키는 자신의 저서 『인정 욕구』에서 인간은 누구나 인정받고 싶어 하며, 이 욕구는 사람에 따라 다양한 방식으로 나타난다고 했다. 예를 들어, 다른 사람의 부탁을 거절하지 못하거나, 지나치게 일에 몰두하다가 '번아웃'이 찾아오거나, 타인의 눈치를 많이 보거나, SNS에서 '좋아요' 개수에 일희일비하는 것도 인정 욕구의 표현이다. 또한 계획을 완벽하게 세운 후 시작하려다 계속 미루는 것 혹은 매일 밤 내가 말실수한 게 없는지 걱정하며 잠 못 이루는 것도 마찬가지다. 인정 욕구 자체가 문제가 아니라, 타인의 인정중독에 빠져 내가 아닌 '남'으로 살아가는 게 문제다. 우리는 어린 시절부터 '인정'받고자 노력하며 성장해왔다. 그러니 이 욕구를 부정할 필요는 없다.

이제 중요한 것은 정상적인 인정 욕구와 병적인 인정 욕구, 즉 인정중독을 구별하는 일이다. 정상적인 인정 욕구는 다른 사람들과 사회적 상호작용 속에서 긍정적인 관계를 형성하고 유지하려는 경향이 있으며, 자존감을 높여주고, 원하는 만큼 인정받지 못할 때도 일시적인 실망감 이상의 감정은 겪지 않는다. 반면, 병적인 인정 욕구는 타인의 인정에 지나치게 의존해 불안과 스트레스를 자주 느끼며, 인정받지 못한다고 느끼는 순간 극심한 자괴감과 우울감을 경험한다. 심한 경우, 타인의 인정을 받기 위해 부정직한 행동까지 저지를 수도 있고, 결국은 대인관계를 망친다.

『미움받을 용기』의 저자 철학자 기시미 이치로와 작가 고가 후미타케는 타인의 기대나 평가에 얽매이지 않고 자신의 삶을 살아갈 수 있는 용기를 강조한다. 타인의 비판이나 미움을 두려워하지 않고, 자신을 있는 그대로 받아들이라고 하면서 타인의 의견에 휘둘리지 않고, 자신의 가치관에 따라 행동하라고 한다. 또한, 자신만의 삶의 방향과 목표를 설정하고, 이를 위해 노력하는 태도가 중요하다고 말한다. 거듭 말하지만 인정 욕구는 생존에 꼭 필요한 심리적 욕구이자 본능이다. 다만, 자신과 타인을 불편하게 하지 않는 범위에서 적절히 조절하며, 건강한 방식으로 인정받는 법을 배워야 한다. 지나치게 의존하지만 않는다면, 인정을 마음껏 즐겨도 좋다.

'관종'의
심리학

🔍 | 어쩌다 나는 '관종'이 되었을까?

요즘 나는 주변 사람들에게 "유명해지고 싶다" 혹은 "'인싸(insider)'가 되고 싶다"라는 말을 자주 한다. 그러면서 스스로 "왜 유명해지고 싶은 거지?"라는 질문도 함께 던진다. "내가 언제부터 그런 생각을 했지?", "원래부터 '관종'이었나?" 같은 의문들이 꼬리에 꼬리를 문다. 표면적인 이유는 "내가 유명해지면 사람들이 내 말에 좀 더 귀를 기울여 줄 거니까"라고 답하지만, 솔직히 정확한 이유는 모르겠다. 그냥 유명해지고 싶다.

관종은 '관심(關心) 종자(種子)'의 줄임말로, 타인의 관심을 강하게 원하고 이를 위해 행동하거나 발언하는 사람을 가리키는 속어다. 긍정적인 의미보다는 대체로 부정적인 뉘앙스를 담고 있으며, 일부러 과장된 행동이나 극단적인 표현으로 관심을 끄는 사람들을 비판하는 데 사용된다. '관종'과 함께 관심병(關心病)이라는 말도 있는데, 이는 '타인에게 주목받고 싶어 하는 욕구가 지나쳐 사회적으로 문제가 되는 현상'을 일컫는 신조어이다. 사실 인간은 본능적으로 관심받기를 원한다. 그런 면에서 '관심병'의 역사도 인류와 함께 시작되었다고 봐도 과언이 아니다. 기원전 356년, 고대 그리스의 아르테미스 신전에 불을 지른 헤로스트라투스가 '역사에 이름이 남을 만한 악행을 저지르기 위해서'라고 말했다고 하니, 그 병증을 짐작하고도 남는다.

이러한 '관종'의 심리적 특성은 무엇일까? 첫 번째는 '인정 욕구'로 타인의 관심과 인정을 통해 자신의 가치를 확인하려는 경향을 말한다. 어린 시절에 충분한 관심을 받지 못했거나 자기효능감이 낮은 사람들은 타인의 반응에서 자신감을 얻으려는 경우가 많다. 두 번째는 '자기 과시'다. 자신의 존재감을 강조하고 싶어 하며, 이를 위해 종종 과장되거나 자극적인 방법을 선택한다. 소셜 미디어(SNS)에서 극적인 행동을 하거나 과한 연출을 하는 경우가 이에 해당한다. 세 번째는 '외로움'으로 관심을 끌려는 행동은 내면의 외로움이나 소속감 부족에서 비롯될 수 있으며, 이러한 관심을 통해 일시적으로라도 정서적 연결감을 느끼려는 심리가 작용한다. 네 번째는 '불안정한 자아감'의 표현이다. 자신을 제대로 이해하거나 수용하지 못하기 때문에, 타인의 반응을 통해 자아를 구성하려고 한다. '무플보다는 악플'이라는 말처럼 비판을 받더라도 무관심보다 낫다고 느낀다. 다섯 번째는 일종의 '경쟁심리'다. 사회적 비교에서 우위를 점하려는 욕망이 '관종' 행동으로 이어질 수 있으며, '다른 사람보다 더 주목받아야 한다'라는 심리가 작용한다.

그렇다면 이러한 '관종' 행동이 지속되면 어떤 문제가 생길까? 가장 큰 문제는 관심을 끌기 위해 점점 더 극단적인 행동을 하게 된다는 점이다. 때로는 위험한 자기 파괴적 행동으로 이어질 수도 있다. 또한 주변 사람들에게 피로감을 주거나 부담을 가중시키며, 일시적으로 관심을 받아도 지속되지 않으면 더 강한 자극을 추구하는 악순환에 빠진다. 결국,

자존감이 더욱 낮아지고, 불안이 커지는 결과를 초래할 수 있다.

이러한 문제에도 불구하고 왜 그들은 이런 '관종' 행동을 멈추지 못할까? 어린 시절 부모(보호자)의 관심 부족이나 과도한 관심 모두 원인일 수 있다. 관심이 부족하면 타인의 관심과 사랑에 대한 결핍이 생기고, 반대로 과도한 관심을 받으면 타인의 관심을 당연하게 여김으로써 자신이 주인공이 되지 못하는 상황을 견디지 못한다. 또한 소셜 미디어(SNS)의 발달로 '좋아요', '댓글', '공유' 같은 즉각적인 피드백(보상)이 중독성을 유발한다. 여기에 경쟁적이고 비교 중심적인 사회 분위기까지 더해지면서 '주목받아야 성공한 것'이라는 강박이 생긴다. 즉, 성공을 주목받는 정도로 평가하는 문화가 크게 영향을 미치고 있다.

그렇다면 이런 '관종' 문제를 개선하는 방법은 없을까? 너무 뻔한 이야기 같지만, 결국 핵심은 (내면의) 자존감을 강화하는 것이다. 타인의 시선에 의존하지 않고 스스로를 인정하는 연습이 필요하다. 그리고 넓고 얕은 대인관계보다 한두 명이라도 깊고 지속적인 관계를 유지하는 것이 중요하다. 내 이야기를 진심으로 들어주고, 내가 힘들 때 기댈 수 있는 사람이 있어야 한다. 그런데도 심리적 어려움이 지속되거나 자신을 제어하기 어렵다면 전문가의 도움(상담)을 통해 문제의 근본 원인을 찾아야 한다.

'관종'이라는 단어는 여전히 비판적 맥락에서 주로 사용되지만, 관심을 받고 싶어 하는 욕구 자체는 인간의 본질적인 심리다. 그리고 적절히 활용하면, 개인의 발전에 긍정적인 영향을 줄 수 있다. 중요한 건 '균형(balance)'이다. 건강한 방식으로 관심과 인정 욕구를 충족시키는 법을 배우는 것이 '관종' 행동을 극복하고 심리적 안정감을 찾는 핵심이다. 아무리 생각해보아도 나는 '관종'인 것 같다. 하지만 '관종'이면 어떤가. 중요한 건 어떤 방식으로 관심을 얻느냐는 거다.

일 잘하는 사람이
말하는 방법

🔍 | 일 잘하는 사람의 언어 습관은 뭐가 다른가?

    일을 잘하는 사람들은 단순히 능력만 뛰어난 것이 아니라, 말하는 방식에서도 차이가 난다. 효과적인 커뮤니케이션을 통해 협업을 원활하게 하고, 주변 사람들과 긍정적인 관계를 유지하며, 문제를 해결하는 능력을 극대화한다. 그렇다면 그들은 어떤 방식으로 말할까?

    지금부터 일 잘하는 사람의 말하는 방법(습관) 12가지에 대해서 알아보자. 첫째, 긍정적인 단어를 사용한다. "이 문제를 해결할 방법이 있어요!", "어떻게 하면 더 좋은 방향으로 나아갈 수 있을까요?"처럼 부정적인 표현보다 긍정적인 표현을 사용하면 동료들의 동기 부여를 높일 수 있다. 문제를 지적하는 것보다 해결책을 제안하는 방식이 효과적이다. 둘째, 실현할 수 있는 이야기 위주로 말한다. "이번 주까지 80% 완료할 수 있도록 조정해보겠습니다." 불가능한 계획이 아니라, 현실적인 목표를 설정해 신뢰를 준다. 비현실적인 말은 조직 내 신뢰를 무너뜨린다. 셋째, 격려와 인정의 말을 자주 한다. "덕분에 프로젝트가 더 수월하게 진행됐어요. 고마워요!" 작은 성과라도 인정하면 팀워크가 강화된다. 격려는 사람들에게 동기 부여를 제공한다. 넷째, 모호하게 말하지 않는다. 즉, 명확한 의사 전달이다. "가능한 한 빨리 보고서를 주세요"가 아니라, "보고서를 내일 오후 3시까지 제출해주세요"라고 말한다. 구체적인 지시가 업무 효율성을 높인다. 불분명한 표현은 혼란을 일으킨다. 다섯째, 주변 사람을 배려하며 말한다. "지금 바쁜 것 같은데 괜찮을까요?", "이 부분에 대해 어떻게 생각하세요?"라는 식이다. 배려가 있는 말투는 관계를 부드럽게 만든다. 상대의 입장을 고려하는 태도가 협업의 질을 높인다. 여섯째, 감정을 조절하며 말한다. "이 상황이 어렵지만, 차분하게 해결해보겠습니다." 감정적인 말보다 논리적인 접근이 문제 해결에 유리하다. 감정에 휘둘리지 않으면 신뢰받는 '리더'가 될 수 있다. 일곱째, 논리적으로 말한다. 즉, 핵심을 짚어서 말하는 방식이다. "이 프로젝트는 A, B, C 3가지 이유로 필요합니다"처럼 핵심을 짚어 전달하면 듣는 사람이 쉽게 이해한다. 반대로 두서없는 말은 신뢰를 떨어뜨린다. 여덟째, 피드백을 건설적으로 한다. "이건 완전히 틀렸어요"가 아니라, "이 부분을 개선하면 더 좋은 결과가 나올 것 같아요!"라고 말한다. 문제를 지적하기보다는 개선 방향을 제시한다. 상대방이 수용할 수 있는 방식으로 전달해야 한다. 아홉째, 듣는 태도가 좋다. "그러니까 ~라는 말씀이죠?"라고 상대의 말을 요약해주면서 적극적으로 경청한다. 잘 듣는 사람이 좋은 답을 할 수 있다. 열 번째, 이견을 조율하는 능력이 뛰어나다. "A의 방법도 좋지만, B의 아이디어를 더해보면 어떨까요?" 하나의 의견을 고집하지 않고 융합하는 능력이 중요하다. 조율을 잘하는 사람이 팀워크를 성공적으로 이끈다. 열한 번째, 적절한 유머를 활용한다. "이 정도면 우리도 거의 마라토너 수준이네요! 조금만 더 힘내요!" 긴장된 분위기를 풀어주는 말이 조직 분위기를 좋게 만든다. 다만, 상대를 불편하게 만드는 유머는 피해야 한다. 마지막으로 열두 번째, 책임감 있는 말을 한다. "제가 확인해보고 다시 말씀드리겠습니다"처럼 회피하는 말보다 책임감 있는 태도가 신뢰를 쌓는다. "제가 한 게 아니라서요" 같은 무책임한 태도는 신뢰를 잃게 한다.

이런 사람이 되기 위해서는 꾸준한 노력이 필요하다. 무엇보다도 말하기 전에 한번 더 생각하는 습관을 기르는 것이 중요하다. 또한 상대방이 어떻게 받아들일지를 고려하며 말하는 태도를 가져야 한다. 부정적인 표현보다는 긍정적인 언어를 연습하고, 불명확한 말보다는 명확하고 구체적으로 전달하는 연습을 해보자. 그리고 무엇보다도 책임감 있는 태도를 유지하며 신뢰를 쌓아가는 것이 핵심이다.

말을 잘하는 사람들은 단순히 업무 능력이 뛰어난 것이 아니라, 말하는 방식에서도 차이를 보인다. 명확하고 긍정적인 언어를 사용하며, 주변을 배려하면서도 책임감 있게 말한다. 이를 통해 더 나은 협업을 끌어내고, 신뢰받는 사람이 된다. 말하는 방식을 바꾸는 것은 곧 일하는 방식을 바꾸는 것이다. 좋은 의사소통 습관을 길러 더 나은 결과를 만들어 보자!

당신 인생의 '페이스 메이커'는 누구인가?

> 🔍 **페이스 메이커와 롤모델**

페이스 메이커(Pacemaker)라는 단어는 원래 의학에서 사용되는 용어로, 정확한 명칭은 ACP(Artificial Cardiac Pacemaker)다. 우리말로는 '인공심장 박동기' 또는 '인공심장 조절기'로 번역된다. 주로 심근병증(cardiomyopathy)[35]이나 부정맥 등의 질환으로 인해 심장 박동이 정상적이지 못하거나 불규칙할 때 이식하여, 심장에 들어간 '전극선'을 통해 심방과 심실의 박동을 조율해주는 역할을 하는 의료기기이다.

하지만 우리가 일반적으로 알고 있는 페이스 메이커는 육상 경기 그 중에서도 특히, 마라톤에서 다른 선수들의 속도를 조율하는 '리드' 역할을 맡은 선수를 가리킨다. 이들의 목적은 경기를 더 효율적으로 진행하도록 하면서, 기록 경신을 목표로 하는 선수들이 일정한 속도를 유지할 수 있도록 돕는다. 대개 일정 구간(마라톤의 경우 대략 30Km 정도)까지만 뛰

---

[35] 비염증성 질환으로 여러 심근층 장애가 나타나는 증상. 관상 동맥 경화, 고혈압증, 갑상샘 기능 항진 등에 기인하며 심부전을 유발하는 요인이 된다.

고 나서 경기를 포기한다. 2019년, 엘리우드 킵초게(Eliud Kipchoge)가 2시간 벽을 깨는 비공식 마라톤 기록(INEOS 1:59 Challenge)에 도전할 당시, 여러 명의 페이스 메이커가 교대로 투입되었다.

  이들은 경주 시작과 동시에 빠르게 선두권으로 앞서 나가며 팀원의 페이스를 이끌고, 같은 국가나 팀의 선수들은 그를 기준으로 달리기 페이스를 유지한다. 이때 선수들은 다른 선두권 경쟁자들의 속도에 신경 쓰지 않고 페이스 메이커의 속도만 유념하며 달리면 되기 때문에, 다른 선수의 견제나 경쟁으로 인한 긴장감이나 신경전을 어느 정도 털고 페이스를 안전하게 유지할 수 있다. 초반엔 힘을 더 비축하기 위해 늦게 뛰는 신경전이나 선두에 대한 긴장감이 발생할 수밖에 없는데, 이들이 그 긴장감을 해소해주고 초반에도 적당한 속도로 빠르게 달리도록 압박하기 때문에 더 편하게 더 좋은 기록을 추구할 수 있게 된다. 더불어 선두에서 맞바람을 어느 정도 맞아주기 때문에 따라오는 선수들이 이득을 얻는 측면도 있다.

  또 다른 전략으로 페이스 메이커가 먼저 의도적으로 속도를 올려 다른 선수들과의 체력 경쟁을 시작하고, 그동안 팀원은 속도를 줄이고 힘을 비축하다 후반에 폭발시켜 이득을 보는 방식이다. 이처럼 기본적으로 페이스 메이커는 전략을 위해 희생하는 패에 가깝지만, 가끔 컨디션이 매우 좋거나 다른 선수들보다 오히려 실력이 출중한 페이스 메이커가 낙오되지 않고 그대로 골인하여 우승을 차지하는 이변이 종종 벌어지기도 한다. 이런 문제들 때문에 올림픽 등 공식적으로 허용하지 않는 대회도 많은데, 여전히 비공식적인 페이스 메이커 논란은 끊이지 않고 있다.

  그렇다면, 당신 인생의 페이스 메이커는 누구인가? 사람들은 인생의 특정 시점에서 자신의 속도를 조율하고 방향을 제시해주는 '멘토'나 '롤모델'을 페이스 메이커로 삼는다. 이들은 당신의 잠재력을 끌어내는 역할을 한다. 때로는 삶의 어려운 시기를 견딜 수 있도록 도와주는 동료가 페이스 메이커가 될 수도 있다. 이들은 경쟁보다는 협력을 통해 서로의 삶을 더 나아지게 만드는 존재다. 이러한 페이스 메이커는 당신의 인생 중 언제든지, 어느 곳에서나 만날 수 있다. 예를 들어, 당신이 직장인이라면 팀 프로젝트에서 일정과 목표를 설정하고 이끌어가는 역할을 맡은 리더가 그럴 수도 있고, 보이지 않는 곳에서 조용히 지원하는 동료가 그 역할을 하기도 한다. 페이스 메이커는 반드시 눈에 띄는 사람이 아니라, 때로는 조력자의 위치에서 더 중요한 역할을 하기도 한다.

한편, 인생에 있어서 '롤모델'과 '페이스 메이커'는 비슷한 개념이지만 분명한 차이가 있다. 롤모델은 인생 전체에 걸쳐 장기적으로 영감과 비전을 제공하는 사람으로, 보통 내가 이루고자 하는 목표를 먼저 성취한 사람이다. 반드시 가까운 관계일 필요는 없으며, 간접적인 영향력을 행사하는 경우가 많다. 반면, 페이스 메이커는 특정 시점이나 목표에 초점을 맞추어 단기적으로 실질적인 지원과 목표 달성에 도움을 주는 존재다. 실질적인 관계 속에서 동행하며 목표를 함께 이루는 조력자의 역할을 한다. 결과적으로 롤모델은 삶에 대한 영감을 주고, 개인의 가치관이나 장기적인 성장에 영향을 준다. 그리고 페이스 메이커는 목표 달성을 위한 실질적인 동기를 제공하며, 현재의 도전이나 특정 과제 해결을 도와준다. 이러한 차이점에도 불구하고 둘 다 개인의 성장과 성취를 돕고, 삶을 긍정적으로 변화시키는 중요한 존재이다. 상황에 따라 때로는 '롤모델'이 필요할 때도 있고, 때로는 '페이스 메이커'가 필요할 때가 있다.

그렇다면 지금 당신에게 필요한 것은 '롤모델'인가, 아니면 '페이스 메이커'인가? 혹은 당신 스스로 누군가의 페이스 메이커 역할을 하고 있는가? 만약 당신에게 아직 그런 사람이 없다면, 왜 없는지 다시 한번 깊이 생각해보기를 바란다.

사람 사이의
거리

🔍 인간 갈등의 또 다른 씨앗(?)이 아닐까?

 몸이 멀어지면 마음도 멀어진다는 말이 있다. 물리적 거리(공간적 거리)가 멀어지면 심리적 거리(정서적 거리)도 함께 멀어질 가능성이 크다는 의미다. 가까이 있으면 자주 만나고 대화하며 감정을 공유할 기회가 많지만, 아무래도 멀어지면 자연스럽게 소통이 줄어들고 감정적 유대가 약해질 수밖에 없다. 하지만 여기서 조금만 더 깊이 들여다보면, 단순히 물리적 거리 때문이 아니라, '내가 생각하는 너'와 '네가 생각하는 나' 사이의 간극(間隙)이 더 큰 갈등을 만든다. 즉, 우리는 '상대방을 충분히 이해하고 있다'고 착각하지만, 사실은 다르게 보고 있는 경우가 많다. 이 차이에서 사람 사이의 오해와 갈등이 시작된다.

 그렇다면 왜 이런 갈등이 생기는 걸까? 그 첫 번째 이유는 자기중심적 사고 때문이다. 우리는 보통 자기 관점에서 상대를 해석하고 평가한다. 예를 들어, 나는 친절하게 대해줬다고 생각하지만, 상대는 부담스럽게 느낄 수도 있다. 그러다 보면 "나는 이렇게 생각하는데 왜 너는 다르게 행동하지?"라는 오해가 쌓인다. 두 번째는 기대와 현실의 차이에서 비롯된다. '친구는 이럴 거야', '연인은 이렇게 해야 해', '부모는 이렇게 해줘야 해'처럼 우리는 각자 자신만의 기대치를 갖고 있다. 그리고 상대가 그 기대치에 맞춰 행동하기를 바라지만, 현실에서는 그렇지 않은 경우가 많다. 상대가 그런 기대를 아예 모를 수도 있고, 다르게 생각할 수도 있기 때문이다. 이 차이에서 서운함과 실망감이 생기고, 결국 갈등으로 이어진다. 세 번째는 소통 부족이 원인이다. 많은 사람이 '굳이 말하지 않아도 알아줄 거야'라고 착각한다. 하지만 말하지 않으면 상대는 모른다. '나는 분명히 신호를 보냈는데…'라고 생각하지만, 상대는 그 신호를 인식하지 못했을 가능성이 크다. 결국 '몰라서' 생긴 오해가 불필요한 감정 소모로 이어진다.

그럼에도 이런 갈등을 줄이거나 해결할 방법은 없을까? 먼저 나와 너의 다름을 인정해야 한다. '내가 알고 있는 너'가 '진짜 너'가 아닐 수 있다. 상대가 내 기대와 다르게 행동한다고 해서 '잘못된 것'이 아니라, '그냥 다를 뿐'이라는 점을 받아들여야 한다. 서로 다름을 인정하면 불필요한 감정 소모를 줄일 수 있다. 다음은 열린 소통과 피드백이다. "나는 이렇게 느꼈어"라고 자신의 감정을 먼저 말하고, "너는 어떻게 생각해?"라고 상대의 입장을 묻고 답을 듣는 게 중요하다. 일방적으로 "왜 그렇게 했어?"라는 식으로 따지기보다는 "나는 이렇게 느끼는데, 너는 어때?"라고 물어보는 대화 방식이 훨씬 효과적이다. 그리고 공감 훈련, 즉 상대의 처지에서 생각하는 것이다. '내가 저 입장이었으면 어땠을까?'처럼, 단순한 '이해'가 아니라 상대의 처지에서 고민해보는 연습이 필요하다. 많은 사람이 (본인도 모르는 사이에) 다른 사람의 시선을 쉽게 무시하고 자신만의 시선으로 상황을 바라본다. 이를 벗어나려는 노력이 중요하다.

이와 함께 공통된 경험을 만들고, 공유해보라. 인간관계는 공통된 경험을 공유할 때 더욱 돈독해진다. 직접 만나지 못하더라도 함께 게임을 하거나, 책을 추천하거나, 온라인에서 함께할 수 있는 활동을 찾아보는 방법도 있다. 마지막으로 관계의 '양보다는 질'이다. 단순히 자주 연락하는 것보다, 오랜만에 만나더라도 깊이 있는 대화를 나누고 서로를 진심으로 생각하는 마음이 중요하다. 친구는 자주 만나야만 하는 존재가 아니라, 필요할 때 곁에 있어 주는 존재다.

'몸이 있는 곳에 마음이 있고, 마음이 있는 곳에 몸이 있다'라는 말도 있다. 하지만 마음이 있으면, 몸이 멀어져도 관계는 지속될 수 있다. 신체적 거리보다 중요한 것은 '관심'과 '소통'이다. 관계를 유지하는 핵심은 서로의 존재를 인정하고, 지속적으로 연결되려는 노력이다.

사람이 서로 '멀어지는 건 자연스러운 일'이다. 하지만, '멀어지지 않게 하는 것은 우리의 선택'이다. 인간관계에서 모든 문제 해결의 열쇠는 자기중심적인 사고에서 벗어나 상대의 처지에서 생각하는 연습이다. 왜냐하면 '내가 생각하는 너'와, '네가 생각하는 나'는 언제나 다르기 때문이다.

이해와 오해

> 🔍 듣는 사람이 말하는 사람의 의도와 다르게 해석하는 이유

오해는 뜨개질하는 양말의 한 코를 빠뜨린 것과 같다.
처음에 바로잡으면 단지 한 바늘이면 해결된다.
그냥 두면 점점 커져서 나중에는 감당하기 어려워진다.
-괴테

7~8년 전의 일이다. 우리 병원에 직원 친구의 어머니가 피부관리를 받으러 다녔다. 몇 달 동안 시술(관리)을 받으며 누가 봐도 피부 상태가 좋아졌다. 어느 날, 나는 "예전에는 시골 아주머니 같으셨는데, 지금은 부잣집 마나님 같아요"라고 말했다. 내 의도는 '부잣집 마나님'에 초점을 맞춘 것이었고, '시골 아주머니'라는 표현은 단순한 대비였다. 그런데 나중에 들으니, 그분이 피부 관리실에서 직원들에게 "원장님이 나보고 시골 아주머니 같다고 했다"라며 서운해했다고 한다. 지금 생각해보면, 그냥 "부잣집 마나님 같아요"라고만 말했다면 좋았을 텐데, 괜한 말을

덧붙였다 싶다. 그렇지만 일일이 사과하기도 어색해서 그냥 넘어갔다.

우리는 일상에서 "내가 그런 의도로 한 말은 아닌데…"라는 말을 자주 한다. 그렇다. 우리는 대화 중에 발생하는 갈등의 상당수는 말하는 사람의 의도(intention)와 듣는 사람의 해석(presentation)이 엇갈리면서 생긴다. 왜 이런 일이 일어나는 걸까?

첫째, 언어의 모호성 때문이다. 단어나 표현은 상황과 맥락에 따라 다르게 해석될 수 있다. 같은 단어라도 사람마다 받아들이는 의미가 다를 수 있다. 둘째, 비언어적 요소(신호) 때문이다. 말이 억양, 표정, 제스처 등과 결합되면 의미가 강화되거나 왜곡될 수 있다. 같은 말이라도 어떤 표정과 억양으로 말하느냐에 따라 전혀 다른 의미로 전달된다. 셋째, 각 개인이 겪은 경험과 문화적 배경이 달라서 그렇다. 사람마다 살아온 환경과 경험이 다르기에 같은 말을 듣고도 각기 다른 의미로 받아들인다. 넷째, 듣는 사람의 감정 상태가 해석에 영향을 미친다. 듣는 사람이 불안하거나 화가 난 상태라면 중립적인 말도 부정적으로 해석할 가능성이 크다. 다섯째, 기대와 선입견 때문이다. 듣는 사람이 이미 말하는 사람이나 상황에 대한 고정관념을 가지고 있다면, 말을 있는 그대로 듣지 못하고, 왜곡해서 받아들일 수 있다. 여섯째, 상호 역학관계에 따른 차이다. 신뢰와 친밀감이 높은 관계에서는 같은 말도 긍정적으로 해석되지만, 갈등이나 긴장이 있는 관계에서는 의도가 더 쉽게 왜곡될 수 있다. 이처럼 사람마다 자신만의 틀(framework)이 있고, 그 틀에 따라 메시지를 해석한다. 예를 들어, 자존감이 낮은 사람은 칭찬을 들어도 "마음에도 없는 빈말을 하는 거야"라고 받아들인다.

그렇다면 이런 문제를 해결할 방법은 없을까? 완벽한 해결책은 없지만, 오해를 줄이는 방법은 있다. 첫째, 의사소통의 명료성, 즉 명료하게 말하기다. 말하는 사람은 최대한 자신의 의도를 분명하게 전달하고, 오해의 소지가 있는 표현을 피해야 한다. 둘째, 상대방에 대한 고려(배려)로 듣는 사람의 상황, 감정 상태 등을 고려하며 말하는 것이 중요하다. 셋째, 적극적으로 경청하기다. 듣는 사람은 말의 의도를 정확히 이해하려 노력하고, 필요하다면 질문을 통해 확인해야 한다. 넷째, 비언어적 신호를 조화롭게 사용하기다. 말과 내용과 억양, 표정 등이 일치하면 의도 전달이 더 명확해진다. 다섯째, 피드백 요청으로 말하는 사람은 "내 말을 어떻게 이해했어?"라고 물어보는 습관을 들이면 오해를 줄일 수 있다.

그런데도 말의 의도와 해석의 차이는 피할 수 없는 인간 의사소통의 특성이다. 하지만 이를 기본적으로 인정하고, 말을 할 때 "이 이야기를 상대방이 어떻게 받아들일까?"를 한 번쯤 더 생각해본다면 분명히 오해는 줄어들 것이다. 물론 말처럼 쉽지는 않겠지만….

PART 09

화장실 옆 인문학

상식과 심리학

> 🔍 알프레드 아들러가 말하는 상식이란?

아들러의 강연을 처음 들은 한 사람이 이렇게 말했다. "오늘 하신 이야기는 전부 상식적인 내용뿐이로군요." 그러자 아들러는 웃으며 답했다. "상식적인 내용이 뭐가 나쁜가요?"

아들러가 강연 후, 청중과 주고받았던 이 대화는 아들러 심리학을 이해하는 데 중요한 의미가 있다. 다만, 이 이야기는 특정한 저서나 공식 기록이 아니라, 아들러 심리학의 강연이나 그의 사상을 소개하는 과정에서 구전되거나 우리나라에서 한동안 인기 도서였던 『미움받을 용기』와 같은 2차 자료(문헌)를 통해 널리 알려진 이야기다. 아들러는 심리학이 실용적이고 상식적인 내용을 지향해야 한다고 강조했다. 심리학이 지나치게 이론적이거나 철학적으로 어려울 필요는 없으며, 누구나 이해하고 활용할 수 있어야 한다는 것이 그의 철학이다. 그는 인간 행동의 목적성과 공동체 감각을 중요하게 여겼고, 이를 통해 개인이 변화하고 성장할 수 있다고 보았다.

상식은 심리학의 연구와 탐구의 출발점이다. 사람들은 "행복한 사람이 더 건강하다"거나 "스트레스는 몸에 해롭다"라는 사실을 경험적으로 알고 있다. 심리학은 이러한 상식적 관찰을 검증하고 이론화하는 과정이다. 상식과 달리 과학적 방법론을 활용해 인간의 마음과 행동을 체계적으로 연구한다. 상식은 직관과 경험에서 비롯되며, 정확성이나 보편성을 검증하기 어렵다. 반면 심리학은 실험과 통계를 통해 상식이 항상 옳지 않음을 밝혀낸다. 예를 들어, '반대되는 성격의 사람끼리 더 잘 맞는다'라는 통념은 과학적 근거가 부족하다. 실제 연구에 따르면, 비슷한 성격의 사람들이 더 조화를 이루는 경향이 있다고 밝혀졌다.

그렇다면 상식은 어떤 의미를 가질까? 상식은 인간이 생존하고 사회적 관계를 유지하는 데 중요한 역할을 한다. '불이 뜨겁다'라는 경험적 지식은 위험을 회피하는 본능과 연결된다. 또한 상식은 종종 직관적이고 빠르게 적용되어 인지적 효율성을 높이고, 세상을 예측할 수 있게 만들어 심리적 안정감을 준다. 예를 들어, '아침에 일어나면 해가 뜬다'라는 상식은 세상이 질서 정연하다는 느낌을 제공한다. 그러나 이러한 상식이 흔들리면 불안감과 혼란을 느낄 수도 있다.

하지만 상식의 이러한 장점과 달리 문제점도 있다. 사람들은 자신의 상식을 강화하는 정보만 받아들이고, 반대되는 증거는 무시하는 경향이 있다. 즉, 확증 편향이 작용하는 것이다. 예를 들어, '남성은 더 이성적이고, 여성은 더 감정적이다'라는 통념은 실제로 편향된 인식일 가능성이 크다. 이러한 편향 때문에 사람들은 상식이 현실과 다르더라도 그것을 진리로 믿어버린다.

이러한 상식의 한계를 극복하고, 과학적 근거를 바탕으로 새로운 통찰을 제공하는 것이 심리학의 역할이다. 상식이 직관에 기반을 둔다면,

심리학은 경험적 데이터를 통해 인간의 마음과 행동을 탐구한다. 예를 들어, '돈이 많으면 행복하다'라는 상식은 어느 정도 사실이지만, 심리학 연구에 따르면 일정 수준 이상의 소득에서는 돈이 행복에 미치는 영향이 급격히 줄어든다. 심리학은 단순한 상식을 넘어서 인간의 복잡한 심리를 이해하는 데 도움을 준다.

결국 상식과 심리학은 모두 인간의 마음을 알아가는 서로 다른 열쇠로써 각자의 역할이 있다. 상식은 경험을 바탕으로 즉각적인 판단을 내리는 데 유용하지만, 편향과 오류의 위험이 있다. 반면, 심리학은 과학적 연구를 통해 상식의 한계를 보완하며 인간 행동에 대한 깊이 있는 통찰을 제공한다. 한마디로 상식의 영역에서 매의 눈과 같은 역할을 충분히 할 수 있다. 상식을 맹신하지 않고 심리학적 관점을 함께 고려한다면 더 균형 잡힌 사고를 할 수 있을 것이다.

또 다른 반전

> 🔍 3번의 로또(lotto) 1등 이야기

요즘 유행하는 유머 중 하나로 "우리 부부는 로또(?)"라는 말이 있다. "왜 그러냐?"라고 이유를 물으면 좋아서가 아니라 "안 맞아도 너무 안 맞아서" 그렇단다. 나도 지금까지 5,000원 이상 당첨된 적은 없지만, 가끔 '만약 1등이 되면 뭐 하지?' 이런 공상을 하면서 한 장씩 사곤 한다. 그런데 벼락을 3번 맞는 것보다도 어렵다는 로또 1등에 나는 직접 당첨된 적은 없지만 그런 행운을 잡은 사람을 3명이나 만났다. 오늘은 그들과 관련된 이야기를 해보려 한다.

첫 번째 이야기는 2007년 1월 1일 아침에 시작된다. 근무하던 병원 직원에게서 전화가 왔다. 입원 환자와 관련된 이야기와 함께 "2층 병동 간호사 ○○○가 로또 1등에 당첨됐다"는 소식을 전해주었다. 처음에는 새해 덕담(농담)인 줄 알았는데, 사실이었다. 당시 병원 병동에는 전산 시스템이 제대로 갖춰지지 않아 2006년 12월 30일 밤 그 간호사가 원무과 당직 직원에게 로또 당첨 번호를 묻고 나서 매우 놀라며 소리치는 바람에 병원 전체에 소문이 퍼졌다. 당첨금은 13억 원 정도였고, 실수령액은 9억 원이 넘었다. 얼마 지나지 않아 그녀는 병원을 그만두었고, 이후의 소식은 잘 알지 못한다. 다만, 당첨되기 며칠 전인 12월 26일 밤 송년회에서 그녀가 즐겁게 놀며 경품 1등으로 상품권을 받았던 장면이 마지막 기억이다.

두 번째는 2010년 개인 의원을 개원해서 진료하던 중 도박 중독 문제로 찾아온 환자 이야기다. 2018년쯤이었는데, 그는 로또 1등 당첨 경험이 있었다. 그 전에도 즉석 복권으로 5,000만 원에 당첨된 적도 있었고, 이후 로또까지 1등에 당첨되며 10억 원이 넘는 돈을 손에 쥐었다. 하지만 도박을 끊지 못해 결국 대부분의 돈을 탕진했고, 내원할 당시에는 이혼까지 하면서 마지막 남은 2억 원 남짓 하는 아파트를 아내에게 주고, 자신은 월세 보증금과 약간의 현금만 가진 상태였다. 도박을 끊어야 한다는 걸 알면서도 언젠가 다시 '잭팟'을 터뜨릴 수 있을 것 같다는 생각에 헤어 나오지 못하고 있었다. 한동안 나름으로 열심히 치료를 받았지만, 어느 순간 내원하지 않게 되었고, 지금은 어떻게 살고 있는지 궁금하다. 도박을 끊고 잘살고 있는지….

그리고 세 번째, 마지막은 마약 사범으로 구치소에서 환자로 만났다. 출소 후 병원으로 찾아와 진료를 받은 그는 진료 후 조심스럽게 로또 1등 당첨 복권 사진을 보여주었다. 당시 신용불량자였던 그는 "당첨금을 받아도 빚을 갚고 나면 남는 게 없다"며 "세상에서 믿을 수 있는 사람은 원장님뿐"이라며 당첨금을 대신 타서 관리해 달라고 나에게 부탁했다. 순간 고민이 되었다. 하지만 그의 신뢰에 감사하며, 친구인 부동산 전문가와 함께 당첨금을 어떻게 관리할지 논의했다. 우선 3층짜리 작은 건물을 하나 사고, 남은 돈은 따로 관리하는 게 좋겠다고 했다. 그리고 세금 외에는 수수료를 받지 않겠다고 했다. 무엇보다도, 이 기회에 그가 마약에서 완전히 벗어나기만 바랐다. 공증까지 받아 철저하게 준비하려 했고, 차근차근 일을 진행해 나갔다.

하지만 그는 여러 핑계를 대며 당첨금 수령을 미루기 시작했다. 나는 그 당첨금에 대해 딴마음(?)이 없었기에 처음엔 별 의심 없이 기다렸지만, 점점 수상한 느낌이 들었다. 시간이 흐를수록 그의 말이 거짓일 가능성이 크다는 확신이 들었다. 만약 그가 마음을 바꿔 다른 사람에게 일을 맡겼다면 솔직히 말하면 될 텐데, 아무런 설명 없이 지연시키는 것이 이상했다. 또, 일이 진행되는 과정에서 내가 방심한 틈을 이용해 급하게 돈을 빌려 달라고 했을 수도 있는데, 진심으로 나는 그 로또 당첨금에 대해서 다른 욕심을 내지 않았고 그런 틈이 보이지 않아 그렇게 하지 않은 것 같다. 그리고 1년의 당첨금 수령 기한이 지나버렸다. 놀라운 건 그 이후에도 그는 뻔뻔하게 병원에 진료를 받으러 왔다는 것이다. 나는 더 이상 '로또' 이야기를 꺼내지 않았고, 그냥 진료만 했다.

지금까지 이야기한 3명의 로또 1등 당첨자 이야기는 얼핏 보면 TV에서나 나올 법할 것 같지만 모두 실제로 내가 겪은 일이다. 인생을 바꿀 수도 있는 큰돈이지만, 그것을 어떻게 관리하느냐에 따라 천국과 지옥을 오갈 수도 있다. 그리고 때로는, 세 번째 이야기처럼 행운조차 거짓일 수도 있다. 혹시라도 언젠가 로또 1등이 된다면, 순간의 방심으로 모든 것을 날려버리는 일이 없도록 조심하길. 그리고 주변에서 너무 좋은 기회라며 유혹하는 사람이 있다면, 한번 더 깊이 생각해보는 게 좋다. 언제 어디서든, 당신도 사기를 당할 수 있으니까.

소인배와 대인배

🔍 **진상과 퇴짜의 기원에 대하여**

"대인배답지 못하게…." 영화 속 대사나 주변 사람이 이런 표현을 하는 것을 들어본 적이 있을 것이다. '소인배'와 '대인배'는 모두 사람의 그릇, 성격, 기질 등을 비유적으로 나타내는 말이지만, 두 단어가 만들어진 과정은 다소 다르다. 소인배는 중국 고대 유교 철학에서 유래한 개념이다. 공자(孔子)가 『논어(論語)』에서 소인을 군자(君子)와 비교하면서 "君子坦蕩蕩 小人長戚戚(군자탄탕탕 소인장척척)—군자는 마음이 너그럽고 평온하지만, 소인은 늘 근심하고 걱정한다"라고 말했다. 여기서 군자는 '도덕적이고 덕망 있는 이상적인 사람'을, 소인은 '속이 좁고, 자기 이익만을 추구하는 사람'을 뜻했다. 조선시대에는 유교 문화의 영향을 받아 '소인'은 주로 '도덕적이지 못하거나 배신적이며, 자기 이익만 추구하는 사람'을 비판하는 데 사용되었다. 여기에 '별것 아닌 무리'를 뜻하는 배(輩) 자가 합쳐서 '소인배'라는 표현이 탄생했다. 이는 곧 '작은 마음가짐을 가진 사람들의 무리' 혹은 '옹졸하고 속이 좁은 사람'이라는 뜻을 가졌다. 오늘날에도 "그렇게 소인배처럼 굴지 마라"라는 식으로 상대의 태도나 사고방식이 좁고 편협하다는 의미로 여전히 쓰이고 있다.

반면, 대인배는 전통적인 한자어에는 존재하지 않는 신조어다. '소인배'의 반대 개념으로 만들어진 말로, '대인(大人)'과 '배(輩)'가 결합해 형성되었다. 원래 '대인'은 '큰 사람' 또는 '도덕적이고 훌륭한 사람'을 뜻하며, 군자나 지도자를 의미한다. 그런데 여기에 폭력배(暴力輩)나 불량배(不良輩)처럼 부정적인 의미에 주로 사용되는 '배'가 붙어 다소 어색한 조어가 되었다. 하지만 현대 한국어에서 '대인배'는 '넓은 도량과 관용을 가진 사람'을 뜻하는 긍정적인 표현으로 자리 잡았다. 네이버 사전에 '도량이 넓고 관대한 사람을 소인배의 반대로(상대하여) 이르는 말'이라고 되어 있지만, 아직 〈표준국어대사전〉, 〈우리말큰사전〉 등에는 등재되지 않았다. 그러나 언어란 살아있는 생명체와 같아서 지금처럼 사람들이 계속 사용한다면 언젠가는 국어사전에 등재될지도 모른다.

비슷한 사례로 '진상(進上)'이 있다. 많은 사람은 '쓸데없이 까다롭게 구는 손님'을 뜻하는 '진상 고객'이라는 뜻으로만 알고 있지만, 원래 뜻은 '진귀한 물품이나 지방의 토산물 따위를 임금이나 고관 따위에게 바치는 행위'를 의미했다. 이렇듯 진상은 토산품, 특산물이나 귀한 것, 질 좋은 물건 등이 생기면 그것을 군주에게 충성심을 표하는 의미에서 바치는 것이다. 그러니까 간단하게 말하면 아래에서 올리는 선물이다. 선물이기 때문에 '좋은 물건이 생겼는데 자기가 쓰기보다는 높으신 분이 쓰시는 것이 좋겠다', '평소에 그 높은 덕을 흠모했는데 이런 좋은 물건이 생겨서 그 덕에 경의를 표하고자 드린다'라는 식으로 알아서 바치는 게 맞다.

그러나 어느 순간부터 임금에게 예물(禮物)을 바친다는 본래의 의미를 벗어나 세납의 한 가지였던 공물(貢物)의 성격을 띠게 되면서 세금 아닌 세금이 되었다. 거기다가 진상의 대상이 되는 품목이 대부분 부패하기 쉬운 식료품이어서 까다롭게 검수했는데, 이때 진상품의 합격품과 불합격품을 나누는 일을 맡아서 하던 사람을 '창지기'라 했다. 이들이 너무 까다롭게 굴어서 오늘날 우리가 사용하는 의미의 '진상'이 되었다. 이때, 합격품에는 '입(入)'이라는 도장을, 불합격품에는 '퇴(退)'라는 도장을 찍어서 표시했는데, 지금도 '퇴짜(退字)'는 '그녀에게 청혼했다가 퇴짜를 맞았다'라는 식으로 사용되고 있다. 또한 진상품으로 가장 좋은 물건을 바치는 것이 맞는데, 매번 바치는 물건이다 보니 앞뒤로 바쳤던 물건과의 비교를 피할 수 없어서 중간 정도 수준의 물건을 바칠 수밖에 없었다. 명색(名色)[36]은 최상품이나 실질은 중간 정도밖에 안 된다는 의미에서 사람에게도 그런 뜻의 말, 진상을 붙였다고 한다.

  어떤 단어든 시대에 따라 의미가 변할 수 있다. 하지만 중요한 것은 '우리가 어떤 사람이 될 것인가?' 하는 문제다. 그 말의 기원이야 어찌 되었든 당신의 삶이 소인배처럼 되지 않기를 바라고, 진상 고객이 되지 않기를 바랄 뿐이다. 한 번 사는 인생이니까.

---

36 실속 없이 그럴듯하게 불리는 허울만 좋은 이름.

피서와 방한

🔍 | 더욱 커져만 가는 빈부 격차(양극화)

 피서는 '더위를 피하는 것'이고, 방한은 '추위를 막는 것'이라는 의미를 담고 있다. 그런데 이 두 개념 속에는 우리가 쉽게 간과하는 사회적 문제가 숨어 있다. 과거에는 난방이 부유층의 특권이었다. 온돌이나 벽난로 같은 난방 시설을 갖춘 집은 많지 않았고, 가난한 사람들은 두꺼운 옷이나 공동체의 도움을 받아 추위를 견뎠다. 반면 현대적인 에어컨과 같은 냉방 기술이 발전하기 전까지 그늘이나 자연 바람에만 의존했던 더위는 부자와 가난한 사람 모두에게 평등한 불편함이었다.
 하지만 지금은 상황이 다르다. 오늘날 현대 사회에서 기본적인 난방은 비교적 보편화되었지만, 여전히 에너지 비용 부담이 큰 계층은 난방의 질에서 차이를 느끼고 있다. 반면 더위의 경우 에어컨, 냉방 기기, 전력 사용 등의 접근성은 부유층에게 훨씬 유리하다. 폭염(暴炎)이 지속되면 취약계층에서는 생존 자체가 위협받는다. 우리가 매년 여름철이면 접하는 '폭염으로 인한 사망자 증가 현상'은 이를 단적으로 보여준다.

아이러니하게도 기술의 발달과 에너지 접근성 향상은 오히려 '더위'와 '추위' 모두에서 부유층과 빈곤층 간 격차를 확대하는 결과를 낳았다. '폭염'이나 '한파(寒波)' 같은 극단적 날씨 상황에서 소득 수준에 따라 생존 가능성이 달라지는 양극화 문제를 어떻게 해결할 것인가?

그렇다면 이러한 빈부 격차는 왜 발생하는가? 먼저 경제적 요인부터 살펴보면 기술의 발전, 즉 기술이 고도화될수록 이를 활용할 수 있는 자본과 지식이 있는 부유층이 더 많은 혜택을 얻고 있다. 또한, 고급 기술 및 서비스 산업에 종사하는 사람과 저임금 노동자 간 '소득 격차'도 계속 확대되고 있다. 부유층은 자산을 자녀에게 세습할 수 있지만, 가난한 사람들은 자산 축적 자체가 어려운 현실이다.

다음은 사회적 요인으로 '교육 격차'를 들 수 있다. 양질의 교육 기회는 경제적 자원과 직결되며, 흔히 말하는 계층 사다리가 사라지면서 사회적 이동이 더욱 어려워지고 있다. 주거비 상승은 저소득층의 '가처분 소득(실소득)'[37]을 줄어들게 하고, 그로 인해 열악한 환경에서 생활하며 난방과 냉방에 더욱 취약해지는 악순환이 반복된다. 또한, 도시와 농촌 간, 부유한 지역과 그렇지 못한 지역 간 격차가 계속 확대되는 '지역 불균형' 문제도 한몫하고 있다.

더불어 정책적 요인도 있다. 현재 우리 사회의 세금 및 복지 정책이 가난한 사람들에게 충분히 유리하게 설계되었다고 보기 어렵다. 아직도 많이 부족하다. 단기적으로는 취약계층이 더위와 추위에 대처할 냉방 센터, 난방 보조금과 같은 공공 서비스 부족 문제도 강화되어야 한다. 이런 상황에서 기후 변화로 인한 극단적 날씨는 사회적 취약 계층에게 더

---

[37] 개인의 의사에 따라 마음대로 쓸 수 있는 소득. 한 해의 개인 소득에서 세금을 빼고 그 전해의 이전(移轉) 소득을 합한 것으로, 소비와 구매력의 원천이 된다.

큰 위협이 되고 있다.

　이제부터는 빈부 격차 해소를 위한 해결책을 하나씩 살펴보자. 장단기로 나누어 보았다. 먼저 단기적 대책은 첫째, 여름철 냉방비와 겨울철 난방비 보조와 같은 직접적인 지원을 통한 생존권 보장이다. 둘째, 도서관이나 대피소 같은 공공시설을 활용해 더위와 추위를 피할 수 있는 공간을 늘려야 한다. 셋째, 저소득층이 전력을 더욱 효율적으로 사용할 수 있도록 교육과 지원이 필요하다. 중기적 대책은 먼저 비정규직 근로자에 대한 권리 강화와 임금 격차 완화를 위해 최저임금 및 생활임금에 대한 보장이다. 그리고 저소득층을 위한 공공임대 주택의 확대 및 에너지 효율이 높은 주택을 보급하는 주거지원 사업이다. 장기적 대책은 제일 해결하기 어려운 문제이기는 한데, 교육 격차 해소를 위하여 양질의 공교육을 강화하고 교육비 지원을 확대해야 한다. 디지털 격차를 줄이기 위한 기술 교육도 중요하다. 또한, 고소득자와 대기업에 대한 공정한 세금 부과, 즉 세금을 통한 재분배를 강화해야 한다. 신재생에너지 보급 및 에너지 비용 부담 완화와 같이 기후 변화에 대응하는 문제도 소홀히 해서는 안 된다.

　지금까지 나는 너무나 뻔한, 그리고 많은 사람이 잘 알고 있는 이야기를 했다. 빈부 격차로 인한 더위와 추위의 불평등은 단순히 자연적 불편을 넘어 인간의 삶의 질과 존엄성에 대한 문제다. 어떤 사람들은 '우리가 왜 그런 부담을 떠안아야 하지?'라고 묻겠지만, 눈을 크게 뜨고 조금만 멀리 바라보면 양극화 문제는 부메랑처럼 되돌아와 사회 전체에 영향을 미친다. 정말 지금부터 머리를 맞대고 함께 고민하고 대책을 세우지 않으면 앞으로 우리가 감당해야 할 사회적 부담, 그 후폭풍을 감당하기 어렵다. 미루지 말라. 지금도 많이 늦었다.

알아야 '면장'을 한다

> 🔍 면장(面牆(墻)/面長/免葬)의 기원에 대한 다양한 해석

'어떤 일을 하려면 그에 관련된 학식이나 실력을 갖춰야 한다'라는 뜻으로 "알아야 면장을 한다"라는 말이 있다. 여기서 말하는 '면장'이 정확히 무엇을 의미하는지 여러 가지 설이 있다. 그리고 이 표현이 언제부터 사용되었는지도 명확하지 않다. 이에 대한 여러 해석을 살펴보자.

가장 유력한 해석은 "면장(面牆)"에서 유래했다는 주장이다. 『논어(論語)』《양화편(陽貨篇)》에 學而不思則罔, 思而不學則殆(학이불사즉망, 사이불학즉태)─배우기만 하고, 생각하지 않으면 얻는 것이 없고, 생각만 하고, 배우지 않으면 위태롭다-라는 구절에서 유래했다는 이야기가 하나 있고, 다른 하나는 人而不爲周南 召南, 其猶正牆面而立也(인이불위주남 소남, 기유정장면이립야)─사람이 '주남'과 '소남'[38]을 공부하지 않으면, 아마 정면으로 담장을 마주

---

[38] 周南(주남)과 召南(소남)은 《시경(詩經)》의 일부로써 《시경》의 국풍(國風)-민간에서 유행한 노래 중 가장 앞부분에 해당한다. 그리고 공자는 《시경》의 주남과 소남이 '사람의 도덕과 교양을 기르는 중요한 노래'라고 생각했다.

보고 서있는 것과 같다―에서 유래했다는 설이 있다. 이렇듯 공자가 공부를 소홀히 하는 아들 '백어(伯魚)'에게 '알아야 담장에서 얼굴을 면한다'라는 뜻으로 말한 면면장(免面牆)[39]에서 유래했다고 하는데, 하지만 정작 『논어』《양화 편》에는 면면장(免面墙)이라는 구절이 없다. 어쨌든, '배우지 않으면 담에 가로막혀 앞도 안 보이고 한 발짝도 못 나가는 것과 다름없다'라는 취지는 같지만, 『논어』 구절은 '면장'도 아닌 장면(牆面)이며 면할 면(免)도 없다.

두 번째 설은 '면장(面長)'에서 유래했다는 설이다. 조선시대에는 지방 행정 구역은 부(府)→군(郡)→현(縣)→면(面)→리(里)→동(洞)으로 나뉬었다. 면장은 원래 공식적인 관직이 아니라, 지역에서 양반, 향리, 지주와 같은 유력한 토착 세력이 맡는 자치적인 역할이었다. 그러나 1895년(고종 32년), 갑오개혁(갑오경장)의 일환으로 지방제도(행정 구역)가 개편되면서 면장(面長)이 공식적인 직책이 되었다. 이후 1914년, 일제강점기 때 조선총독부는 행정통제를 강화하기 위해 면장을 지방 행정 조직의 말단 책임자로 임명하면서 현재와 같은 개념이 자리 잡았다. 당시 면장은 주민을 관리하고, 세금 징수와 치안 유지 등의 역할을 담당했다. 그리고 '알아야 면장'이란 표현이 조선시대부터 쓰였다는 확실한 증거는 없지만, 1966년 12월 26일 자 《매일경제》 기사에서 '알아야 面長을 해'라는 문구가 등장하는 것으로 보아 아무리 일러야 1940~1950년대 이후부터 본격적으로 사용된 것으로 추정된다. 따라서 '알아야 면장을 한다'의 면장이 이 면장(面長)이 아니라고 단정할 수도 없다.

마지막으로 '면장(免葬)'에서 유래했다는 해석도 있다. 면장(免葬)은 '죽음(장례)을 면한다'라는 뜻으로, 조선시대에는 묘지 선정과 장례 절차를

---

[39] '담장을 마주 대하고 있는 답답한 상황을 벗어난다'라는 의미

수행할 때 기본적인 지식을 가지고 있어야 제대로 장례를 치를 수 있었다. 따라서 '사람이 기본적인 지식을 갖춰야지만, 생존할 수 있다'라는 의미에서 이 표현이 나왔다는 주장이다. 하지만 이 설은 역사적인 근거나 신빙성이 부족해서 널리 인정받지는 못하고 있다.

이처럼 '알아야 면장을 한다'라는 표현이 어디에서 유래했는지는 정확히 단정할 수 없지만, 현재는 면장(面牆)에서 유래한 것으로 굳어진 듯하다. 하지만 이 표현을 둘러싼 다양한 해석을 살펴보면서 나는 오히려 '면장(免葬)'이라는 말이 더 정감 있게 느껴진다. 아마도 내가 죽음을 두려워해서일지도 모르겠다.

이외도 우리말 속에는 우리가 당연하게 받아들이고 있지만, 실제로는 유래가 불분명하거나 잘못 알려진 표현이 많다. 예컨대 '행주치마'가 권율의 '행주대첩'(1593)에서 유래했다고 알고 있지만, 『훈몽자회』(1527)[40]에 이미 '행주'라는 단어가 등장하는 것으로 보아 사실은 아니다. 그리고 순우리말인 '생각'을 한자어 '生覺'(생각)으로 잘못 표기하는 일도 흔하다.

결국, '알아야 면장을 한다'에서 면장이 면장(面牆)이든, 면장(面長)이든, 면장(免葬)이든 그 뜻은 변하지 않는다. 즉, '어떤 일을 하려면 반드시 그에 맞는 지식과 실력을 갖춰야 한다'라는 점에서 이 표현의 가치는 변함없다.

---

40 《훈몽자회(訓蒙字會)》는 1527년(중종 22년) 조선 중기의 학자 최세진(崔世珍)이 지은 한자 학습서

상상력에 대한
다양한 해석

🔍 | 우리에게 상상력이 없었다면…

　상상력은 오늘날 창의력과 함께 현대인이 꼭 갖추어야 할 중요한 능력으로 인정받고 있다. 하지만 이러한 상상력이 프랑스 실존주의 철학자 장 폴 사르트르(Jean-Paul Sartre)의 초기 저서 『상상력』[41]에 의해 공론화되기 전까지는 상상력은 정상적인 이성의 활동으로 간주하지 않았다. 오히려 올바른 인식을 방해하는 불완전하고 열등한 하위 인식으로 취급되었다. 그러나 사르트르는 이 저서를 통해 상상력을 온전한 의식과 동일한 지위에서 건전한 인간 의식 활동의 하나로 조명했다. 오늘날 어린이 학습지에서도 "상상력을 키워준다"라는 문구가 마케팅의 핵심으로 사용될 만큼 중요한 능력으로 여겨지지만, 불과 100년 전까지만 해도 하찮게 여겨졌다는 사실은 놀라운 일이다.

---

[41] 『상상력L'Imagination』(1936)은 프랑스 철학자 장 폴 사르트르(Jean-Paul Sartre)의 초기 철학서로 1940년에 발간되는 〈상상계L'Imaginaire〉의 서론에 해당하는 작품이다. 이 작품은 서양 철학사에서 '이미지'나 '상상력'이라는 주제에 대하여 본격적으로 한 권의 책을 모두 할애한 최초의 저서이다.

상상력(想像力)이란? '경험하지 않은 것, 현재에 존재하지 않는 대상을 직관하고 머릿속으로 그려보는 능력'을 뜻한다. 즉, 감각기관에서 얻은 정보 없이도 정신적 이미지와 개념을 형성하는 능력으로, 이를 이루는 핵심 요소는 다음과 같다. 논리적 근거 없이도 어떤 것을 떠올릴 수 있는 능력을 의미하는 직관(Intuition), 기존 정보와 지식을 조합해 새로운 가능성을 모색하는 추론(Reasoning), 타인의 감정을 상상하고 이해하는 능력을 뜻하는 공감(Empathy), 그리고 완전히 새로운 아이디어, 예술, 기술 등을 만들어내는 과정을 말하는 창조(Creation)가 있다.

먼저 진화론적 관점에서 상상력은 어떻게 발전했을까? 원시 인류에게 상상력은 생존에 유리한 능력이었다. '저기 있는 동굴에 맹수가 있을지도 몰라'라는 상상을 통해 위험을 회피할 수 있었고, 사냥 전략, 도구 개발, 미래 예측 등에서 중요한 역할을 했다. 약 700만 년 전, 원시 인류가 나무에서 내려옴으로써 직립 보행을 하게 되었고, 직립 보행 덕분에 고개를 들어 광활한 하늘을 쳐다보면서 지금 우리가 말하는 '상상력'이라는 것이 시작되었다. 약 200만 년 전, 우리 조상은 '맹수를 만나면 어떻게 할까?'라고 미래를 상상하고 대비하는 위험 예측 능력을 갖추기 시작했다. 이후 약 7만 년 전, 점차 인간의 언어가 발달하면서 신화, 전설, 법률과 같은 공유된 상상을 만들 수 있었다. 이를 통해 대규모 협력이 가능해졌고, 문명이 탄생했다. 문명의 탄생 이후 인류는 과학, 철학, 예술을 통해 추상적 개념을 구체화하는 능력을 발전시켰다. 그리하여 불과 100년 전까지 상상조차 할 수 없었던 현실에 없던 개념을 먼저 상상하고 연구하여 오늘날 AI, 양자역학, 우주 탐사와 같은 기술 혁신을 이루었다.

이스라엘의 역사학자 유발 하라리(Yuval Harari)는 그의 저서 『사피엔스』에서 인류가 협력과 상상력을 통해 문명을 발전시켰다고 주장한다. 그의 핵심 논점은 크게 3가지로 첫째, 허구(Fiction)를 믿는 능력이다. 인간은 신화, 종교, 국가, 돈 같은 보이지 않는 개념을 상상하고 공유한다. 돈(화폐)은 종이일 뿐이지만, 모두가 가치를 믿기에 사용이 가능하다. 둘째, 협력을 가능하게 한 원동력으로써의 상상력이다. 인간은 상상력을 바탕으로 집단적인 믿음과 가치를 공유하며 대규모 협력을 이룬다. 법률, 경제 체제, 정치 제도 등도 모두 집단적 상상의 산물이다. 셋째, 상상력을 통해 기술 혁신과 문명의 발전이 이루어졌다. 작물을 기르는 개념에서 시작된 농업 혁명처럼 인류는 기존에 없던 새로운 도구와 사회 시스템을 창조할 수 있었다. 결국, 상상력 덕분에 인류는 다른 동물과 차별화된 문명을 이룩할 수 있었다고 그는 주장한다.

그렇다면 상상력은 왜 그렇게 중요할까? 현대 사회에서 상상력은 단순한 공상이 아니라 문제 해결과 혁신을 위한 필수 요소다. 과거에는 불가능하다고 여겨졌던 것들이 상상력 덕분에 현실이 되었다. 라이트 형제의 비행기, 스티브 잡스의 스마트폰, 그리고 인공지능(AI)에 이르기까지 상상력이 없었다면 탄생하지 못했다. 또한 기존의 방식으로 해결되지 않는 문제에 대해 새로운 접근법을 찾는 데도 필요하다. 일종의 창의적 문제 해결 능력으로 코로나19 팬데믹 시기에 기존 기술을 응용한 mRNA 백신 개발이 좋은 예다. 과학 기술적인 측면과 아울러 타인의 처지에서 생각하는 능력 또한 일종의 상상력이다. 이러한 상상력은 공감(Empathy)과 연결되며, 윤리적 판단에도 영향을 준다. 그리고 문학, 영화, 미술, 음악 등 모든 예술 활동은 상상력에서 비롯된다. 빈센트 반 고흐(Vincent van Gogh)의 《별이 빛나는 밤》이라는 작품에는 현실에서 볼 수 없는 초현실적 색감이 나타나는데, 상상력이 아니라면 불가능한 그림이다. 오늘날 OTT 사업으로 주목받고 있는 '넷플릭스'라든지 전기차의 선두 기업 '테슬라'도 기업가들의 상상력을 바탕으로 미래의 시장을 예측하고 새로운 사업 기회를 창출한 결과물이다.

상상력과 창의력의 상관관계를 알아보자. '상상력(Imagination)'이 아직 존재하지 않는 것, 가능성을 떠올리는 능력이라면, '창의력(Creativity)'은 상상력을 바탕으로 실제로 새로운 것을 만들어내는 능력이다. 좀 더 구체적으로 상상력에서 창의력으로 이어지는 과정은 먼저, 새로운 개념을 머릿속에 떠올리는 상상(아이디어 발상)의 단계에서 시작해서 아이디어가 현실적으로 실현 가능한지 고민하는 실험(가능성 탐색)의 단계를 거쳐 상상한 것을 실제로 만들어내는 과정, 즉 창조(구체적 실현)에 이른다. 레오나르도 다 빈치(Leonardo da Vinci)가 하늘을 나는 기계 구상이라는 상상력을 바탕으로 헬리콥터 스케치에 이르는 과정이 창의력이고, 영국의 수학자이자 컴퓨터과학자인 앨런 튜링(Alan Turing)[42]이 상상력을 바탕으로 컴퓨터의 개념을 만들었고, 창의력이 발휘되어 암호 해독 기계를 개발하여 제2차 세계 대전에서 연합군이 승리하는 데 일조했다. 즉, 창의력은 상상력에서 시작된다고 할 수 있다.

그렇다고 상상력이 우리의 인지(cognition)[43]와 별개로 이루어지는 과정은 아니다. 상상력은 인지 기능의 일부이며 기억, 학습, 문제 해결 등 다양한 인지 기능과 연결되어 있다. 또한 상상력은 단순한 추론이나 공상이 아니라 뇌의 특정 영역 그리고 신경 네트워크 활동과 깊은 관련이

---

[42] 영국의 수학자, 컴퓨터과학자. 케임브리지 대학교의 킹스 컬리지를 졸업하고 같은 대학의 교수직을 맡았다. 컴퓨터과학의 아버지이자 현대 컴퓨터과학을 정립한 인물로 평가되며 제2차 세계 대전이 발발하자 정부의 요청에 따라 나치 독일군의 에니그마 암호 해독을 맡아 연합군 승리에 이바지해 제2차 세계 대전 기간 단축 및 대략 1,400만 명을 구했다.
[43] 어떤 사실을 인정하여 앎.

있다. 미국의 신경과학자인 마커스 라이클(Marcus E. Raichle)은 우리가 의식적으로 어떤 특정한 일을 하지 않을 때 활성화되는 특정 부위를 발견하고 DMN(Default Mode Network)⁴⁴라고 명명했다. 쉽게 말해 디폴트 모드 네트워크(DMN)는 아무것도 하지 않는 것처럼 보일 때 뇌가 여전히 활발하게 활동한다는 의미이다. 이는 무의미한 것처럼 보이는 '멍때리기'가 전혀 쓸모없는 일이 아니라는 사실을 증명하고 있다. 그리고 전전두엽(Prefrontal Cortex)은 상상력과 창의성을 담당하는 핵심 부위로 문제 해결, 계획 수립, 가설 설정, 시뮬레이션 사고에 중요하다. 또한 우리가 머릿속에서 이미지를 떠올릴 때 실제로 보는 것처럼 시각 피질(visual cortex)이 활성화되는데, 이는 우리가 상상하는 과정이 현실 감각과 유사하게 작동한다는 신경과학적 증거이다. 그래서 우리 뇌는 상상력과 현실의 경계에서 상상과 실제 경험을 구별하기 어려워한다. VR(가상현실)을 경험하면 뇌는 그것을 현실로 착각하기도 한다. 이는 상상력이 단순한 공상이 아니라 실제 인지 과정에서 중요한 역할을 한다는 의미이다.

심리학적으로는 '시뮬레이션 이론(Simulation Theory)'과 연관되어 우리는 실제로 경험하지 않아도 머릿속에서 미리 상황을 시뮬레이션할 수 있다. 예를 들어, 친구가 슬픈 일을 겪었을 때, 우리는 직접 같은 경험을 하지 않아도 슬픔을 느낄 수 있다. 이는 우리가 무의식적으로 그 상황을 상상하여 감정을 공유하기 때문으로 이를 사회적 상상력(Social Imagination)이라고 부른다. 다음은 생존과 직결된 방식으로 미래를 예측하고 대비하는 능력을 의미하는 적응적 상상력(Adaptive Imagination)이 있다. '이 길을 가면 맹수가 있을 수도 있어!'라는 상상이 생존에 도움이 되는 방식이다. 그리고 창조적 상상력(Creative Imagination)은 예술가가

---

44 뇌의 안쪽 전전두엽과 바깥쪽 측두엽, 그리고 두정엽이 바로 그 특정 부위에 해당

새로운 스타일을 창조하거나 과학자가 새로운 이론을 정립하는 데 작용한다. 마지막으로 기후 변화 대응, 우주 탐사 계획처럼 현재 존재하지 않는 미래를 예측하고 대비하는 능력을 의미하는 미래 예측 상상력 (Future-Oriented Imagination)이 있다.

오늘날 AI 기술이 급격히 발전하면서 인간의 창의성과 비교되곤 하지만, AI는 진정한 의미에서 '상상력'을 가지고 있지 않다.[45] AI는 기존 데이터를 학습해 패턴을 분석하고 새로운 조합을 만들어낼 수 있지만, 이는 통계적 확률에 기반한 것일 뿐, 인간처럼 '새로운 개념을 무에서 창조'하는 것은 아니다. 인간의 상상력은 감정, 직관, 무의식적 연상 작용까지 포함하기 때문에, AI가 단순히 데이터를 바탕으로 만들어내는 것과는 본질적으로 다르다.

지금까지 우리는 상상력에 대해 다양한 각도에서 살펴보았다. 상상력은 인류 문명의 핵심 요소이자 과학, 예술, 철학, 기술 혁신 등 거의 모든 분야에서 필수적인 능력이며, 인류의 가장 강력한 무기 중 하나다. 상상력은 진화 과정에서 생존과 협력을 위해 발전한 능력이며, 우리에게 상상력이 없었다면 과학, 예술 그리고 문명의 발전 불가능했다. 창의력은 상상력에서 출발하고, 상상력은 사고와 문제 해결의 핵심이다. 거듭 말하지만, 상상력은 인간만이 가진 특별한 능력이자, 미래를 바꾸는 힘! 그 자체이다.

---

[45] 물론 AI에게도 우울증과 같은 감정 혹은 상상력이 있다고 주장하는 그룹도 있다.

여권의 역사

🔍 | **여권, 국력의 또 다른 척도**

여권(Passport)은 현대 국제 여행에서 필수적인 문서로, 여행자의 신분이나 국적을 증명하며, 상대국에 그 보호를 의뢰하는 동시에 출입국을 허가받기 위한 도구다. 'passport'는 프랑스어 'Passeport'에서 유래했는데, 'passe'는 '지나가다(pass)'라는 뜻이며, 'port'는 항구(port)를 의미한다.

이러한 여권의 가장 초기 형태는 성경 《에스더》에서 찾아볼 수 있다. 기원전 5세기, 페르시아 제국에서 크세르크세스[46] 1세(아하수에로) 시대, 유대인 지도자 느헤미야가 왕의 허락을 받아 다른 지역으로 안전하게 여행하기 위해 공문서를 받은 기록이 있다. 이 문서는 여행자의 신분과 여행 경로를 확인하는 일종의 공식 허가증 역할을 했다. 중세 유럽에서는 영국의 헨리 5세(1414년)가 왕의 서명을 담은 문서를 발급하여 사람

---

[46] 〈크세르크세스〉라는 이름은 고대 페르시아의 왕위를 그리스식으로 표현한 것으로 뜻은 '영웅들의 지배자'라는 뜻이다. 개역 개정 성경에서는 '아하수에로'라 한다.

들이 다른 지역이나 국가로 여행할 수 있도록 허가했다. 이러한 문서는 주로 외교관이나 상인을 위한 문서였으며, 목적지는 상세히 기록되지 않았지만, 여행자의 신변 안전을 보장하는 역할을 했다. 18세기에 이르러 국경과 국가 개념이 명확해지면서 여행자에 대한 통제가 강화되었고, 프랑스 혁명(1789~1799년) 시기부터 여권 제도가 확대되기 시작했다. 프랑스 정부는 모든 여행자가 신분을 증명하는 문서 소지를 의무화했고, 이후 여권은 출입국 관리와 국가 안보를 위한 필수 도구로 자리 잡았다.

20세기 초, 제1차 세계대전(1914~1918년) 이후 국가 간 이동이 제한되면서 신분을 명확히 하기 위해 여권 사용이 본격적으로 의무화되었다. 1920년 국제연맹(League of Nations)은 여권 표준화를 논의하여 여권의 크기, 언어, 필수 정보 등을 통일하기 위한 초기 규정을 제시했다. 이때부터 여권은 현재와 유사한 형태로 발전하게 되었다.

그런데 '여행(旅行)'이라는 한자어에서 '여(旅)'는 원래 500명의 군대를 이르는 말이다. 그래서 군대 편성 단위 중 여단(旅團)[47]이 있다. 이는 여행이 스스로 보호할 수 있어야 가능한 행위이며, 과거에는 500명 이상은 되어야 안전하게 떠날 수 있는 길이라는 의미를 담고 있다. 그리고 영어에서 여행자의 숙소를 의미하는 호텔(Hotel)과 병원(Hospital)이 같은 어원을 공유한다는 점도 흥미롭다. 과거 여행자들은 국가의 보호를 받지 못한 채 타지를 떠돌아야 했고, 그래서 병을 달고 다니는 경우가 많았다. 그렇게 나그네로 떠돌아다니다가 앓는 병이 있는데, 이를 행려병(行旅病)이라고 한다. 그래서 여행자를 보호하는 시설과 환자를 보호하는 시설이 동일했다. 병원과 호텔이 분리된 것은 근대 이후의 일이다.

---

[47] 군대 편성 단위의 하나. 보통 2개 연대로 이루어지며 사단보다 규모가 작다.

다시 우리나라 이야기로 돌아가보자. 우리나라에서 여권의 탄생은 1882년 미국과 '수호 통상조약'을 체결한 뒤 시작되었다. 이후 순차적으로 여러 유럽 국가와 '수호 통상조약'을 체결하게 되었을 때, 한국으로 입국한 외국인들의 신변 안전을 보장하는 문서가 필요했다. 이때 발급한 문서를 호조(護照)[48]라고 했으며, 이는 오늘날의 비자 개념에 가까운 외국인 통행 허가증이었다. 실질적으로 우리 국민이 발급받은 최초의 여권은 1902년 대한제국 궁내부 산하 '수민원'에서 하와이 이민을 목적으로 처음 발급했다. 하지만 이 여권은 자유로운 여행을 위한 것이 아니라, 노동력을 제공하기 위한 '노예문서'와 같았다. 일제강점기에는 나라가 없었기 때문에 일본 정부의 여권을 받아야 했으나 대다수가 우리 국민은 일본의 여권을 거부했다. 가장 많이 발급받았던 해가 1937년으로 그나마 72건에 불과했다. 대부분 여권 없이 '무보호' 상태로 해외로 떠났다.

해방 이후에도 해외여행은 극히 제한적이었다. 여행이 자유화되기 전까지 외교관이나 해외 주재원 등 특수 신분만 여권을 소지할 수 있었으며, 여권은 일종의 특권의 상징이었다. 1983년이 되어서야 일반 국민의 해외여행이 처음으로 허용되었는데, 이때는 '50세 이상으로 200만 원을 유치'해야 여권이 발급되었다. 1989년에 해외여행이 완전 자유화되었지만, 반공교육을 필수로 받아야 했다. 이제는 대한민국 국민이라면 누구나 가질 수 있는 여권이 되었다. 오늘날 대한민국의 여권은 비자(visa) 없이 방문할 수 있는 국가 수가 세계에서 가장 많은 수준으로 '세계 최강의 여권' 중 하나로 평가받고 있다. 불과 몇십 년 만에 이렇게 변화했

---

[48] 조선 말기 개항장을 벗어나 조선 지역을 통행하고자 하는 외국인에게 발급된 통행 허가증. 오늘날의 비자에 해당하는 외국인 통행 증명제도로, 사용기간은 보통 6개월이었다.

다니 그야말로 격세지감(隔世之感)⁴⁹이다. 어떤 이들은 이를 '국뽕'이라고 비웃을지 모르지만, 우리 조국의 발전과 위상을 자랑스럽게 여길 이유는 충분하지 않을까?

---

49 오래되지 않은 동안에 몰라보게 변하여 아주 다른 세상이 된 것 같은 느낌.

사람의 마음에는
생각보다 흥미로운 구석이 많다

책 속의 질문들은 대부분 일상에서 시작됐다. 겉으로는 가벼워 보일지 모르지만, 그 안에는 심리학과 인문학이 겹쳐 흐른다.

나는 이 책을 통해 위로를 건네기보다는, 생각할 수 있는 여지를 남기고 싶었다. 답을 주는 대신, 더 나은 질문을 독자와 함께 찾고 싶었다.

정신과 의사의 시선으로 바라보았지만, 가능한 한 독자의 언어로 다가가려 했다. 짧고 단순한 글이지만, 그 안에 인간이라는 존재의 감정, 관계, 선택, 고뇌에 관한 나의 사유를 담았다.

사유의 습관을 갖고 싶은 분들, 자기 자신을 조금 더 이해하고 싶은 분들, 혹은 그저 지금 이 순간에 대해 생각하고 싶은 분들에게 이 책이 조용히 말을 걸 수 있기를 바란다.